문화예술 첫걸음

문화예술 첫걸음

초판 인쇄 2024년 3월 10일
초판 발행 2024년 3월 15일

지은이 고정민·김민정·김우리·김재현·김종헌·김형진·이윤정
교정교열 정난진 | 펴낸이 이찬규 | 펴낸곳 북코리아 | 등록번호 제03-01240호
전화 02-704-7840 | 팩스 02-704-7848
이메일 ibookorea@naver.com | 홈페이지 www.북코리아.kr
주소 13209 경기도 성남시 중원구 사기막골로 45번길 14 우림2차 A동 1007호

ISBN 978-89-6324-685-7 (03300)
값 19,000원

문화예술 첫걸음

고정민·김민정·김우리·김재현·
김종헌·김형진·이윤정

북코리아

머리말

우리나라는 자원이 부족한 어려운 환경 속에서도 그 어떤 나라보다 빠르게 성장해 1인당 국민소득 3만 달러를 넘기며 선진국 대열에 합류했다. 선진국의 위상을 가지게 되었다는 것은 그만큼 풍요롭게 소비하며 레저를 즐길 수 있는 기반이 마련되었다는 것을 의미한다. 특히 선진국 대열 진입과 함께 일반인들의 문화예술 소비와 감상, 투자 등이 활발해지는 등 대중이 문화를 향유하고 즐길 수 있는 여건이 조성되었다. 지자체마다 박물관, 미술관, 공연장 등이 건립되고, 엔터테인먼트 기업이나 미술품 등에 대한 투자가 활발해지고 있으며, 해외에서는 한국의 K-팝 같은 한류가 인기를 끌고 있다. 이런 분위기 속에서 일반인들도 문화예술에 호기심을 가지고 이해하며 선진국 국민답게 교양으로 문화예술교육을 받고자 하는 사람들이 증가하고 있으며, 적극적으로 문화예술을 소비하고 투자하는 등 이른바 문화예술의 일상화가 구현되고 있다.

따라서 전문가가 아니더라도 손쉽게 문화예술을 이해하고 소비하며 투자할 수 있도록, 일반 독자들을 위해 문화예술을 설명하는 도서가 절실한 때라 할 수 있다. 이러한 요구에 발맞춰 문화예술경영을 전공하고 현장에서 활동하고 있는 집필진들이 의기투합해 일반 독자들의 눈높이에 맞춘 문화예술 지침서를 펴내게 되었다.

이 책에는 먼저 구체적으로 문화예술이 무엇인지를 설명하고, 문화예술에 관련된 문화정책이 어떠한 것이 있는지를 열거했다. 특히 문화정책 파트는 정부의 문화예술 정책을 통해 사업을 하거나 참여하고자 하는 사람들에게 도움이 될 것으로 보인다. 문화예술에 대한 소비와 투자에 관한 내용도 다루었다. 여기에서는 미술과 공연 등 문화예술을 소비하고 감상할 때 어떠한 점에 유의해야 하고, 미술품 투자 시 어떠한 절차와 포인트에 중점을 두어야 하는지를 쉽게 설명했다. 요즘 뜨고 있는 미술품 투자에 관심을 가지고 있는 사람에게 도움이 될 것으로 보인다. 이 책에서는 또한 BTS처럼 전 세계적으로 인기를 끌고 있는 K-콘텐츠의 발전상황을 시기별로 구분해 설명하고, 한국 소프트파워의 해외 위상을 정리했다. 아울러 문화예술에 대한 교육을 받고자 하는 사람들을 위해 어떠한 곳에서 어떠한 교육을 하는지 소개했다. 최근에는 NFT, 인공지능, 메타버스와 같이 문화예술과 기술도 밀접하게 연결되어 있다. 이 책에서도 IT기술이 문화예술에서 어떻게 활용되고 어떠한 분야에서 응용되고 있는지를 살펴보았다.

이 책은 문화예술 분야에 첫걸음을 내딛은 사람들에게 필요한 지식을 전달하는 데 집필의 목적을 두었다. 기존에 출간된 많은 책들은 문화예술의 창작이나 공급에 초점을 맞추거나, 문화예술 작품의 설명, 특정 문화예술 분야의 전문적 이론 등의 내용으로 구성되어 있을 뿐, 문화예술을 처음 접하는 사람들이 쉽게 이해할 수 있는 입문서는 거의 없었다. 이 때문에 문화예술 분야를 어렵게 생각해 관련 분야에 무관심한 사람들도 많았다.

이제 우리는 '문화예술'로 가는 길목에 높게 서 있던 장벽을 허물고, 누구나 쉽게 드나들 수 있도록 넓은 길을 내려고 한다. 문화예술 분야에 첫걸음을 내딛는 사람이라면 이 책이 최적의 입문서가 될 것임을 자부한다. 문화예술 각 분야에서 연구하고 활동하고 있는 집필진들이 많은 토론과 회의를 통해 문화예술 분야를 이해하는 데 꼭 필요한 지식만을 담아 전달하려고 노력했으므로, 문화예술 교육서로도, 문화예술 교양서로도 손색이 없을 것이다. 저자를 포함해 출간 과정에 참여한 모든 분께 감사드리며, 이 책이 문화예술 저변 확대에 기여하고 많은 곳에서 널리 활용되기를 기대한다.

2024년 1월

대표저자 고정민

차례

1

문화예술의 정의

고정민

문화는 무엇이고, 예술은 무엇인가

예술성, 상업성, 대중성의 관계

예술의 효과

문화는 무엇이고, 예술은 무엇인가

문화예술의 정의

문화예술이란 무엇인가? 우리는 문화를 예술과 같은 의미로 사용하는가 하면, 그렇지 않은 경우도 많다. 이는 문화라는 개념에 다양한 의미가 있기 때문일 것이다. 문화예술이라는 용어를 좀 더 잘 이해하기 위해 문화와 예술을 나누어보자. 먼저 문화(culture)는 경작, 교양, 행동양식, 예술 등 네 가지 의미를 가지고 있다.

첫째, 문화라는 말이 처음 나타난 것은 라틴어의 cultura에서 파생한 culture를 번역한 말로 본래의 뜻은 '경작(耕作)'이나 '재배(栽培)'였다. 이 단어는 로마시대에 수렵, 채취, 어로의 원시시대를 살고 있던 북부 유럽인이 농경을 시작하면서 농경문화라는 뜻으로 파생·발전한 것이다. 아프리카에서 시작된 인류는 오랫동안 수렵 생활을 하다가 한 곳에 정착하여 농경을 시작하면서 발전하게 되었는데, 농경에서 경작이나 재배의 뜻으로 culture라는 말이 사용된 것이다. 지금도 '미생물을 배양하다'라는 뜻으로 culture가 동사로 사용되고, '식물을 배양하다'라는 말은 영어로 cultivate라고 하는데 이 역시 어원을 같이한다.

둘째, 문화는 교양을 의미한다. 문화라는 말은 '교양이 있는', '품격이 있는' 등의 의미로 사용된다. 문화시민이라는 말은 합리적인 사고를 통해 '교양 있게 행동하는 사람', '상대방을 배려하는 사람'을 말한다. '문화수준이 높다' 혹은 '문화생활을 향유하다'라는 말에도 '교양'이라는 의미가 내포되어 있다. 또한 '문화인'이라는 용어도 '뛰어나고 수준 높은 교양을 가진 사람'을 의미한다.

셋째, 문화는 한 사회의 주요 행동양식이나 상징체계를 말한다.[1] 즉, 한 사회 내에서 동일한 세계관, 사회사상, 가치관, 행동양식 등을 가지는 것을 의미하는 것으로, 그 사회 구성원들은 이를 의식적으로 혹은 무의식적으로 공유하고, 이를 기준으로 행동하게 된다. 이러한 의미로 사용되는 문화는 보통 복합용어로 사용되는데, 기독교문화, 한국문화, 미국문화, 조직문화 등 매우 많다. 예를 들어, 조직문화란 한 기업의 조직 구성원들이 공유하는 가치관과 신념, 이념과 관습, 규범과 전통 그리고 지식과 기술 등을 포함하는 총체적인 개념이다. 삼성 기업문화와 현대 기업문화가 다른 것은 이같이 오랫동안 축적된 가치관, 신념과 규범 등의 결과다.

이처럼 문화는 인간이 후천적으로 학습한 행위나 공통된 생활양식, 반복적이고 지속적인 생활양식 등을 말하는 것으로, 동양 사회에서 어른을 공경하거나 서양에서 상대방을 배려하는 것 등은 문화라고 하지만, 개인적인 특성, 생물학적인 본능, 일시적 행동 등은 문화라고 하지 않는다. 개인적인 행동이나 일시적 행동 등이 그 사회에서 오랜 기간 축적되어 일반적인 행동양식이 되었다면, 이는 문화로 구분될 수 있다.

넷째, 마지막으로 예술의 개념으로 사용된다. 예술(art, 藝術)이란 아름다움을 창조하고 표현하는 인간 활동이나 그 작품으로, 원래는 기술과 같은 의미로서, 어떤 물건을 제작하는 기술 능력을 가리켰다. 지금도 art는 '기술'로도 번역된다. *art of love*는 에리히 프롬이 저술한 책으로서, 한국에서 출간될 때 '사랑의 기술'이라고 번역된 바 있다. 한자 표기 예술(藝術)에서도 술(術)은 '기예', '기술'을 의미한다. 역사적으로 보면, 신석기시대의 알타미라 동굴 그림에는 운동의 역학이 담겨 있고, 르네상스시대의 그림에는 원근법이 숨어 있다. 레오나르도 다빈치는 로봇의 아이디어를 생각해낸 과학자이면서, 〈모나리자〉를 그린 예술가이기도 하다. 이처럼 과거에는 기술과 예술이 동일시되었으나, 아이로니컬하게도 과학기술이 발달한 근대에 들어서 별개의 것으로 취급되었다.

미적인 의미에서의 예술(art) 개념이 성립된 것은 18세기 중반부터다. 영어로 fine art, 독일어로 Shöne Kunst와 같이 '예술'은 미(美)를 원리로 하는 자율적인 활동 및 그 산출물로서의 의미로 개념화되었다. 그러나 '아름다운(fine, shöne)'이라는 의미의 형용사가 서서히 생략되면서 현재에 이르게 되었다. art의 복수 형태인 arts 역시 예술이라는 의미로 사용되지만 공연, 미술, 공예 등 장르의 집합체적인 성격을 가진다고 할 수 있다.

이제 문화예술을 정의할 차례다. 문화예술을 정의할 때, 문화의 의미는 앞서 설명한 문화의 네 가지 의미 중에서 마지막 개념인 예술과 직접적으로 관련된 것임을 쉽게 알 수 있을 것이다. 그냥 예술이라고 표현해도 되지만, 문화예술이라는 용어를 사용함으로써 문화라는 개념 중 예술을 표현함과 동시에 문화와 예술을 포함한 개념으로도 사용된다. 또한 문화예술에는 문화의 개념 중에서 교양과 품격을 의미하는 두 번째 개념을 포함하는 의미로도 사용된다. 예를 들어 지자체의 문화예술정책이라고 하면 공연, 축제, 미술, 전통예술 등만이 아니라, 총체적인 의미로 문화적 지자체를 만들기 위한 정책이나 문화시민과 관련된 정책 등도 포함하게 된다. 그럼에도 문화예술 하면 예술의 의미로 사용되는 경우가 많은데, 교양, 품격 등의 의미는 문화적 개념이 모호한 경우가 많기 때문이다. 따라서 이 책에서도 문화예술은 주로 예술로서의 문화예술을 말한다.

문화를 문명과 혼동해서는 안 된다. 인류 역사가 시작된 이집트, 메소포타미아, 중국, 인도 지역을 인류 4대 문명 발상지라고 하지만, 이를 4대 문화 발상지라고는 말하지 않는다. 문화란 한 사회 구성원들의 생활양식 자체를 가리키지만, 문명은 지식과 기술의 발전 단계를 말하며, 문화가 축적된 집합적인 성격을 가지고 있다. 문명은 물질적이고 사회적인 발전이 이루어진 발달한 사회에서만 존재하지만, 문화는 미개하고 야만적인 사회에서도 존재한다.

문화예술은 문화산업이나 문화콘텐츠산업과의 구분 역시 필요하다. 문화산업은 기본적으로 기업이 영리를 목적으로 문화적 요소를 가진 콘텐츠를 생산하고 공급하는 모든 활동을 말하고, 문화콘텐츠산업은 문자, 소리, 영상으로 구성된, 문화적인 요소를 가진 내용물을 제작·유통하는 산업이라 할 수 있다. 그러나 실제로 문화콘텐츠산업과 문화산업은 같은 의미로 사용된다. 문화예술은 기본적으로 비영리성을 목적으로 하는 창작 및 유통 활동으로서 문화산업과는 구분된다. 물론 문화예술은 문화예술 주체 관점에서 영리와 비영리를 구분하기 어려워 모두를 포함하는 경우도 있다. 문화예술산업이라는 분야도 최근 부각되었는데, 문화예술산업이란 이익을 목적으로 예술작품의 창작·유통과 관련된 모든 산업활동을 말한다. 다시 말하면 문화예술산업은 이익을 목적으로 하는 예술기업, 예술단체, 예술가들이 창작·유통하는 활동이라 할 수 있고, 예술에 초점을 맞추어 정의하면, 예술을 상품으로 하는 산업이라고도 할 수 있다.

문화예술의 종류

그렇다면 예술로서의 문화예술의 종류에는 어떠한 것이 있을까? 〈문화예술진흥법〉에서 "문화예술이란 문학, 미술(응용미술을 포함한다), 음악, 무용, 연극, 영화, 연예(演藝), 국악, 사진, 건축, 어문(語文), 출판, 만화, 게임, 애니메이션 및 뮤지컬 등 지적, 정신적, 심미적 감상과 의미의 소통을 목적으로 개인이나 집단이 자신 또는 타인의 인상(印象), 견문, 경험 등을 바탕으로 수행한 창의적 표현활동과 그 결과물을 말한다"(제2조)라고 명시되어 있다. 이는 일반적인 문화예술보다 넓은 개념의 장르를 포함하고 있다. 즉 영화, 연예, 사진, 건축, 만화, 게임, 애니메이션 및 뮤지컬 등을 포함한다.

그러나 이는 장르 이름만 보면 문화산업과 겹친다. 따라서 문화예술은 〈문화예술진흥법〉에서도 언급한 것처럼 지적·정신적·심미적 감상과 의미의 소통을 목적으로 한다는 전제가 있어야 한다. 만약 이를 상업적인 목적으로 한다면, 이는 문화산업 영역에 속할 것이다. 영화에도 독립영화나 예술영화가 있고, 게임에도 인디게임, 음악에도 인디음악이 있는데, 이들은 지적·정신적·심미적 감상과 의미의 소통을 목적으로 한다고 볼 수 있다.

〈문화예술진흥법〉에서는 다양한 장르가 포함되어 있으나 유사한 것을 묶고 산업적인 성격이 강한 장르를 제외하면 미술, 공연, 음악, 문학 등으로 대분류할 수 있을 것이다. 물론 여기에서도 영리를 목적으로 대중적인 작품을 만드는 것은 산업으로 분류되어야 할 것이나, 영역 구분이 모호한 경우도 많아 일부 포함되어 있음을 인정할 수밖에 없다.

각각의 정의를 보자. 미술은 아름다움, 감정, 아이디어, 상상력 등을 시각적인 형태로 창의적으로 표현하는 예술 분야다.[2] 미술은 다양한 매체와 기술을 사용하여 그림, 조각, 사진, 설치미술, 영상 등 다양한 형태로 표현될 수 있다. 과거에 미술은 그림그리기로 이해했으나, 지금은 미술이라는 의미가 크게 변화되고 있다. 이는 과거 미술대학에 들어가기 위해서는 회화, 즉 그림을 그리는 공부를 했으나 지금은 입학시험에 그림그리기가 없는 대학이 많다. 그 정도로 미술이 바뀌고 있다는 것이다. 최근에는 미술을 시각예술(視覺藝術), 공간 예술(空間藝術), 조형 미술(造形美術)로 표현하기도 한다. 시각예술이라는 것은 미술이 사람의 시각 작용을 매개로 하는 예술이기에 그렇게 불렸고, 공간 예술이라는 것은 미술의 성립이 그 공간성을 바탕으로 이루어지기 때문에 시간 예술(時間藝術: 음악·문학 등)과 대치되는 예술로 규정되었으며, 조형 예술은 미술이 유형적인 조형성을 기본 방법으로 하고 있기에 그렇게 불렸다.[3] 이 새로운 용어들은 과학의 발달과 생활의 변모에 따라 생기는 새로운 미술 현상, 예를 들면 사진이라든가 디자인이라든가, 꽃꽂이 같은 것도 아울러 포함할 수 있다는 장점이 있다.

공연 혹은 공연예술(公演藝術, performing art)은 무대에서 펼쳐지는 모든 형태의 예술을 말하는 것으로서, 무대에서 관객을 대상으로 춤, 음악, 연기를 비롯한 다양한 볼거리를 직접 제공하는 현장 예술을 의미한다. 즉, 표현자와 관객이 같은 시간과 공간을 공유하면서, 그 자리에서 작품의 실체가 만들어져가는 형태의 예술을 가리킨다. 〈공연법〉에 따르면, 공연이란 음악·무용·연극·뮤지컬·연예·국악·곡예 등 예술적 관람물을 실연(實演)에 의해 공중(公衆)에게 관람하도록 하는 행위를 말한다. 이 중에서 뮤지컬과 연예 등은 상업적인 성격이 강한 장르이고, 나머지는 비교적 순수예술적인 성격이 강한 특징을 가지고 있다. 한국의 〈공연법〉에서는 아이돌 가수들의 콘서트 등의 공연은 '연예'에 해당하는 것으로 상업적 목적의 공연이다. '뮤지컬'은 연극, 음악, 노래, 춤, 대사 등 다양한 예술 형식을 결합한 공연 장르다. '연극'은 배우들이 무대에서 대사와 동작을 통해 이야기를 전달하고, '무용'은 인간의 신체 움직임과 춤을 통해 표현하는 공연을 말한다.

〈음악산업진흥법〉에 따르면, 음악은 소리를 소재로 박자·선율·화성·음색 등을 일정한 법칙과 형식으로 종합하여 사상과 감정을 나타낸 것을 말한다. 음악 매체는 과거에는 주로 음반이었으나, 현재는 디지털 매체를 통해 음악이 전송되고 연주되는 경우가 대부분이어서 음원이 중요한 시대가 되었다. 음악의 종류는 기준에 따라 다양하게 분류되는데, 대중음악과 순수예술 음악으로 분류되기도 한다. 대중음악은 '실용음악'이라고도 하는데, 대중 사이에서 폭넓게 소비되고 듣는 음악을 말하며 상업적이고 대중문화와 깊은 연관이 있다. 장르로는 팝, 록, 힙합, R&B, EDM, 컨트리, 재즈 등 다양한 스타일의 음악이 대중음악으로 분류된다. 이에 비해 순수예술 음악은 예술적 표현이 주된 목적인 음악으로서, 상업적인 성공이나 대중적 인기보다는 예술적 표현과 음악적 탐구를 중시한다. 순수예술 음악에는 클래식 음악, 현대 음악, 실험 음악 등 다양한 스타일과 장르의 작품들이 이에 속할 수 있는데, 이러한 음악을 듣는 소비자는 대중음악에 비해 한정적이다. 이러한 음악은 종종 현대적이고 복잡한 음악적 구조와 조화로운 음악적 아이디어를 탐구한다.

문학은 문자로 나타난 모든 기록과 학문의 뜻으로 사용되지만, 원래 문학은 학문은 아니며 예술의 일종이라 할 수 있다. 우리나라 〈문학진흥법〉에서도 "문학이란 사상이나 감정 등을 언어로 표현한 예술작품으로서 시, 시조, 소설, 희곡, 수필, 아동문학, 평론 등을 말한다"고 규정하고 있다. 넓은 의미의 문학은 저술, 문헌 및 인쇄물 등 문자로 기록된 모든 것을 포괄하고 있어 인쇄출판도 넓은 의미의 문학에 속한다고 할 수 있다. 문학은 언어를 사용하여 인간의 복잡한 감정과 경험을 전달하고 해석하는 수단이다. 작가는 단어, 문법, 문장 구조, 비유, 상징 등 다양한 문학적 기술을 사용하여 독자의 상상력과 감정에 다가가며, 독자는 작품을 통해 새로운 경험과 이해를 얻을 수 있다.

문화예술 생태계

생태계(生態系, ecosystem)는 상호작용하는 유기체들 그리고 그들과 서로 영향을 주고받는 주변의 무생물 환경을 묶어서 통칭하는 것이다. 같은 곳에 살면서 서로 의존하는 유기체 집단이 완전히 독립된 체계를 이루면 이를 '생태계'라고 부를 수 있다. 이런 점에서 문화예술도 하나의 생태계로 볼 수 있다. 즉 문화예술 세계에는 각각의 구성체들이 서로 연관되어 있고, 이들 간에 상호작용하고 있어 하나의 생태계로 보아도 무방하다.

문화예술 생태계에는 대중문화와 순수예술 등의 콘텐츠가 만들어지는 문화예술창작 영역, 문화예술 콘텐츠가 소비자에게 전달되는 문화예술유통 영역, 소비자가 문화예술을 소비하는 문화예술소비 영역, 창작 및 소비에 필요한 자금이 조달되는 문화예술재원조달 영역, 문화예술창작과 감상 방법을 가르치고 문화예술 인력을 공급하는 문화예술교육 영역, 정부에서 문화예술을 지원하는 문화예술정책 영역 등이 있다.[4]

문화예술창작 영역은 문화예술 전문가(작가)와 문화예술 아마추어들이 문화예술작품을 만드는 영역이다. 이 영역은 이익을 내기 위한 영리 문화예술 창작과 영리를 목적으로 하지 않는 비영리 문화예술 창작으로 나누어진다. 영리를 목적으로 하는 문화예술창작 활동은 대중문화예술 같은 장르에서 영리를 위해 작품을 만드는 것을 말한다. 반면, 비영리를 목적으로 하는 비영리 문화예술창작 활동은 순수예술 같은 분야에서 영리를 목적으로 하지 않고 판매하거나 서비스하기 위해 작품을 만드는 것이다. 이 경우에는 대중성이 좀 떨어지더라도 작품의 예술성을 더 중요시하는 경우가 많다. 또한 비영리를 목적으로 하는 창작활동에는 소일거리나 취미로 동아리나 개인이 작품을 만드는 경우가 있다. 최근에는 생활문화센터 등에서 직접 문화예술작품 제작 체험을 하는 소비자가 창작자가 되는 경우도 있다.

문화예술유통 영역은 문화예술 장르에 따라 다르나 전형적인 문화예술 분야인 공연의 경우 공연장, 문예회관, 소극장 등 오프라인상의 공연장이 있고, 미술의 경우 전시장, 아트마켓, 갤러리, 경매, 미술관 등이 있다. 대부분 온라인과 오프라인 두 종류의 유통경로가 있는데, 오프라인 유통이 주를 이루지만 온라인의 비중이 높아지고 있다. 여기에도 마찬가지로 영리를 목적으로 유통하는 경우와 영리가 아닌 비영리 목적의 유통이 있다. 비영리의 경우 유통의 규모가 작고 저렴한 정부 운영 유통경로를 사용하는 경우가 많다. 다만, 영리와 비영리를 엄격하게 구분하기 어려워 일반적으로는 비영리의 경우 영리·비영리 혼합 형식이 많다. 즉, 일부는 티켓을 팔아 수익을 올리지만 모자라는 비용을 충당하기 위해 정부의 지원을 받거나 후원을 받는 경우다.

문화예술소비 영역은 문화예술 소비자와 문화예술작품이 만나는 접점으로서 문화예술작품을 거래하거나 관람하는 영역이다. 소비하는 방식에 따라 오프라인 소비와 온라인을 통해 소비하는 온라인 소비가 있다. 오프라인 소비가 일반적이지만 일부 온라인 소비가 있는데, 최근 메타버스, 온라인 옥션, 온라인 공연, 온라인 서적 주문, 온라인 음악 스트리밍 등의 온라인 소비도 증가하는 추세다. 또한 소비자에는 유료 소비자와 무료 소비자가 있다. 이는 문화예술 창작이나 유통과 연결되는 것으로 영리를 목적으로 하는 문화예술은 유료, 비영리를 목적으로 하는 문화예술은 무료인 경우가 많으나 명확하게 구분하기는 어렵다. 문화예술소비는 문화예술교육이나 문화예술경험을 통해 획득되는 문화예술 이해력(literacy)과 관련성이 높다. 문화예술 이해력이 높으면 문화예술소비도 높아진다.

문화예술재원조달 영역은 문화예술을 창작하거나 문화예술기관을 운영할 때 소요되는 자금을 조달하는 영역으로 미술작품 판매 같은 문화예술작품의 판매, 미술 전시 입장료, 음악 스트리밍 구독서비스 등 문화예술서비스 판매 등을 통한 재원이 있다. 그리고 정부의 보조금이나 지원금을 받아 작품을 창작하고 문화예술기관을 운영하는 경우로서 정부 지원으로부터 오는 재원과 기업이나 개인의 후원 등을 통한 재원, 크라우드 펀딩 같은 펀딩 투자재원 등이 있다.

이 외에도 주식회사의 경우 주식공모를 통해 재원을 조달하고, 작은 규모의 예술기관은 설립자나 창작자 스스로 자신의 재원을 가지고 문화예술활동을 하는 경우도 있다.

문화예술교육 영역은 문화예술을 교육하는 학교 문화예술교육과 학교를 졸업한 사회인에게 가르치는 사회 문화예술교육이 있다. 학교 문화예술교육은 학교의 커리큘럼 하에서 교양과목으로 문화예술을 가르치는 일반예술교육과 전문 예술가를 양성하기 위한 전문예술교육으로 나누어진다. 사회 문화예술교육의 대상은 뒤늦게 예술계에 입문하거나 취미활동으로 문화예술을 배우는 학생들이다. 문화예술교육은 소비영역에서 문화예술 이해력을 높여 문화예술소비를 진작하는 역할과 문화예술 전문가를 양성하여 전문인력을 공급하는 역할을 하고 있다. 물론 이러한 교육과정을 거치지 않고 수상을 한다거나, 개인적으로 예술가로 진출하는 경우도 있고, 전문교육 없이 문화예술을 소비하는 사람도 많다.

문화예술정책 영역에는 문화체육관광부 같은 중앙정부, 지자체, 정부 및 지자체 산하의 문화예술기관 등이 있다. 이들은 예술가, 문화예술유통, 문화예술창작, 문화예술 인프라 등의 지원을 통해 문화예술 창작 및 소비를 활성화하여 국민의 삶의 질을 높이고 국가이미지를 높인다. 또한 우수한 문화예술인들을 양성하여 문화강국을 지향한다. 문화예술정책 영역은 앞의 거의 모든 영역과 상호작용하여 문화예술이 발전하는 데 기여한다.

바람직한 문화예술 생태계는 이들 각각의 구성 주체들이 순환과정과 조절과정을 거쳐 공진화하는 구조가 되어야 한다. 즉 정부의 지원과 시장 메커니즘 도입에 따른 시장 확대로 우수한 문화예술작품이 제작되어 이들 문화예술상품이 시장에 유통되면, 이러한 작품이 소비자를 감동시켜 소비자가 문화예술 상품을 찾게 될 것이다. 소비자가 문화상품을 찾게 되면서 시장이 확대되고, 시장이 확대되면 예술가들에게 수입이 생기며, 이러한 환경에서 좋은 인력이 문화예술계에 유입되어 더 좋은 작품을 만드는 선순환 고리가 이어져야 할 것이다. 이처럼 시장이 확대되면 자금이 유입되고, 이에 따라 좋은 작품이 만들어지는 것도 선순환 과정에서 나타나는 현상이다.

생태계가 진화하기 위해서는 창작의 기본이 되는 필요 요소들이 존재해야 하고, 작품의 다양성이 확보되어야 한다. 예술가, 문화예술 인프라, 문화예술교육, 문화예술재원조달 등 제작에 필요한 요소들이 다양하게 구비되어 제작을 지원해야 한다. 이들이 문화예술 소비를 확대하는 등 다시 문화예술 발전의 추동력(driving force)으로 작용해 예술의 폭을 넓히고 다양화해야 한다. 또한 국내 소비자에게 많은 문화시설과 문화예술에 대한 접근 기회를 높임으로써 소비자의 문화적 안목을 높여 제작자나 사업자가 수준 높은 콘텐츠를 제작하도록 유도해야 한다.

문화예술이 진화하기 위해서는 다양성이 있어야 한다. 순수예술, 대중문화 등 많은 구성 주체들이 다양한 시도를 통해 새로운 작품 및 시험적인 작품 등을 기획하고 제작하는 분위기가 활성화되어야 하고, 이들을 제작하는 창의적인 제작군이 다수 존재해야 한다. 이러한 다양성은 문화예술 상품에 대한 신선도를 지속적으로 제공할 수 있다. 문화예술이 다양화되고 지역적으로 다변화되면, 가치사슬상 한 부문의 결손이 나타나도 피드백되어 이를 보강하는 조절 시스템이 작용할 수 있다. 나아가 일방적인 순환과정이 아니라 외국 콘텐츠 및 문화의 상호교류를 통해 일방적인 문화 흐름을 지양하고 상호의존적인 광역 생태계가 조성될 수 있다.

예술성, 상업성, 대중성의 관계

문화예술 상품의 특징

문화예술 상품은 서비스 상품 중의 하나다. 통계청에서 산업 통계를 위해 분류한 표준산업분류에서도 문화예술은 크게 보아 예술, 스포츠 및 여가 관련 서비스업에 포함되어 있다. 문화예술 상품의 산업적인 특징으로서는 통상적으로 서비스산업의 특징을 그대로 가지지만, 분야에 따라 조금씩 다르다. 일반적으로 서비스는 무형성(intangibility), 소멸성(perishability), 이질성(heterogeneity), 비분리성(inseparability) 등의 특성이 있다.[5]

첫째, 무형성이다. 서비스 상품은 형태가 없어 만질 수 없으며, 구매하기 전에는 감지할 수 없고 산출물도 형체가 없다. 의류, 자동차, 텔레비전과 같이 제조업의 산출물은 만질 수 있는 유형적인 물체이지만, 공연 같은 문화예술 상품은 만질 수 없고 형체가 없다. 이런 이유로 소비자는 문화예술 공급자가 제공하는 문화예술 상품이 거의 비슷비슷하다고 느낀다. 문화예술 서비스의 차별화가 매우 어렵다는 특성으로 인해 경쟁자와 약간의 서비스 차이가 있어도 제공업자는 경쟁상의 우위를 쉽게 점할 수 있다.

둘째, 소멸성이다. 무형성과 밀접한 관련이 있는 것으로 문화예술 서비스의 편익은 그 서비스의 창출 혹은 수행으로부터 나오는데, 산출과 동시에 소멸해버리고 만다. 공연하고 난 후 그 공연상품은 사라지고 만다는 것이다. 이러한 이유로 서비스는 물적유통이 없고, 유통경로도 매우 짧다. 따라서 서비스는 제조업의 제품처럼 성수기와 비성수기에서 발생하는 수요변동을 완충시킬 재고가 불가능하다. 또한 서비스 생산과정에서 어느 한 부분이 없거나 제대로 돌아가지 않아 균형을 잃어도 여유 시설 능력은 쓸모가 없게 된다.

셋째, 이질성이다. 이질성은 문화예술 서비스 산출이 다양하다는 것을 의미하는데, 이는 세 가지 이유 때문이다. 공연을 예로 들어보면, ① 같은 제목의 공연을 하더라도 예술단체마다 서비스 수행의 질이 차이가 나기 때문이다. ② 같은 공연단체라고 해도 공연은 배우와 연출자 등 서비스 수행자에 따라 달라진다. 연기를 잘하는 배우가 공연할 때 더 좋은 작품이 나올 것이다. ③ 같은 배우가 출연했다고 해도 공연장 분위기나 배우 컨디션에 따라 상이한 공연이 될 것이다. 이러한 이유로 서비스 기업은 서비스 수행의 질을 표준화하거나 품질관리가 어렵다.

넷째, 비분리성이다. 서비스는 생산과 소비가 동시에 이루어진다. 제조업 제품은 생산된 제품을 소비자가 구매하여 소비하지만, 공연 서비스는 공연장에서 생산과 소비가 동시에 일어난다. 이런 동시성은 생산자와 판매자가 동일체이고 유통 형태도 대부분 직접 경로만 통한다는 것을 의미한다.

그러나 서비스산업의 특성은 문화예술 전체에 적용되기 어렵고, 예외가 다수 존재한다. 즉, 문화예술은 서비스산업에 속하므로 일반적인 서비스산업의 특성이 적용되기도 하지만 그렇지 않은 경우도 많다. 예를 들어 극장에서 공연하는 뮤지컬의 경우, 무대에서 공연하고 소멸하지만, 이를 녹화하여 반복적으로 보여준다면 소멸성의 특징이 적용되기 어렵다. 영화나 음악의 경우, 생산과 소비가 동시에 일어나지 않아 비분리성의 특성이 적용되지 않는다. 미술의 경우, 전시는 서비스산업의 특성이 적용되지만, 미술품의 거래는 제조업의 특성과 같아 무형성, 소멸성, 이질성 등 서비스산업의 일반적인 특성이 적용되지 않는다. 또한 음악 CD, 서적 등은 이동이 가능한 상품이고, 온라인의 발달로 공급자와 소비자 사이에 서로 다른 장소에서 다른 시간에 서비스가 이루어지고 있다.

문화예술의 경우 비영리의 경우도 많다고 언급한 바 있는데, 이를 서비스산업의 특성만으로 설명하기는 어렵다. 공익성이 강해 필요한 서비스인데도 이익이 나지 않아 민간이 참여하지 않는 분야가 있다. 시장 메커니즘에 맡겨두어서는 사람들의 효용을 최대화하는 자원배분이 이루어지지 않는 경우가 있다. 이러한 상품을 공공재적인 특성을 가진다고 한다.

문화예술 상품도 공공재로서의 특성을 가지고 있다. 공공재는 비경쟁성(공동소비성)과 비배제성의 두 가지 조건을 충족해야 한다. 첫째로 비경쟁성은 한 사람의 소비가 다른 사람의 소비를 방해하지 않고, 여러 사람이 동시에 편익을 누릴 수 있는 특성을 말한다. 공연의 경우 한 사람이 공연을 보았다고 해서 다른 사람이 그 공연을 보는 데 방해받는 것은 아니다. 모든 사람이 동시에 공연을 보아도 공연의 재고가 줄어들거나 소멸하지 않는다. 공공재로서 항구에 있는 등대를 예로 들어보면, 등대 불빛을 두고 어선들이 경쟁할 필요가 없다. 둘째는 비배제성으로 대가를 지불하지 않고 누구에게나 공급된다. 공중파 방송의 경우, 돈을 내지 않고 누구나 서비스를 받을 권리가 있다. 어선이 등대 불빛의 도움을 받았다고 해도 돈을 내지는 않는다.

그러나 두 가지 공공재 특징이 완벽하게 적용되는 경우는 드물다. 위에서 예로 든 공연의 경우, 공연장 규모의 한계로 수용인원이 한정되어 있어 만원이 되면 다른 사람의 소비가 방해를 받는다. 또한 공중파조차 수신료를 내야 방송서비스를 받을 수 있다. 대부분의 문화예술 상품은 정부의 보조가 있어 좀 더 낮은 가격으로 서비스를 받을 수 있지만, 무료 서비스는 드물다. 이런 경우를 '준공공재'라 한다.

문화예술 상품의 또 다른 특징은 경험재라는 것이다. 문화예술 상품은 경험해보지 않으면 그 가치를 알 수 없다. 공연의 경우, 관람객이 티켓을 구입해서 공연을 볼 때까지는 '공연'이라는 상품을 경험할 수 없다. 즉, 공연이라는 상품을 경험하기 위해서는 돈을 지불하고 공연장에 들어가야 한다. 그러나 공연을 보고 나서 실망할 수도 있다. 이러한 실망을 최소한으로 줄이기 위해 공연 티켓을 구입하기 전에 인터넷 평점, 평론, 설명 자료, 친구들의 평가 등을 통해 많은 정보를 수집하고, 그 작품의 가치를 가늠할 필요가 있다.

문화예술 상품은 일반 상품과 달리 심미적·감동적 요소가 있어 인간의 감성과 관련되는 감성재라 할 수 있다. 문화예술은 감성에 호소하는 상품이고, 소비자는 이것을 경험하고 감동을 하게 된다. 문화예술 상품을 구매한 소비자는 유용성이나 편리성보다는 그 문화예술 상품이 주는 감동의 크기에 따라 가치를 평가한다.

예술성이냐, 상업성이냐

문화예술 상품은 예술성을 추구할 것인가, 상업성을 추구할 것인가?

예술성과 상업성은 반대 개념은 아니다. 예술성의 반대는 비예술성(예술적이지 않은 것)이고, 상업성의 반대는 비상업성(상업적이지 않은 것)이 될 것이다. 예술성이 높은 작품은 일반적으로 수익을 창출하기 어려워 상업성이 낮다고 평가되지만, 예술성도 높고 상업성도 높은 영화도 있다.

따라서 예술성과 상업성은 반대 개념은 아니다. 예술성과 상업성이 모두 높은 작품은 명작의 반열에 오를 수 있다. 각종 국제 시상식에서 작품상, 예술상을 받은 작품이 상업적으로 성공하는 경우다. 영화의 경우, 예술성은 높으나 상업성이 낮은 작품은 예술영화, 독립영화 등으로 불리고, 예술성은 낮지만 상업성이 높은 영화는 상업영화라고 할 것이다. 예술성과 상업성이 모두 낮으면 '쓰레기 영화'라고 할 것이다.

대부분의 예술가는 예술성과 상업성을 동시에 추구하는 작품을 만들려 할 것이다. 그러나 일반적으로 예술영화의 흥행실적은 낮다. 이는 대중 소비자가 예술성 있는 작품을 이해하는 것이 어렵고 재미가 없어 일부 관객만이 관람하기 때문이다. 즉, 대중성이 약하기 때문이다. 예술 공급자 입장에서 대중성이란 마케팅상 목표 소비자를 어디로 설정하느냐의 문제다. 물론 〈워낭소리〉처럼 예술적이면서 일반대중이 좋아하여 상업적으로도 성공할 수 있다. 이처럼 예술성이 강하다고 반드시 대중성이 떨어지는 것은 아니지만, 대중을 상대로 하는 예술은 대중성을 위해 예술성을 희생해야 하는 경우가 있다.

즉, 대중성을 추구하다 보면 예술성을 놓치는 경우가 생긴다.

예술성과 상업성의 절대적인 기준은 없다. 예술작품은 개인마다 취향이 다르고 보는 관점도 다르기 때문이다. 나는 예술성이 높다고 봤으나, 친구는 상업적이라고 작품을 평가절하하는 경우가 있지 않은가? 또 장르에 따라서도 다르다. 문화예술 분야 중에서 상업성이 강한 분야는 일반적으로 영화, 방송, 게임 등 대중문화예술에 많고 연극, 고전음악, 미술 등은 예술성이 높다고 평가된다.

그러나 대중문화예술에도 실험적이고 예술을 추구하는 인디 혹은 언더 예술 분야는 대중적이지 않다. 예술영화, 인디음악, 인디게임 등이 그것이다. 대중문화예술 중에서 예술이나 인디 분야는 대중문화예술의 인큐베이팅 역할을 하고, 실험적인 작품이 인디에서 검증되면 상업적인 시장으로 넘어오기도 한다. 요즘에는 인터넷과 모바일, SNS 등의 발전으로 인디가 상업화된 시장으로 넘어와 대중적인 인기를 누리는 경우도 많다.

문화예술기관·기업의 유형

예술성, 대중성, 상업성 등은 문화예술기관이나 기업이 추구하는 목적과도 관련성이 있다. 예술성이 높은 작품은 대중성이 낮고 시장의 실패가 일어나 영리를 추구하는 기업이 참여하기 어렵지만, 정부의 지원을 받는 비영리 기업들은 예술성이 있는 작품 제작에 참여할 수 있을 것이다. 즉, 공공성이나 비영리성이 강한 법인은 순수문화예술의 본원적인 목표인 예술성을 추구할 수 있을 것이다. 한편, 영리를 목적으로 하는 법인은 수익성을 추구한다. 수익성을 높이기 위해서는 대중성 있는 작품, 상업성 있는 작품을 제작할 것이다. 따라서 영리법인이냐 비영리법인이냐에 따라 문화예술을 추구하는 지향점이 예술성, 대중성, 상업성 등 다르게 나타날 것이다.

따라서 여기에서는 영리와 비영리를 포함하여 문화예술창작 및 유통의 주체가 되는 문화예술단체나 법인에 대해 이야기해보자. 법인이라 함은 법에 의해 자연인과 마찬가지로 권리능력의 주체로서 법인격(권리능력)을 인정받은 사람들의 단체 또는 특정한 목적에 투입된 재산을 말한다. 따라서 법인에는 권리와 의무가 부여된다. 법인에는 영리법인과 비영리법인, 사단법인과 재단법인 등 여러 종류가 있다. 법인이 아닌 개인사업자, 임의단체 등도 있다.*

영리법인이라 함은 영리를 목적으로 하는 법인을 말한다. 영리목적이란 법인이 영리적인 사업을 한다는 것이 아니라, 구성원인 사원의 이익을 도모하고 법인의 이익을 구성원에게 분배하여 경제적 이익을 주는 것을 말한다. 여기서 사원이란 종업원이 아니라 주주를 말한다. 예를 들면, 법인이 공익적 사업을 해도 그 사업에 따른 이익을 사원에게 분배함으로써 구성원의 이익을 추구한다면 그 법인은 영리법인이다. 영리법인의 종류에는 여러 가지가 있으나, 일반적인 용어로 상법의 적용을 받는 주식회사를 생각하면 될 것이다. 사원이

* 법인 외에도 개인사업자, 임의단체, 법인으로 보는 단체 등이 있다.
개인사업자란 기업이 완전한 법인격이 없으므로 소유와 경영이 소유자에게 종속하는 기업 형태를 말한다. 법인으로 보는 단체란 외형상으로는 사단법인 또는 재단법인이 되는 단체를 이루고 있으나 실질적으로는 설립등기를 하지 않아 법인격을 갖추지 못한 단체를 말하고, 세무서에서 사업자등록증에 준하는 고유번호증을 발급받아 운영하는 것을 말한다. 법인격 없는 임의단체란 법인과 유사한 인적·물적 실체를 갖추고 있으나 주무관청의 허가를 받지 않았거나 법인 설립허가를 받았더라도 아직 법인 설립등기를 완료하지 않은 단체를 말한다.

없는 재단법인은 이익을 분배할 수 없기 때문에 영리법인이 될 수 없다. 단순히 재단법인에서 일하는 사람은 재단법인의 직원일 뿐 법인 구성원으로서의 사원은 아니다.

비영리법인은 영리를 목적으로 하지 않는 사단 또는 재단으로 주무관청의 허가를 얻은 법인이다(〈민법〉 제32조 참조). '영리를 목적으로 하지 않는'이란 학술·종교·자선·기예·사교 등 영리 아닌 사업을 목적으로 하는 것을 말한다. 다만, 비영리사업의 목적을 달성하는 데 필요하여 법인의 설립 목적과 본질에 위배되지 않는 범위 내에서 수익 활동을 할 수 있다. 예를 들어 비영리법인 단체가 전시회를 개최하면서 입장료를 징수하거나 운영경비를 마련하기 위해 간행된 잡지를 일반인에게 유상으로 판매하는 행위 등을 말한다. 그러나 창출된 이익은 법인의 구성원들에게 분배되지 않고 법인 공유재산으로 축적된다. 비영리법인은 사회 일반의 이익을 위한 공공적 사업을 목적으로 하는 비영리 공익법인과 민법법인, 특수법인으로 나뉜다. 민법법인은 민법상의 비영리법인으로 재단법인과 사단법인이 있다. 특수법인이란 국가 정책상 필요나 공공의 이익을 달성하기 위해 민법 또는 상법 외의 특별법에 따라 설립되는 법인을 말하는 것으로, 문화예술 부문에서 예술의전당이나 세종문화회관이 여기에 속한다.

민법에 의해 설립되는 비영리법인으로는 '사단법인'과 '재단법인'이 있다. 사단법인이란 일정한 목적을 위해 결합한 사람의 단체인 법인을 말한다.* 이에 비해 재단법인은 일정한 목적에 투입된 재산에 법적 인격이 부여된 법인을 말하는데, 민법상 영리 아닌 사업을

* 영리 목적에 따라 비영리사단법인과 영리사단법인이 있으나 보통은 비영리사단법인을 말한다.

표 1.1 법인격 유무에 따른 분류

구분			특징
법인격 없음	임의단체		동아리·모임 통장 개설 목적 (000-80-00000)
	법인으로 보는 단체		정부기금 지원신청 (000-82-00000)
법인격 있음	영리법인		주식회사, 협동조합
	비영리법인	사단법인	100인 이상의 회원으로 구성
		재단법인	일정 재산으로 구성 / 문화재단
개인사업자			개인이 사업자등록

주 1. 임의단체는 대학교 동아리, 1인 설립 단체, 단순 정기모임, 지역공동체 문화예술모임 등을 말함.

주 2. 법인으로 보는 단체는 협회, 네트워크 모임, 공연/전시 단체 등을 말함.

목적으로 한다. 사단법인과 재단법인은 법인을 구성하는 핵심 요소가 사람이냐 재산이냐를 기준으로 구별된다. 사단법인은 일정한 목적을 위해 사람들이 결합한 단체이고, 재단법인은 특정한 목적에 투입된 재산을 의미한다. 재단법인은 재산 출연이 필수이며, 일정한 목적을 위해 모은 재산을 개인의 권리에 귀속시키지 않고 하나의 실체로 운영하며 의사결정은 설립자가 주도적으로 한다. 또한 사단법인과 달리 재단법인은 임의로 해산할 수 없고, 영리가 아닌 비영리를 추구할 때만 설립이 가능해진다. 전국 곳곳에 있는 문화재단은 보통 재단법인으로 설립되어 있다.

문화예술 분야에서 사업을 하고자 하는 사람은 이처럼 다양한 형태 중에서 선택해야 한다. 사업의 규모가 크고 출연할 금액이 클수록 개인사업자보다는 사단법인, 재단법인, 주식회사 등 법인을 선택할 것이다. 만약 출연한 사람이 적당한 시기에 출연금을 회수할 의도가 있다면 주식회사를 선택할 것이다. 재단법인에 출연한 금액은 기본재산이어서 사용할 수 없으므로 재단법인은 최악의 경우 기본재산에 대한 운영 수입(예를 들어 은행 이자)으로 상당 기간 동안 운영비를 충당할 수 있어야 할 것이다. 따라서 그 정도의 충분한 출연금이 확보되지 않는다면, 사단법인을 설립하는 것도 좋을 것이다.

법률상의 법적 지위와는 다른 개념으로 해당 정부 부처에서 필요에 따라 인정하는 전문예술법인·단체(문화예술진흥법)와 비영리민간단체(비영리민간단체지원법) 등도 있다. 이 중에서 특히 전문예술법인·단체 제도는 2000년에 〈문화예술진흥법〉 개정으로 국가 및 지방자치단체가 단체의 전문성을 인정하여 전문예술법인 또는 단체로 지정하여 경쟁력 있는 문화예술단체로 육성하고자 도입한 제도다. 2021년 현재 전문예술단체는 1,019개, 전문예술법인은 540개로 도합 1,559개에 이른다. 법적 형태로는 임의단체가 가장 많고, 사단법인, 재단법인, 사회적협동조합의 순으로 되어 있다. 전문예술법인 또는 단체로 지정받으면, 대표적인 혜택으로는 자동으로 지정기부금 단체가 된다는 것이다. 이에 따라 이 법인 또는 단체에 기부한 개인이나 법인은 일정 한도 안에서 세금 공제 혜택을 받을 수 있다. 즉, 기부금을 받기 쉬워진다는 것이다. 전문예술단체가 아닌 타 업무와 관련된 비영리민간단체의 경우에는 법인이 기부한 금액에 대해 혜택을 받을 수 없다.

또한 문화예술기관에서 많이 활용하는 형태로는 사회적기업과 협동조합이 있다. 〈사회적기업 육성법〉에 근거한 사회적기업은 영리기업과 비영리기업의 중간 형태로, 사회적 취약 계층에 사회서비스 또는 일자리를 제공하면서 재화 및 서비스의 생산, 판매 등 영업활동을 하는 기업으로서 고용노동부 장관의 인증을 받은 기관이다.

사회적기업으로 인증을 받으면, 인건비, 사업개발비, 사회보험료, 경영컨설팅, 세제지원 등 다양한 혜택을 받을 수 있다. 그러나 인증을 받기 위해서는 조직 형태, 유급 근로자 고용, 사회적 목적 실현 등 다양한 인증조건을 만족시켜야 한다. 이러한 인증을 받기 어렵다고 하면, 예비사회적기업으로 지정받을 수 있다. 예비사회적기업은 사회적 목적 실현, 영업활동을 통한 수익 창출 등 사회적기업 인증을 위한 최소한의 법적 요건을 갖추고 있으나, 수익구조 등 일부 요건을 충족하지 못하고 있는 기업을 중앙정부나 지방자치단체장이 지정하는 기업이다. 이는 장차 요건을 보완하여 향후 사회적기업으로 인증받도록 유도하는 제도다. 지정기간은 3년이다. 사회적기업은 수익을 확보하기 어려운 문화예술 분야에서 활용하고 있으나, 예비사회적기업으로 지정된 3년 이후에 인증요건을 충족하지 못하여 사회적기업 인증을 포기하는 경우도 많다.

예술의 효과

문화예술의 효과와 가치

우리가 살아가는 데 문화예술이 필요할까? 과거 알타미라 동굴에서 보여주는 바와 같이 원시시대에도 동굴 벽에 그림을 그렸다. 이처럼 우리 인간의 본능에는 문화예술의 욕구가 자리 잡고 있다. 최근에는 여유시간이 많고, 기술의 발달로 문화예술을 즐길 수 있는 여건이 갖추어져 사람들의 소비가 고급화되면서 문화예술에 대한 관심도 높아지고 있다.

문화예술은 생활필수품이 아니더라도 다양한 효과가 있다. 음악을 듣고 있으면 마음이 편안해지고, 조상들의 전통예술을 보면서 자부심을 느낀다. 문화예술이 소비자에게 영향을 주는 것 외에 국가나 지역에 미치는 효과도 매우 크다.

사전적 의미에서의 효과(effect)는 어떤 목적을 지닌 행위에 의해 나타나는 결과로서, 긍정적 결과와 부정적 결과가 모두 나타날 수 있다. 효과와 함께 자주 쓰이는 용어는 '가치'다. 가치는 일반적으로 좋은 것, 값어치·유용·값을 뜻하며, 인간의 욕구나 관심을 충족시키는 것, 충족시키는 성질, 충족시킨다고 생각되는 것이나 성질을 말한다.[6]

공공재 같은 비시장재의 가치는 크게 사용가치(use value)와 비사용가치(non-use value)로 구분하고, 비사용가치는 다시 선택가치(option value), 존재가치(existence value), 유산가치(bequest value)로 구분된다.[7] 선택가치는 비록 당장은 해당 문화예술이나 시설을 이용할 계획이 없어도 앞으로 이용할 가능성(기회가 되면 방문하기 위해)을 고려하여 책정한 가치다. 존재가치는 비록 앞으로 해당 문화시설을 이용할 가능성이 없어도 단지 해당 문화관광 시설이 건립되어 있는 것만으로도 좋다는 인식을 가진다는 점을 고려하여 책정한 가치다. 유산가치는 우리의 후손들에게 해당 문화예술이나 시설을 물려주는 것이 좋다는 인식을 가진다는 점을 고려하여 책정한 가치다.

가치는 정적인 개념이지만 효과는 동적인 개념이고, 그 측정 방법도 다르다. 그러나 국가적인 관점에서 문화예술의 가치를 논할 때,

표 1.2 문화·관광시설의 경제적 가치의 종류

가치의 종류		항목
사용가치		해당 문화시설의 직접적 이용을 통해 만족감을 얻기 위해
비사용가치	선택가치	비록 당장은 해당 문화시설을 이용할 계획이 없어도 앞으로 이용할 가능성이 있으므로(기회가 되면 방문하기 위해)
	존재가치	비록 앞으로 해당 문화시설을 이용할 가능성이 없어도 단지 해당 문화관광 시설이 건립되어 있는 것만으로도 좋아서
	유산가치	우리의 후손들에게 해당 문화시설을 물려주는 것이 좋아서

출처: 한국개발연구원(2015), 〈문화·관광부문 사업의 예비타당성조사 표준지침 연구〉 참조.

가치와 효과는 동일한 의미로 사용될 수 있다. 그 이유는 '효과'가 문화예술 자체 혹은 문화예술 활동 및 사업 등의 결과로서 나타난 것으로, 이러한 미래에 나타나는 효과를 현재 기준으로 평가한다면 가치와 동일시될 수 있기 때문이다.

문화예술 효과의 종류

문화예술의 효과는 다양하다. 문화예술 효과는 국가적 효과, 지역적 효과, 경제적 효과, 교육적 효과, 치유적 효과, 문화적 효과 등 여섯 분야로 나눌 수 있다.[8] 사실 이 여섯 가지를 엄밀하게 구분하기는 어렵다. 각각의 효과에는 중복성이 있을 수 있고, 어느 한 곳에 속하기 어려운 효과도 있다.

이러한 한계를 전제로 구분해보면, 국가적 효과는 국가나 국민 전체에 미치는 영향이고, 지역적 효과는 지역에서 문화 활동이나 문화시설 구축을 통해 지역에 영향을 주는 것이다. 경제적 효과는 문화예술 상품의 거래 혹은 융합을 통해 발생하는 효과를 포함한다. 경제적 효과는 국가적 효과나 지역적 효과 등 다른 효과와 중복될 수 있다. 일반적으로는 경제적으로 환산 가능하면 경제적 효과로 표현하지만, 그렇지 않으면 여섯 가지 중 경제적 효과 외에 다른 효과로 표현한다. 여기에서는 주로 직접적으로 측정 가능한 경제적 효과를 중심으로 살펴보았다. 교육적 효과는 문화예술을 통한 학습 능력 제고, 창의 인력 제공 등이 포함되어 있다. 치유적 효과는 정신건강에 도움을 주는 등 문화예술이 의학적·정신적으로 우리 인간을 치유하는 효과를 말한다. 문화적 효과는 우리 인간에게 문화를 향유하고 참

표 1.3 문화예술의 효과

효과	내용
국가적 효과	신뢰 사회 구축, 사회통합, 민족정체성 강화, 국가 브랜드 제고, 국민적 자긍심 고취, 국민의 삶의 질 향상
지역적 효과	지역정체성 확립, 지역공동체 조성, 지역경제 활성화, 지역사회 결속, 지역 공공장소 활성화, 도시재생, 지역갈등 해소
경제적 효과	문화예술산업의 매출 증대, 타 산업과의 융합 효과, 문화예술을 통한 관광 효과, 일자리 창출
교육적 효과	학습 능력 제고, 사회적 합의 역량 강화, 의사소통 역량 제고, 표현력 제고, 공감 능력 강화, 창의성 개발, 일상생활 적응 능력 제고, 인지력 제고, 민주주의 의식 함양
치유적 효과	정신건강 함양, 치료 효과 제고, 심리적 행복감 제고
문화적 효과	심미성 제고 효과, 문화 향유 효과, 문화다양성 제고, 문화격차 해소, 문화참여 효과

여할 수 있게 하는 등의 효과를 말한다. 문화 활동을 통해 1차적으로 문화적 효과가 나타나지만, 이로 인해 2차적으로 국가적·치유적 효과 등이 나타나므로 중복이 있을 수 있다. 각 효과를 구체적으로 살펴보면 〈표 1.3〉과 같다.

① 국가적 효과

국가적 효과에는 신뢰 사회 구축, 사회통합, 민족정체성 강화, 국가 브랜드 제고, 국민적 자긍심 고취, 국민의 삶의 질 향상 등이 포함되어 있다.

사회통합 문화예술은 우리 사회의 갈등을 해결하고 통합하는 역할을 한다. 문화예술은 사람과 사람을 연결해주며, 서로를 이해하도록 돕는 의사소통 수단의 역할을 한다. 문화예술은 다양성을 추구하며 향유자에게 자문화와 타문화를 비교하고 이해하게 함으로써 사회적 소통과 통합의 과정을 이끈다. 사회 구성원들이 함께 문화예술 활동에 참여하여 공동체 의식을 함양하게 되며, 이를 통해 사회적 통합을 도모할 수 있게 된다.

민족정체성 강화 문화예술을 통해 민족정체성을 확립시킬 수 있다. 특히 전통문화의 진흥은 국가의 정체성과 이미지를 형성하는 핵심이다. 당대의 예술은 후대에 예술의 전통과 문화유산을 남기게 되고, 문화유산의 보존과 전통의 현대적 계승은 문화적 정체성을 확립하게 한다. 국가 문화정체성은 민족, 언어, 사상, 의식주 등 넓은 의미의 문화 개념과 함께 음악, 미술, 연극 등 예술적 표현 등을 모두 포함한다. 전통문화와 현대문화를 균형 있게 발전시키고 보존하는 것은 국가정체성을 확립하는 동시에 국민의 문화적 자긍심을 고취시키는 일이다.

국가 브랜드 제고 문화와 예술은 긍정적인 국가 브랜드를 형성하게 한다. 국가 브랜드란 한 국가의 자연환경, 국민, 역사, 문화, 전통, 정치체계, 경제 수준, 사회안정, 제품, 서비스, 문화 등의 유형 또는 무형의 정보와 경험을 활용하여 내외 국민에게 의도적으로 심어주고자 기획된 상징이다. 국가이미지 형성에는 경제력 및 군사력과 더불어 문화와 예술의 소프트파워가 중요한 역할을 한다. 각국은 국력의 척도가 군사력이나 경제력에서 문화 중심의 소프트파워로 변화하면서 호의적인 국가이미지를 구축하기 위해 문화와 예술을 활용하고 있다. 특히 대중문화예술인 한류가 아시아를 넘어 유럽과 북미지역으로 영향력을 확대하면서 한국의 브랜드 이미지를 향상시키는 데 영향을 미치고 있다.

삶의 질 향상 문화예술은 인간다운 생활을 하도록 도와주며, 우리의 행복과 건강한 노후생활을 이끄는 역할을 한다. 행복은 경제적·사회적 요인과 함께 문화적 요인이 함께 작용하는 정신적 감정이다. 높은 경제적 성장에도 불구하고 한국의 국가 행복지수가 낮은 이유를 소극적인 여가활동과 낮은 문화예술소비 등 문화적인 이유에서 찾을 수 있을 것이다. 문화와 예술은 인간의 정신을 고양하고 가치를 키우는 데 효과가 있으며, 풍요로운 삶의 모델을 제시한다. 문화예술을 즐긴다는 것은 경제적인 측면을 넘어 풍요로운 삶을 누리는 웰빙, 즉 행복을 지향하는 것이다.

② 지역적 효과

지역적 효과에는 지역정체성 확립, 지역공동체 조성, 지역경제 활성화, 지역사회 결속, 지역 공공장소 활성화, 도시재생, 지역갈등 해소 등이 있다. 이 중 대표적인 지역경제 활성화와 지역공동체 조성에 대해 살펴보자.

지역경제 활성화 지역에서 추진하는 문화예술 활동과 시설구축은 지역경제를 활성화시킨다. 문화예술을 통한 지역 활성화란 그 지역이 가지고 있는 문화와 자원을 활용한 지역브랜드 구축과 차별화된 지역 콘텐츠의 부가가치 창출을 통한 지역의 활성화를 뜻한다. 예를 들어 지역의 역사와 문화자원을 활용한 도시재생은 지방기업의 경쟁력 강화, 일자리 창출, 관광객 증가, 문화 향수 확대 등에 기여하며, 지역경제에 새로운 활력소로 작용한다. 문화예술을 통한 지역경제의 활성화는 다양한 경제·사회 기반시설과 문화·예술 및 레저시설들의 확충으로 이어지면서 경제·사회 환경 및 문화도시 이미지를 한층 더 강화시켜 지속적인 순환, 즉 도시재생의 순환 체계를 확립한다.

지역공동체 조성 지역 문화예술 활동 참여를 통한 공동체 의식 증가다. 문화예술 활동은 부모와 자녀 관계에 긍정적인 기능을 부여하며, 집단활동을 통해 또래 간 소통향상과 학교 및 지역사회 내에서 공동체 의식의 증진 등 긍정적인 효과가 나타난다. 문화예술 활동에 참여하며 함께 즐기고 소통하는 과정에서 서로의 공동체 의식을 느끼고 삶의 만족감을 느낀다. 한 예로 영국의 센트럴 세실 주거 공간에 거주하는 65세 이상 노인들이 여기서 제공하는 다양한 내용의 예술과 문화 관련 활동에 참여(춤, 노래, 공예 활동 등)한 결과, 새로운 사람을 만나 서로 공동체 의식을 느끼고, 하루하루 삶의 만족도와 행복감을 느끼게 되었다고 조사된 바 있다.

③ 경제적 효과

경제적 효과에는 문화예술산업의 매출 증대, 타 산업과의 융합 효과, 문화예술을 통한 관광 효과, 일자리 창출 등이 있다.

문화예술산업의 매출 증대 예술산업이란 생계를 목적으로 예술작품을 창작·유통·소비하는 분야를 말한다. 문화예술업계에서 창출한 매출은 미술과 공연만 하더라도 2조 원 이상으로 우리나라 GDP 가운데 많은 경제적인 효과를 나타낸다. 문화예술은 문화예술 시설이나 행사, 활동과 생산, 고용 측면에서 국민경제에 다양한 파급효과를 창출한다. 일례로 서울의 경우 대학로의 공연문화 및 문화기반시설에 의한 경제적 파급효과는 2,210억 원의 직접 효과와 6,144억 원의 간접 효과, 5천여 명의 취업유발 효과가 있는 것으로 분석되고 있다. 문화예술산업은 소득향상에 따른 문화에 대한 관심 증가, 타 분야로의 활용성 증가 등으로 매년 빠르게 성장하고 있어 유망산업으로 명명해도 전혀 어색하지 않다.

타 산업과의 융합 효과 문화예술과 융합을 통해 타 산업의 경쟁력을 강화하는 역할을 한다. 문화예술은 창조산업의 원천으로 콘텐츠산업의 경쟁력을 강화하는 역할을 하고 있으며, 이러한 문화콘텐츠산업은 제조업과 서비스업 같은 타 산업에 긍정적인 영향을 미친다. 문화예술과 협업을 통해 기업과 제품의 경쟁력을 향상시키는 컬래버레이션에서부터 문화예술의 예술적·인문학적 관점의 도입으로 융합과 혁신을 확대할 수 있다. 즉, 문화예술은 타 산업(ICT, 제조업 등)과 만나 서로 다른 장점을 융합해 시너지 효과를 일으키고 있다.

관광 효과 단순히 장소의 유명성에 의존하는 것이 아닌, 문화예술적 요인이 관광객을 이끄는 촉매제로 작용할 수 있다. 최근 타국이나 타 지역에서 역사적 문화자원과 동시대의 문화예술자원을 체험 및 경험하는 관광이 증가하고 있다. 런던의 경우 예술관람객의 42%가 관광객이고, 예술적인 요소를 고려한 관광 부문의 수입은 총 관광 수입의 25%로 나타나고 있다. 이는 박물관, 연극, 미술관, 음악회 등의 관람자 통계에 한정한 것이지만, 유적지, 건물, 디자인, 패션 등 넓은 의미의 문화로 그 범위를 확대할 경우 관광 분야에 문화예술이 미치는 영향은 더욱 클 것이다. 특히 한국은 BTS 같은 대중문화 그

롭이 해외 관광객을 이끄는 주요 요인이 되고 있다.

일자리 창출 문화예술산업은 타 분야에 비해 고용 유발 효과가 크며, 열정과 창의성 발휘가 가능한 청년의 일자리 창출에 기여한다. 특히 문화예술 분야는 청소년 및 청년의 선호 직종 분야이고, 대학생의 창업 준비업종 중 문화예술 관련 분야가 큰 비중을 차지하는 등 청년실업 문제를 해결할 수 있는 적합한 분야다. 더구나 문화와 예술을 타 산업과 융합하여 새롭고 창의적인 일자리로 만들 수 있는 장점도 있다.

④ 교육적 효과

교육적 효과에는 학습 능력 제고, 사회적 합의 역량 강화, 의사소통 역량 제고, 표현력 제고, 공감 능력 강화, 창의성 개발, 일상생활 적응 능력 제고, 인지력 제고, 민주주의 의식 함양 등이 있다.

문화예술은 우리의 창의성과 학습 능력을 향상시킨다. 지식과 기술 중심의 현대 교육체계에서 문화예술을 통해 개인의 감수성 향상, 창의성 개발, 심미성 고양, 커뮤니케이션 능력 향상 등 개인의 능력을 계발하여 개인적 측면의 역량을 강화한다. 즉 예술교육은 예술활동을 통해 감성을 키우고, 구성적인 사고능력을 형성하게 하며, 예술적 기능의 향상뿐만 아니라 창의성, 공감을 바탕으로 한 다양한 가치와의 소통 및 이해, 공동체 의식을 증진시킨다.

독일의 쿤스트파우제는 대표적인 지역 문화예술 교육기관으로 미취학 아동에서 청소년에 이르기까지 많은 학생이 참여하는데, 프로그램에 참여한 학생들을 대상으로 참여 전후의 변화를 조사한 결과, 학생들의 집중도, 자기관리 능력 및 자기주장, 위기관리 능력이 향상되었으며 전반적인 학습 분위기에 대한 긍정적인 변화 등이 나타났다. 무엇보다 문제해결 능력과 수업에 대한 흥미, 그리고 집중력 면에서 상당히 긍정적인 변화를 보였다.

⑤ 치유적 효과

치유적 효과에는 정신건강 함양, 치료 효과 제고, 심리적 행복감 제고 등이 있다.

문화예술은 표현의 도구로 우리의 심리, 정신, 정서 등의 문제점을 극복하고 치유하게 한다. 예술은 스트레스 해소, 자아정체감 및 정신적 건강 증진 등 개인적 치유에 기여하고 스트레스 상황, 삶의 위기, 소외, 문제상황 등을 완화하여 사회문제를 해결한다. 특히 예술치료는 창작행위를 통해 정신적 장애나 질환을 가진 환자가 자신의 내면세계와 대면하고 표현하며 정신적 장애나 질환을 극복하는 과정으로, 문화예술 작품의 향유를 통해 정신적 충만감과 정서적 안정감을 느끼며 불안과 스트레스를 감소시키는 치료 효과를 얻을 수 있다. 불안한 사회와 각박한 삶 속에서 현대인이 쉽게 접근할 수 있고 스스로 실행에 옮길 수 있는 손쉬운 힐링에 대한 관심이 증대하고 있는 가운데 문화와 예술은 힐링을 위한 대안으로 떠오르고 있다.

특히 청소년의 정서적·심리적 안정을 위해 문화예술이 활용된다. '엘 시스테마'는 베네수엘라의 빈민층 아이들을 위한 무상 음악교육 프로그램으로 1975년 경제학자 호세 안토니오 아브레우(Jose Antonio Abreu) 박사에 의해 빈민층 청소년 11명으로 구성된 단원으로 출발했다. 이 프로그램은 마약과 폭력, 포르노, 총기 사고 등 각종 위험에 노출되어 있는 베네수엘라 빈민가의 아이들에게 음악을 가르침으로써 범죄를 예방하고 미래에 대한 비전과 꿈을 제시하고 있다. 베네수엘라에서는 엘 시스테마 시행 후 범죄율이 40%나 감소했다고 한다.

⑥ 문화적 효과

문화적 효과로는 심미성 제고 효과, 문화 향유 효과, 문화다양성 제고, 문화격차 해소, 문화참여 효과 등이 있다.

문화예술은 고대부터 인류가 축적해온 가장 높은 정신적 창조물 중 하나로서 문화예술을 통해 표현하고 소통하며, 인간으로서 성장하는 근원적인 가치를 가지고 있다. 문화예술을 통해 우리 인간은 아름다움을 인식하고 표현한다. 인간은 문화예술을 즐길 수 있는 문화 향유의 권리를 가지고 있으며, 국가는 지역 간, 세대 간 문화 격차를 해소할 책임을 가지고 있다.

또한 세계화가 급속히 진행됨에 따라 인종, 종교, 문화적 갈등과 대립을 방지하고 문화다양성을 인정하는 사회적 공감대가 필요하다. 한국 역시 지역과 세대 간 갈등 같은 기존의 사회문제와 더불어 다문화사회로 변모하면서 발생하는 인종적·민족적 사회문제가 이슈로 떠오르며, 사회통합을 위한 노력이 이루어지고 있다. 사회취약계층과 소외계층을 대상으로 문화예술교육의 기회와 문화예술 향유의 기회를 제공함으로써 사회통합의 목표가 달성될 수 있을 것이다.

2

문화예술정책

이윤정

문화예술정책이란

문화예술 관련 법의 역할

문화예술정책에 대한 정부의 계획

문화예술에서 저작권이 왜 중요한가

문화예술정책이란

내가 낸 세금은 문화예술에 얼마나 쓰일까?

정책 이야기에 앞서 세금 이야기를 하지 않을 수 없다. 세금으로 운용되는 수많은 정책이 우리 삶에 포진되어 있기 때문이다. '도대체 내가 낸 세금은 어디에 쓰이는 걸까?'라는 생각을 누구나 한 번쯤은 해보았을 것이다. 내는 세금은 많은데, 이 많은 세금은 어디에 사용되기에 내가 받을 수 있는 정책적 수혜는 눈에 보이지 않는 건지, 정책적 효능감을 만족도 있게 느껴본 사람들을 직간접적으로 찾기란 쉽지 않다.

우선 세금이 어떻게 사용되고 있는지 살펴보자. 정부가 2023년 3월 28일 국무회의에서 발표한 '2024년 예산안 편성지침'에 따르면 올해 예산은 638조 7천억 원이고, 내년에는 4.8% 늘어난 699조 2천억 원으로 전망했다. 예산은 국가의 기본기능 수행 강화, 즉 국민의 안전과 재산을 보호하는 국방·치안·사법·행정 서비스에 대한 예산 투입을 늘리고 복지, 일자리, 교육, 연금 등을 중점으로 사용될 예정이라고 한다. 주요 정책들에 부수적인 설명을 넣어 강조했으나 문화예술 관련 언급을 찾아보긴 어렵다.

먹고사는 문제가 해결된 후에나 시선을 받을 수 있는 분야가 문화예술이기에 전체 예산 비중에서 차지하는 비율은 작다. 문화예술 분야 예산은 선진국의 경우 보통 약 3%가 넘지만, 한국에서는 아직 약 1.5% 수준에 머물러 있다. 기초자치단체의 문화예술 예산의 평균 비율은 약 1.2%이며, 광역자치단체 중 서울시는 약 1.3%, 인천시는 약 1.6%에 불과하다. 문화예술 예산 규모가 대체로 크지 않은 상황에서 관련 정책이 운영되고 있다.

문화예술은 문화체육관광부와 광역자치단체, 기초자치단체에서 일정 예산이 배분되어 정책 사업화된 후 각각 운영되는데, 이는 단기 정책 사업과 중·장기 정책 사업으로 구분되고, 직접사업과 간접사업으로 더욱 세분화된다. 직접사업은 기획부터 최종 마무리까지 담당 부서에서 직접 챙기는 사업으로 이해하면 된다. 간접사업은 입찰을 통해 운영계약자를 선정한 후, 이를 전반적으로 관리감독하는 사업으로 이해하면 용이하다.

이처럼 내가 낸 세금들이 쪼개지고 또 쪼개져 여러 정책 사업에 사용되고 있다. 이렇게 사용되고 있는 내 세금, 이제라도 관심을 갖고 잘 활용해야 하지 않을까? 지금부터 문화예술정책에 대해 알아보자.

문화예술정책이란

문화예술도 어려운데, 정책이라는 말과 합쳐지면 더 어렵다고 거리를 두기도 한다. '이런 건 나랑 상관없는 거 아냐?'라고 생각할 수 있

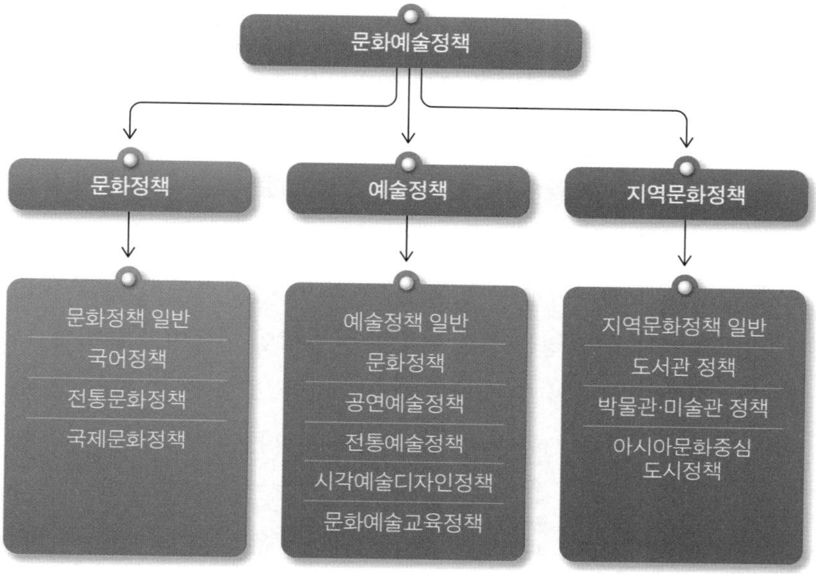

그림 2.1 문화체육관광부 문화예술정책실 조직도

지만, 절대 그렇지 않다. 이미 우리의 삶 안에는 수많은 정책이 살아 숨 쉬고 있고, 이 정책들 가운데 문화예술정책은 우리 삶의 한편에 자리하고 있다. 문화예술정책을 탐구해볼 방법은 다양하겠지만, 여기서는 대한민국의 문화예술을 총괄하고 있는 최상위기관인 문화체육관광부에서 명시한 직제를 중심으로 문화예술정책을 다뤄보고자 한다.

먼저 한국문화예술위원회에 대해 알아보자. 한국문화예술위원회는 현장의 문화예술인들로 구성된 위원들이 중심이 되어 합의하여 결정하는 합의제 의사결정기구로, 민간이 공공영역의 의사결정에 참여한 결과가 정책으로 환류되는 동시적 구조를 갖고 있다. 그동안 일방적 수혜자였던 문화예술인들이 정책의 입안자 또는 수행자로 진입했다는 차별성을 갖고 있다. 한국문화예술위원회의 주요 사업으로는 창작지원(ARKO 지원사업, 문학광장), 인력지원(현장예술인력지원 사업)이 있고, 이 외에 다양한 공모사업 등을 추진하고 있다.[9]

이제 문화예술정책의 정의와 구조에 대해 찬찬히 살펴보도록 하자. 문화예술정책의 사전적 의미는 "정부 등의 공공 기관이 문화를 발전시키고 국민의 문화적 삶의 질을 높이기 위하여 문화예술 활동에 개입하여 지원하는 행정정책"[10]이다. 정책은 정부 또는 공공 기관이 공적인 목표 달성을 위해 마련한 장기적인 행동이기도 하며, 정치적 목적을 실현하기 위한 방책이기도 하다. 또한 정부, 당, 사업체, 개인이 채택하거나 제안한 행동의 과정이거나 원칙이다. 정책은 당위성, 권력성과 정치성, 미래지향성, 행동지향성, 영향의 다면성 등의 특성을 갖고 있다. 래스웰(Lasswell, 1951)은 정책을 "문제해결과 변화유도를 위한 활동"이라 정의했으며, 정책의 특성으로는 문제해결과 목표설정, 변화유도, 가치함축, 실용적 측면으로 개념화했다. 또한 이스턴(Easton, 1965)은 정책을 "희소한 사회가치의 권위적 배분"으로 정의했는데, 정책 특성으로는 권위적 결정과정과 권위적 산출물로 개념화했다. 볼딩(Boulding, 1969)은 정책을 "특정한 목적을 지닌 활동을 지배하는 제 원리"로 정의했고, 드로어(Dror, 1968)는 "정부 기관에 의해 결정된 미래의 행동 지침이자 공익의 달성"이라고 정의했다.[11]

그렇다면 우리 정부의 문화예술정책은 어떤 구조로 이루어졌을까? 문화예술정책을 소관하는 상위 부서에는 문화체육관광부의 문화예술정책실이 있다. 문화예술정책실은 2014년 문화예술 분야의 종합적 정책 추진을 위해 신설되어 지속적으로 운영되고 있다. 문화예술정책은 크게 문화정책, 예술정책, 지역문화정책의 총 세 가지로 구분되어 운영되고 있다. 찬찬히 살펴보면 미처 알지 못했던 정책들

표 2.1 2021 문화예술정책백서 직제를 통해 보는 문화정책

구분	문화정책 일반	국어정책	전통문화정책	국제문화정책
정책 현황	· 소외계층을 위한 맞춤형 문화복지 확대 · 문화다양성 정책 · 인문정신문화 진흥 정책 · 문화영향평가 · 국민문화예술 활동조사 · 남북 문화교류 추진 · 문화비 소득공제 · 여가 활성화	· 국어정책 수립 및 편리한 언어생활 환경 조성 · 국어책임관과 국어문화원 · 해외 한국어 보급 · 한글주간 · 국가 언어 지원의 수집 및 통합 정보 서비스 강화 · 국어능력 향상 및 국어사용환경 개선	· 전통 생활문화 육성 지원	· 국제문화교류 지원체계 정비 · 주요 국제문화교류 · 문화분야 ODA 사업을 통한 국제협력 강화 · 국제기구 활동 지원을 통한 국제협력 강화
주요 기관	· 한국문화관광 연구원	· 국립국어원 · 국립한글박물관 · 국립세계문자 박물관	· 한국국학진흥원 · 동학농민혁명 기념재단	

이 있을 수도 있고, 처음 들어보는 기관명이 보일 수도 있다. 본인의 관심사와 연결되는 주요 정책과 기관들을 추가 검색해 아래 관련 정보를 적극 활용하기 바라며, 문화예술정책[12] 소개를 시작하겠다. 문화예술의 주요 정책과 소관 기관을 살펴보면 〈표 2.1〉과 같다.[13]

주요 정책은 문화정책 일반, 국어정책, 전통문화정책, 국제문화정책으로 구분된다. 문화정책 일반의 대표적인 정책 현황은 소외계층을 위한 맞춤형 문화복지 확대와 문화다양성 정책, 인문정신문화 진흥 정책, 문화영향평가, 국민문화예술활동조사, 남북 문화교류 추진, 문화비 소득공제, 여가 활성화 등이 있다. 문화정책 일반의 소관 기관으로는 한국문화관광연구원이 있다. 문화다양성 정책의 경우는 보통 광역·기초 지자체에서 더 많이 추진되고 있는 정책이기도 하다.

한국문화관광연구원(KCTI)을 자세히 들여다보자. 한국문화관광연구원은 〈문화기본법〉 제11조의2(한국문화관광연구원의 설립)에 의거 운영되며, 문화예술의 창달, 문화산업 및 관광진흥을 위한 연구, 조사, 평가 추진을 설립 목적으로 하고 있다. 주요 기능 및 사업으로는 문화예술의 진흥, 문화산업 및 관광산업 육성을 위한 조사·연구, 문화·관광을 위한 조사·평가·연구, 문화복지를 위한 환경조성에 관한 조사·연구, 전통문화 및 생활문화 진흥을 위한 조사·연구, 여가문화 및 지역관광에 관한 조사·연구, 북한 문화예술 및 관광연구, 국내외 연구기관, 국제기구와의 교류 및 연구협력사업, 문화예술, 문화산업, 관광 관련 정책 정보·통계의 생산·분석·서비스, 조사·연구 결과의 출판 및 홍보가 있다. 한국관광연구원의 발간물에는 연구보고서, 문화·관광 인사이트, 웹진 문화관광, 한국관광정책, 문화정책논총, KCTI 인포그래픽스, 문화관광지표가 있고 매년 발간되는 연차보고서가 있다. 공식 홈페이지에 들어가면 정기구독 서비스를 신청하는 페이지가 있는데, 이 기관에서 나오는 정보를 구독하고자 하는 사람들은 신청해서 받아보면 된다.

국어정책의 현황은 국어정책 수립 및 편리한 언어생활 환경 조성과 언어책임관과 국어문화원, 해외 한국어 보급, 한글주간, 국가 언어 지원의 수집 및 통합 정보 서비스 강화, 국어능력 향상 및 국어사용 환경 개선이 있다. 국어정책의 소관 기관으로는 국립국어원, 국립한글박물관, 국립세계문자박물관이 있다. 전통문화정책의 현황은 전통 생활문화 육성지원이 있으며, 소관 기관으로는 한국국학진흥원과 동학농민혁명기념재단이 있다. 국제문화정책의 현황은 국제문화교류 지원체계 정비와 주요 국제문화교류, 문화 분야 ODA 사업을 통한 국제협력 강화, 국제기구 활동 지원을 통한 국제협력 강화가 있다.

예술정책은 예술정책 일반, 문화정책, 공연예술정책, 전통예술정책, 시각예술디자인정책, 문화예술교육정책으로 구분된다. 예술정책 일반의 현황은 예술인 복지증진체계 마련과 문화예술 기부문화 확산 지원, 공연예술 창작 및 유통 지원체계 강화, 일상 공간 속 문화가치 확산, 문화예술교육의 지원 강화, 장애인 문화예술 지원이 있다. 예술정책 일반의 소관 기관으로는 한국예술종합학교, 한국문화예술위원회, 한국예술인복지재단, 예술경영지원센터가 있다.

문화예술교육정책 산하 여러 기관 중 예술경영지원센터에 대해 알아보자. 예술경영지원센터는 예술현장 성장기반 조성과 공연시장 활성화 지원, 미술시장 활성화 지원, 아트코리아랩으로 사업이 구분된다. 예술현장 성장기반 조성에는 현장 맞춤형 인재양성[예술경영아카데미(MoAA), 기업 및 취업 정보 제공 시스템 아트모아(Ar+more)], 전문예술법인·단체 경영 활성화 지원, 예술경영컨설팅[사회적경제 조직 및 단체(법인) 설립, 세무·회계, 인사·노무, 기부금 운용, 법률(계약·저작권)], 문화예술정책·제도 등 경영 현안에 대한 전임 컨설턴트 자문 제공, 예술기업 성장 지원(초기창업 지원, 창업도약 지원, 특화 지원), 예술기업 확장 및 확산, 웹진 예술경영(기획특집, 칼럼, 예술×기술, 예술×기업, 예술×시장)이 있다. 공모사업과 예술경영컨설팅은 예술경영지원센터 공식 홈페이지에서 지원을 통해 가능하고, 자료 공간을 통해 여러 정책 정보를 활용하면 된다.

문학정책의 현황은 문학창작 활성화 사업, 온라인 기반 문학진흥, 문학관 건립이 있으며, 소관 기관으로는 한국문학번역원이 있다. 공연예술정책의 정책 현황으로는 창조적 예술 활동 여건 확충과 예술의 유통·소비 구조 선진화 추진이 있고, 공연예술정책의 소관 기관으로는 국립극단, 국립발레단, 국립오페라단, 국립중앙극장, 국립

표 2.2 2021 문화예술정책백서 직제를 통해 보는 예술정책

구분	예술정책 일반	문학정책	공연예술정책	전통예술정책	시각예술디자인정책	문화예술교육정책
정책 현황	· 예술인 복지 증진체계 마련 · 문화예술 기부문화 확산 지원 · 공연예술 창작 및 유통 지원체계 강화 · 일상 공간 속 문화가치 확산 · 문화예술교육의 지원 강화 · 장애인 문화예술 지원	· 문학창작 활성화 사업 · 온라인 기반 문학 진흥 · 문학관 건립	· 창조적 예술활동 여건 확충 · 예술의 유통·소비 구조 선진화 추진	· 전통예술의 원형 보존 및 창작 활성화 · 전통예술의 대중화, 산업화 및 세계화	· 시각예술정책 · 디자인공간 문화정책	· 학교 문화예술교육 지원사업 · 사회 문화예술교육 지원사업 · 지역 문화예술교육 지원사업 · 문화예술교육 전문가 양성 지원 · 문화예술교육의 글로벌 확대 · 문화예술교육 연구개발 및 정보서비스 강화 · 코로나19 이후 비대면·온라인 문화예술교육 지원
주요 기관	· 한국예술종합학교 · 한국문화예술위원회 · 한국예술인복지재단 · 예술경영지원센터	· 한국문학번역원	· 국립극단 · 국립발레단 · 국립오페라단 · 국립중앙극장 · 국립합창단 · 국립현대무용단 · 국립정동극장 · 서울예술단 · 예술의전당 · 코리안심포니오케스트라	· 국립국악원 · 국립국악중학교·국립국악고등학교 · 국립전통예술중학교·국립전통예술고등학교 · 전통공연예술진흥재단 · 국악방송	· 한국공예디자인문화진흥원	· 한국문화예술교육진흥원

합창단, 국립현대무용단, 국립정동극장, 서울예술단, 예술의전당, 코리안심포니오케스트라, 한국문화예술회관연합회가 있다. 전통예술정책의 현황은 전통예술의 운영보존 및 창작 활성화와 전통예술의 대중화·산업화·세계화가 있고, 전통예술정책의 소관 부서로는 국립국악원, 국립국악중학교·국립국악고등학교, 국립전통예술중학교·국립전통예술고등학교, 전통공연예술진흥재단, 국악방송이 있다. 시각예술디자인정책의 현황으로는 시각예술정책, 디자인공간문화정책이 있으며, 소관 기관으로는 한국공예디자인문화진흥원이 있다. 문화예술교육정책 현황은 학교 문화예술교육 지원사업, 사회 문화예술교육 지원사업, 지역 문화예술교육 지원사업, 문화예술교육 전문가 양성 지원, 문화예술교육의 글로벌 확대, 문화예술교육 연구개발 및 정보 서비스 강화, 코로나19 이후 비대면·온라인 문화예술교육 지원이 있다. 문화예술교육정책의 소관 기관으로는 한국문화예술교육진흥원이 있다.

지역문화정책은 지역문화정책 일반과 도서관정책, 박물관·미술관정책, 아시아문화중심도시정책으로 구분된다. 지역문화정책 일반의 현황은 지역문화 자생력 제고 및 역량 강화와 문화가 있는 삶을 위한 제도적 기반 구축이 있다. 도서관정책의 정책 현황으로는 도서관 법제도 정비와 도서관 인프라 확충 및 운영 활성화, 취약계층 대상 서비스 강화, 도서관 운영평가 및 통계조사 내실화가 있다. 도서관정책의 소관 기관으로는 국립중앙도서관, 국립장애인도서관이 있다. 박물관·미술관정책의 현황은 공립 박물관·미술관 건립 지원 및 운영 내실화와 사립·대학 박물관·미술관 운영 활성화 지원, 작은 미술관 조성 및 운영 지원이 있다. 소관 기관으로는 국립중앙박물관과 국립민속박물관, 대한민국역사박물관, 국립현대미술관이 있다.

표 2.3 2021 문화예술정책백서 직제를 통해 보는 지역문화정책

구분	지역문화정책 일반	도서관정책	박물관·미술관정책	아시아문화중심 도시정책
정책 현황	· 지역문화 자생력 제고 및 역량 강화 · 문화가 있는 삶을 위한 제도적 기반 구축	· 도서관 법제도 정비 · 도서관 인프라 확충 및 운영 활성화 · 취약계층 대상 서비스 강화 · 도서관 운영평가 및 통계조사 내실화	· 공립 박물관·미술관 건립 지원 및 운영 내실화 · 사립·대학 박물관·미술관 운영 활성화 지원 · 작은미술관 조성 및 운영 지원	· 국립아시아 문화전당 운영 · 문화적 도시환경 조성 · 예술진흥 및 문화관광·산업 육성 · 문화교류 도시로서의 역량 및 위상 강화
주요 기관		· 국립중앙도서관 · 국립장애인도서관	· 국립중앙박물관 · 국립민속박물관 · 대한민국 역사박물관 · 국립현대미술관	

아시아문화중심도시정책의 현황은 국립아시아문화전당 운영과 문화적 도시환경 조성, 예술진흥 및 문화 관광·산업 육성, 문화교류 도시로서의 역량 및 위상 강화로 구성되어 있다.

문화예술정책은 어떻게 알 수 있을까?

문화예술정책은 어디에서 정보를 찾을 수 있을까? 우리가 동사무소, 주민센터라는 이름으로 익숙한 행정복지센터나 공공 기관에서 운영하는 여러 장소에 부착되어 있는 포스터와 팸플릿 등이 있다. 예산이 크게 확보된 경우에는 버스나 지하철에 부착해 광고하기도 한다. 온라인에서는 문화예술정책 정보를 어디서 검색해볼 수 있을까? 먼저, 대표적인 정책을 검색하기 위해서는 '대한민국 정책브리핑'이라는 사이트에 들어가볼 것을 추천한다. 이 사이트에는 문화체육관광부 국민소통실에서 운영하는 정책뉴스 포털 정보가 게시되어 있다. 현재 정부에서 어떠한 국정과제를 강조하고 있는지, 최근 어떠한 정책적 결정이 이루어졌고 정책적 효과는 어떠했는지, 국민의 정책 효능감 정도는 어떠한지 등 '정책'에 관한 수많은 글과 이미지, 오디오, 영상 등이 나온다.

이렇게 검색되는 문화예술정책의 목적과 일시, 장소 등의 정보를 보고 관심이 간다면, 수혜자 조건을 면밀히 살펴보고 본인의 해당 여부를 확인한 후 매뉴얼에 맞춰 신청양식을 작성해 제출하면 된다. 수혜자 조건은 일반 시민이 대상인 경우도 있지만, 특정 대상자가 뚜렷하게 명시되어 조건이 제안되기도 하므로 찬찬히 살펴보기 바란다. 또한 생활과 밀접한 문화예술정책 정보로는 본인이 거주하고 있는 시·군·구 기초지자체의 공식 홈페이지에 문화예술 키워드 검색을 통해 정보를 접할 수 있다. 더욱 정제된 정보가 필요하다면, 본예산 자료가 업로드되어 있는 pdf 파일을 다운받아 상세히 들여다볼 수 있다. 본예산에서 문화예술정책이나 문화예술 관련 업무 분장이 구분된 담당 부서 위주로 살펴보면 된다.

여러 정책정보가 한 곳에 취합되어 몇 번의 클릭으로 원하는 정보에 도달하면 좋겠지만, 현재 정책정보는 각 공식 홈페이지에 분산 게시되어 있어 정보가 필요한 사람이 일일이 찾아 들어가 확인해야 하는 번거로움이 있다. 추후 기회가 있어 온라인 검색 기능이 개선된다면, 정책적 수혜자가 늘어나고 정책적 만족도 또한 높아질 것이다. 최근 기초·광역지자체에서는 공식 SNS나 유튜브 채널을 적극적으로 운영하는데, 여기에 업로드되는 문화예술정책과 문화예술사업 관련 게시글도 다수 있다. 본인이 구체적으로 알고자 하는 문화예술 관련 # 해시태그로 키워드 검색하는 것을 추천한다. 현재 모든 지자체가 운영하는 것은 아니지만, 지역의 문화재단을 자체 운영하고 있는 일부 지자체들이 있다. 만약, 본인이 주거하고 있는 지자체에 문화재단이 있다면 그 지역에서 운영하는 공연, 전시, 교육프로그램, 캠페인 등에 참여해볼 수 있다. 이는 대부분 무료이며 만약 유료라고 하더라도 상업 공연, 전시 등보다 상대적으로 저렴한 가격으로 경험해볼 기회가 있다.

또한, 국가지원 예술단체, 재단 등이 운영하는 공식 홈페이지에서도 정보를 얻을 수 있다. 예를 들자면 한국콘텐츠진흥원, 예술경영지원센터, 한국문화예술위원회, 한국문화예술교육진흥원 등이 있다. 이러한 사이트에서는 문화예술인을 위한 지원사업, 공모전, 교육, 멘토링 등의 정보가 제공된다. 다만, 정부의 문화예술정책은 시기에 따라 변동이 있으므로 최신 정보를 확인하려면 관련 정부 기관이나 문화예술 관련 단체의 공식 홈페이지를 참고하는 것이 용이하다.

문화예술 관련 법의 역할

그렇다면, 법령은 무엇이고, 법의 체계는 어떻게 이루어져 있으며, 필요로 하는 문화예술정책 관련 법은 어떻게 검색해서 원하는 정보에 도달하고 어떻게 활용할 수 있는지 알아보자. 법의 유무는 정책 관련 예산 확보에 대부분 크게 작용한다. 추진 정책에 근거법이 없는 상황에서 예산을 확보하기란 매우 어렵지만, 근거법이 명확하게 있는 상황에서는 예산 확보가 매우 수월하다. 또한, 사회적 이슈가 크게 집중되어 신속하게 입법 되는 사례도 있다.

법이 제정되는 과정은 과거 톱다운(top-down)의 하향식 사례들이 대다수였다면, 최근에는 보텀업(bottom-up)의 상향식 사례들이 나타나고 있다. 관련 사례로 보자면 생활문화 관련 조례가 있다. 이 조례는 생활에 더욱 밀착된 기초의회에서부터 광역의회로 관련 법 제정이 단계별로 올라가는 양상을 보였다. 전반적인 원칙보다 세부적인 필요에 의해 문제를 해결하기 위한 방법으로 입법이 된 사례라 볼 수 있다. 이로 인해 생활문화센터라는 하드웨어적인 거점이 생기고, 생활문화 활성화를 위한 위원회 또는 협의회가 생겼으며, 생활문화 전문인력양성 교육프로그램 운영과 생활문화 동호회 지원 등의 여러 정책 사업으로 구현되기도 했다.

문화예술 관련 법은 어떤 것이 있을까?

문화예술 법은 문화예술 활동을 적극 지원함으로써 문화예술계의 발전을 촉진하는 역할을 한다. 예를 들어, 한국의 문화예술 분야에서는 〈문화기본법〉, 〈문화예술진흥법〉, 〈예술인복지법〉, 〈장애예술인 문화예술 활동 지원에 관한 법률〉, 〈문화재보호법〉, 〈국제문화교류진흥법〉, 〈공예문화산업진흥법〉, 〈저작권법〉 등 다양한 법이 존재한다. 이러한 법은 목적에 맞게 문화예술 활동을 지원하고 보호하는 근거가 된다.

예를 들어, 저작권법은 저작물의 창작자가 권리를 보호받으면서 자신의 작품에 대한 이익을 얻을 수 있도록 지원하고, 문화재보호법은 문화재 보존을 위한 제도를 마련하여 우리 문화재를 지키고 보존한다. 이처럼 문화예술 관련 법은 문화예술 분야의 활성화와 지속성 있는 발전을 위해 매우 중요한 역할을 한다.

문화예술 관련 법 중 문화체육관광부의 문화예술정책 근거법이 되는 문화예술 부문 법령 총 26개를 모두 소개하도록 하겠다. 문화예술과 관련된 26개 법령으로는 〈문화기본법〉, 〈공연법〉, 〈문화예술진흥법〉, 〈대한민국예술원법〉, 〈박물관 및 미술관 진흥법〉, 〈지방문화원진흥법〉, 〈도서관법〉, 〈동학농민혁명 참여자 등의 명예회복에 관한 특별법〉, 〈국어기본법〉, 〈문화예술교육지원법〉, 〈아시아문화중심도시 조성에 관한 특별법〉, 〈독서문화진흥법〉, 〈예술인 복지법〉, 〈작은도서관진흥법〉, 〈지역문화진흥법〉, 〈문화예술후원 활성화에 관한 법률〉, 〈문화다양성의 보호와 증진에 관한 법률〉, 〈국민여가활성화기본법〉, 〈공예문화산업진흥법〉, 〈인문학 및 인문정신문화와 진흥에 관한 법률〉, 〈한국수화언어법〉, 〈점자법〉, 〈국제문화교류진흥법〉, 〈공공디자인의 진흥에 관한 법률〉, 〈장애예술인 문화예술 활동 지원에 관한 법률〉, 〈예술인의 지위와 권리의 보장에 관한 법률〉이 있다. 이 중에는 들어본 법도 있을 것이고, 처음 들어본 법도 있을 수 있다. 문화예술정책을 뒷받침하는 26개의 법령은 정책의 당

표 2.4 2021 문화예술정책백서에 명시된 26개의 법령

1	문화기본법	14	작은도서관진흥법
2	공연법	15	지역문화진흥법
3	문화예술진흥법	16	문화예술후원 활성화에 관한 법률
4	대한민국예술원법	17	문화다양성의 보호와 증진에 관한 법률
5	박물관 및 미술관 진흥법	18	국민여가활성화기본법
6	지방문화원진흥법	19	공예문화산업진흥법
7	도서관법	20	인문학 및 인문정신문화와 진흥에 관한 법률
8	동학농민혁명 참여자 등의 명예회복에 관한 특별법	21	한국수화언어법
9	국어기본법	22	점자법
10	문화예술교육지원법	23	국제문화교류 진흥법
11	아시아문화중심도시 조성에 관한 특별법	24	공공디자인의 진흥에 관한 법률
12	독서문화진흥법	25	장애예술인 문화예술 활동 지원에 관한 법률
13	예술인 복지법	26	예술인의 지위와 권리의 보장에 관한 법률

위성을 더해주고 정책이 사업으로 구현되도록 근거가 되어주는 역할을 한다.[14]

문화예술 관련 법을 살펴보면 '법령'이라는 단어가 반복적으로 나오고 있다. 정책을 파악하는 데 매우 용이한 법령의 구성과 체계에 대해 알아보자. 법령이라는 것은 법률과 명령이다. 국회에서 제정한 법률과 그 하위규범인 대통령령, 즉 시행령 및 총리령·부령 중 상위 법령에서 위임한 사항을 정한 법규명령인 시행규칙을 합하여 부르는 말이다. 그러나 때로는 헌법, 법률, 국제조약, 명령, 규칙, 조례, 자치규칙, 국회규칙이나 대법원규칙 등 모든 규범을 망라하여 부르기도 한다. 헌법 제75조에 따르면, 대통령은 법률에서 구체적으로 범위를 정하여 위임받은 사항과 법률 집행을 위하여 필요한 사항에 관하여 대통령령을 발할 수 있다.

또한, 헌법 제95조에 따라 국무총리 또는 행정 각부의 장은 소관 사무에 관하여 법률이나 대통령령의 위임 또는 직권으로 총리령 또는 부령을 발할 수 있다. 법률이나 대통령령의 위임이 있는 총리령 또는 부령은 시행규칙으로서 일반적으로 법규명령에 해당하고, 일반 국민에 대한 구속성이 있다. 그러나 직권으로 발해진 총리령 또는 부령은 법규명령이 아니라 행정기관 내부를 구속하는 행정규칙에 해당할 가능성이 크다. 판례는 제재적 행정처분의 기준이 부령의 형식으로 규정되어 있더라도 그것은 행정청 내부의 사무처리 준칙을 규정한 것에 지나지 아니하여 대외적으로 국민이나 법원을 기속하는 효력이 없다고 보고 있다(대법원 2007. 9. 20. 선고 2007두6946 판결).[15]

이처럼 정책과 법의 관계는 상호보완적이다. 법은 정책목표를 달성하기 위한 근간이 되고, 법은 정책의 목표이며 수단이 된다.

문화예술정책 사업에는 무엇이 있을까?

법을 검색하면 가장 많이 활용하는 사이트는 법제처의 국가법령정보센터다. 법에 대한 정보는 법제처의 국가법령정보센터[16]에서 본인이 알고자 하는 분야에 대해 키워드로 검색해볼 수 있다. 예를 들어 검색어에 '문화예술'을 검색해보면 15개의 현행 법령이 노출된다. 이 중에서 본인이 관심 있는 법령을 클릭해 본문을 보면, 이 법이 언제 제정·개정되었으며, 약칭은 무엇이고 소관 부서는 문화체육관광부의 어느 과이며, 직접 연락할 수 있는 사무실 전화번호는 무엇인지도 확인할 수 있다.

상단에는 본문, 제정·개정 이유, 연혁, 3단 비교, 신·구법 비교, 법령체계도, 법령 비교가 정리되어 나오며, 왼쪽 법령명에 본문과 부칙의 +를 눌러보면 제1장, 제2장, 제3장 등 카테고리로 정리되어 노출된다. 이렇게 노출된 정보들 안에서 본인이 찾고자 하는 정보에 더욱 가까이 가면 만족도 높은 결과를 얻을 수 있을 것이다.

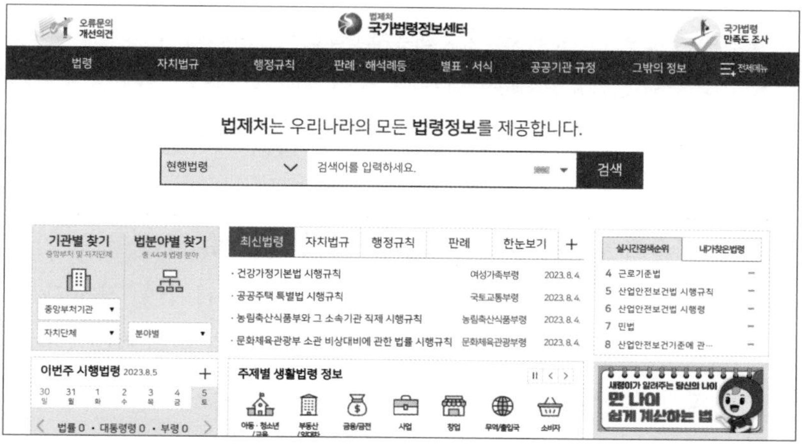

그림 2.2 법제처 국가법령정보센터 홈페이지

그림 2.3 문화예술인 복지 제도 일부 사례

문화예술 관련 근거 법령을 기반으로 운영되고 있는 문화예술 정책 사업이 다양하고 많지만, 그중에서 한국예술인복지재단[17]에서 운영하고 있는 문화예술인 대상 복지정책 위주의 정책 사업 사례를 중심으로 소개하도록 하겠다.

문화예술인에 대한 복지정책은 다양하게 구분되어 사업이 운영되고 있다. 예술활동증명은 예술인 복지사업 참여를 위한 기본적인 절차로 예술인 복지법상 예술을 직업으로 하여 예술활동을 하고 있음을 확인하는 제도다. 최근 일정한 기간 동안 공개 발표된 예술활동 혹은 예술활동 수입 내용을 기반으로 신청할 수 있다. 신청 가능한 예술 분야는 11개 예술 분야(15개 분과)로 나눠지며, 창작과 실연, 기술지원 및 기획의 형태로 활동하고 있는 예술인은 최대 3개 분야까지 복수로 선택해 신청할 수 있다. 예술활동증명(일반), 신진예술인 예술활동증명, 예술활동증명 특례의 세 종류가 있다. 한국예술인복지재단 홈페이지에서 제공되는 양식에 따라 신청 가능하다.

창작준비금지원사업-창작디딤돌은 예술인들이 경제적인 이유로 창작활동을 중단하지 않도록 예술활동 소득이 낮은 예술인들을 실질적으로 지원하는 사업이다. 이 사업은 예술활동증명을 완료하고 예술창작활동을 준비 중인 현업예술인들이 신청 가능한 사업으로 신청인(1인)의 소득인정액이 120% 이내인 예술인(원로 및 장애예술인 포함)을 대상으로 한다. 지원규모는 1인 300만 원으로 총 2만 명을 대상으로 하며 온라인 또는 우편 신청이 가능하다. 사업기간은 상반기·하반기 분할 시행하고 있으며, 접수기간은 사업 공고 시 제시한 신청기간에 따른다.

신진예술인 창작준비금지원사업-창작씨앗은 하반기에 시행하고, 접수기간은 각 사업 공고 시 제시한 신청기간에 따르며, 온라인 또는 우편 신청이 가능하다. 이 사업의 경우 신진예술인 예술활동증명이 완료되어야 신청할 수 있고 신진예술인 창작준비금지원사업을 수혜 받은 자는 참여에 제한을 받는다. 선정 인원은 총 3천 명으로 1인 200만 원(생애 1회)이다. 심의 방법은 신청 서류 행정검토 및 사회보장정보시스템을 통한 조사와 전문심의를 통해 지원 적격 여부를 심의한다.

생활안정자금대출은 예술활동증명을 보유해야 가능하다. 대출용도로 결혼자금, 의료비, 부모 요양비, 장례비, 긴급생활자금이 있으며, 코로나19 특별융자사업의 경우 한시적 사업으로 2023년부터 해당 사업이 종료된다. 대출은 최고 700만 원 이내이고 긴급생활자금은 최고 500만 원까지 가능하다. 대출 신청조건에 따라 심사 후 승인되는데, 최소대출금액은 최소 50만 원 이상이다. 대출조건은 신용대출이며 상환기간은 비거치 선택 시 3년으로 조기상환이 가능하고 조기상환에 대한 수수료는 없으나 일부상환은 불가능하다. 상환방법은 원리금 균등분할 상환으로 거치기간은 비거치 또는 1년 중 선택할 수 있고 이율은 2.5%이며, 연체율이 5.5%로 유의해야 한다. 대상자 선정 가점 항목으로는 자녀수와 예술인 부부인 경우, 청년예술인(만 39세 이하), 장애예술인, 원로예술인(만 70세 이상)이 있다.

예술인 국민연금 보험료 지원은 표준계약서를 활용하여 계약을 체결하고 활동하는 예술인 및 문화예술단체(사업자)가 부담하는 사회보험료의 일부를 지원하는 사업이다. 프리랜서 예술인의 경우 표준계약 교육 이수 시 월 4만 5천 원 지원 가능하다. 근로자인 예술인, 문화예술사업자의 경우 표준계약 체결 시 월 2만 7,140원 지원 가능하다. 개인의 경우 예술인경력정보시스템에서 온라인 신청이 가능하며, 단체의 경우 전자우편을 통해 신청할 수 있다. 신청 대상 가능자의 경우 한국예술인복지재단의 사회보험팀에 문의해보는 것을 추천한다.

예술인 산재보험 지원사업은 예술인의 산재보험 가입, 정보 변경 등 산재보험 사무를 대행하고 본인이 납부한 보험료 환급을 지원한다. 산재보험 가입 대상으로는 직업 예술활동을 하고 예술활동증명 절차를 완료한 예술인이 신청 가능하다. 특히 예술활동증명 미완료자는 예술활동증명 신청 방법을 예술인 산재보험 가입을 위한 특례로 선택하면 약 1주일 안에 신청 절차를 빠르게 마칠 수 있다. 예술인의 산재보험료 및 보험 혜택은 1등급에서 12등급 보험료 중 원하는 보험료를 선택하여 가입할 수 있다. 높은 보험료를 낼수록 휴업급여, 간병비 등 산재보험 급여혜택이 커진다. 또한 보험료는 월 보수액을 기준으로 산정되며 매년 초 변경할 수 있다. 요양급여, 휴업급여, 장해급여, 간병급여, 상병보상연금, 직업재활급여, 유족급여 및 장의비의 혜택이 있다.

예술인 고용보험은 2020년에 시행된 사업으로 예술인과 예술인 사업장이 공동으로 마련한 기금으로 실직한 예술인의 생활안정과 재취업을 지원하는 사회보험제도다. 사업주가 예술인과 문화예술용역계약을 체결한 후 대상 예술인을 근로복지공단에 피보험자로 신고하면 예술인 고용보험에 가입된다. 예술인 고용보험에 가입하여 일정 기간 보험료를 납부하고 일정 기준(피보험 단위기간)을 충족하게 되면, 예술인이 비자발적 실업 상태일 때 구직급여를 받을 수 있다. 여성인 경우 출산(유산, 사산 포함)으로 일을 하지 못하는 기간에 대한 급여를 받을 수 있으며, 이는 예술인이 좀 더 안정적인 환경에서 예술활동을 할 수 있게 돕는다. 2023년 기준 59만 5,340건의 가입 수와 17만 2,836명의 가입자 수를 확보하고 있으며, 1개월 미만 단기계약 예술인 또한 신청 가능하다.

예술인 자녀돌봄 지원은 예술인의 육아부담 완화를 통해 안정적인 예술활동을 지원한다. 평일 저녁, 주말 동안에도 안심하고 창작활동에 전념할 수 있도록 예술인 자녀를 위한 시간제 돌봄시설을 운영한다. 예술활동증명을 완료한 예술인의 자녀가 24개월~10세인 경우 신청 가능하고 24~48개월 유아 이용 시 사전 전화예약이 필수이며, 긴급한 경우나 형제자매가 함께 이용하는 경우는 11~13세도 이용이 가능하다. 대학로에 위치한 반디돌봄센터는 서울 종로구 이화장2길 19, 1층에 위치하고 28평의 시설 규모를 갖추고 있다. 센터장 1인과 교사 3인이 교대근무하고 화~금요일 13~22시, 토요일 11~22시, 일요일 11~20시 운영한다. 프로그램으로는 미술활동, 요리활동, 동화구연, 신체활동 등이 있다. 마포에 위치한 예봄센터는 서울 마포구 방울내로11길 15-4에 위치하고 54평의 시설 규모를 갖추고 있다. 센터장 1인과 교사 3인이 교대근무하고 있고 화~일요일 11~20시 운영하며, 2일 전까지 사전 예약이 필요하다. 예봄센터는 아이들이 집처럼 뛰어놀 수 있는 망원동 주택에 위치하며, 접근성이 뛰어나고, 유기농 재료로 만든 가정식 식사와 간식을 제공한다. 프로그램은 영유아~아동의 자기주도적·연령통합적 다양한 놀이프로그램을 운영하고 있다. 두 센터 모두 무료로 운영되고 있다.

이 외에도 한국예술인복지재단에서는 예술인 신문고, 법률상담·컨설팅, 서면계약 위반신고, 예술인 심리상담, 예술인 권리보호 교육, 표준계약서 보급, 예술인 패스, 예술인 파견지원-예술로 등 여러 복지정책이 운영되고 있다. 본인이 필요로 하는 사업의 경우 정책 세부사항을 공식 홈페이지에서 면밀히 살펴보고 지원해볼 것을 추천한다.

향후 문화예술 분야의 고용 안정화 및 창작 환경 개선을 위해서는 다양한 취지의 예술지원정책이 필요하다. 문화예술 분야의 창작자들이 안정적으로 창작에 전념할 수 있는 사회적인 안전망 구성과 이들의 권익 보호 등이 있을 수 있다. 또한, 문화예술 분야에 대한 교육과 지원을 강화하여 창작자들의 경제적·실용적 능력을 강화하는 것도 중요한 부분이다. 이러한 정책적인 노력을 통해 문화예술 분야의 고용 상황을 더욱더 개선하고, 작가들의 창작 환경을 보완해 창작활동을 지속성 있게 유지할 수 있도록 더욱 세심한 수요자 맞춤형 정책적 지원이 보완적으로 필요할 것이다.

문화예술정책에 대한 정부의 계획

'문화비전 2030'이란

'문화비전 2030'은 2030년까지의 중·장기 문화정책 비전이다. 2019년 10월부터 11월까지 총 다섯 차례에 걸쳐 학계 전문가, 정책 담당자, 사회정책 전문가, 참가를 희망하는 시민 등이 문화비전 추진방안과 새로운 전략을 심화·발전시키기 위한 방안을 논의하기 위해 포럼 형식으로 진행했다. 2030년까지 우리 삶을 바꾸는 문화비전 '사람이 있는 문화'는 경쟁과 효율보다 사람과 생명이 먼저, 4차 산업혁명 시대에 인간 소외가 아닌 인간 감성을 일깨우고, 일 중심에서 여가로, 중앙집권에서 자치분권으로, 불공정과 독과점에서 공정과 상생으로, 성평등과 다름과 차이를 인정하는 방향으로 전환과 혁신을 이루는 장기적인 정책 비전이다.

문화비전 2030은 개인의 자율성 보장, 공동체의 다양성 실현, 사회의 창의성 확산의 3대 방향과 9대 의제로 구분된다. 자율성 보장으로는 개인의 문화권리 확대, 문화예술인·종사자의 지위와 권리

그림 2.4 문화체육관광부 '사람이 있는 문화' 문화비전 2030 발표

보장, 성평등 문화 실현이 있다. 공동체의 다양성 실현으로는 문화다양성 보호와 확산, 공정하고 다양한 문화생태계 조성, 지역문화 분권 실현이 있다. 사회의 창의성 확산으로는 문화자원의 융합역량 강화, 미래와 평화를 위한 문화협력 확대, 문화를 통한 창의적 사회혁신이 있다.[18]

개인의 문화권리 확대를 위해 문화권 2030 선언, 첫걸음 문화카드, 문화놀이터, 문화예술 치유 등이 포함되고, 문화예술인과 종사자의 지위와 권리 보장을 위해 예술가 지위, 권리 보호 관련 법률 마련, 예술가권리보호위원회 구성, 문화예술·체육인 복지 강화 등이 포함되었다. 성평등 문화의 실현을 위해 성차별·성폭력 없는 문화생태계 조성, 여성 친화적인 성평등 문화정책 실현 등이 포함되고, 문화다양성 보호와 확산을 위해 문화다양성을 문화 법제의 기본가치화, 문화다양성 교육 확대 등이 포함되었다. 공정하고 다양한 생태계 조성을

위해 서면계약 의무 위반 조사권 신설, 문화산업 공정환경 조성 관련 법률 제정, '공정보수기준 공시제도' 도입, 스포츠윤리센터(가칭) 설립 등이 포함되고, 지역문화 분권 실현을 위해 문화도시 및 관광매력 거점도시 육성, 문화청년 1만 시간 지원사업, 지역 스포츠클럽 육성, 주민참여 문화예산 제도 지원 등이 포함되었다. 문화자원의 융합역량 강화를 위해 학교 교육과정 연계 문화예술·콘텐츠 교육 확대, 문화기술 연구개발 범위에 기획·창작 단계 등이 포함되고, 미래와 평화를 위한 문화협력 확대를 위해 지속가능한 남북 문화교류협력 기반 마련, 문화예술교류 전진기지로서의 해외문화원 역량 강화, 동아시아 자유관광 기반 조성 등이 포함되었다. 창의적 사회혁신을 위해 문화를 통한 지역주민 삶의 개선정책 추진, 지역 공간의 문화적 활용에 주민 참여, 문화영향평가의 확대와 실효성 강화 등이 포함되었다.

신뢰 회복과 사람 중심의 새로운 예술정책 수립 추진을 위해 '사람이 있는 문화, 예술이 있는 삶'을 정부 주도의 기존 중장기 계획과 달리 예술계와 정부가 함께 구상하는 숙의형·개방형 계획으로 마련되었다. 이를 위해 160여 회의 분야별·장르별·지역별 토론회·간담회를 개최했고, 2017년 10월부터 민관 협치 구현을 위한 새 예술정책 수립 특별전담팀을 구성해 정책 방향과 과제를 발굴했다.

예술정책의 주요 내용을 살펴보자. 첫째, 예술표현의 자유와 예술인의 인권 보호를 위해 예술표현의 자유 침해행위의 처벌규정 마련과 (가칭)예술보호관 신설, 성폭력 범죄자 등의 정부 지원 배제 등 성평등 문화 실현이 있다. 둘째, 예술지원체계의 독립성과 자율성 제고를 위해 예술위를 〈공운법〉상 공공기관에서 제외하고 호선제 도입, 문체부 '팔길이원칙' 구현 및 지원 심의 불간섭, 공공예술지원기관 임무 재정립, 예술 분야 법제 정비가 있다. 셋째, 예술 가치 중심의 창작 지원을 위해 창작에 대한 정당한 대가체계 마련, 장기집중 지원제도, 비평 및 다원예술 지원, '생애처음' 등 예비/신진예술가 지원 추진 및 신직무군 발굴, 지역 공공 공연시설을 예술이 살아 있는 공간으로의 혁신이 있다. 넷째, 예술인의 삶을 지키는 복지를 위해 예술인 직업군 분류 체계화, 한국형 예술인 고용보험 및 예술인 복지지원센터(가칭) 설치 추진, 예술인 복지금고 도입이 있다. 다섯째, 모두에게 열려 있는 예술 참여 환경 조성을 위해 일상의 질을 높이는 공공디자인 확산과 건축물 미술작품 제도 개선, '창의예술교육랩' 운영, 예술 소비 세제혜택 확대 추진이 있다. 여섯째, 소수자가 예술로 어울려 사는 사회를 위해 장애인 예술 실태조사와 통합정보지원 시스템 구축, 장애인 예술 전용 공연장 조성, 문화적 다양성 확보를 위한 정책 개발이 있다. 일곱째, 공정하고 활력 있는 예술시장 환경 조성을 위해 예술계 공정상생지원센터를 통한 종합 지원체계 마련, 서울국제공연예술제, 비엔날레 등 해외교류·진출 행사 재정비, 예술 유통망 확대 추진이 있다. 여덟째, 예술의 미래 가치 확장을 위해 예술-기술 융·복합 공연과 예술 분야 연구개발 지원, 당인리 문화창작발전소, 국립문학관 등 새로운 예술 공간 조성, 예술 분야 공적개발원조와 남북교류 확대가 있다.

현 정부의 주요 문화예술정책에는 무엇이 있을까?

2023년 4월, 제2차 문화진흥 기본계획(2023~2027)이 발표되었다. 문화매력국가를 향한 5년간의 계획을 소개하며 고령화, 지역소멸 위기, 비대면의 일상화, 기술혁신과 융합 등 우리 사회의 크고 작은 변

그림 2.5 대한민국 정책브리핑 'K-컬처의 새로운 5년'을 담은 제2차 문화진흥 기본계획 멀티미디어 카드/한 컷

화를 진단하고 이에 적극적으로 대응하는 방향을 담았다.

내일을 여는 K-컬처 '매력 있는 문화자산(Attractive Asset)'은 "K-컬처 매력의 원천인 전통문화 활용"을 내걸고 있다. 전통문화산업 진흥을 '오늘전통'이라는 이름으로 브랜딩하고 전통문화 분야 연구개발을 추진하며, 국학 자료 스토리텔링 원천소재를 확보하고 접근성 향상을 위한 통합플랫폼 구축 등 민간기록문화 진흥을 꾀한다. 또한 관람객 참여형 전통문화 박람회인 '뉴트로 페스티벌'을 개최하고, 전통문화 일상누림 캠페인을 추진하며, 한글·한국어 기반의 언어문화산업을 육성한다. 한국형 인공지능 언어모델 개발 지원을 위한 '국어 말뭉치 구축 중장기 계획'을 수립하고, 인공지능 언어모델의 한국어 처리기술을 고도화하기 위해 고품질 말뭉치를 확대 구축해 2027년까지 10억 어절 구축을 목표로 한다. 통·번역 등 전통언어산업과 언어기술산업, 언어콘텐츠산업을 포괄하는 '언어문화산업박

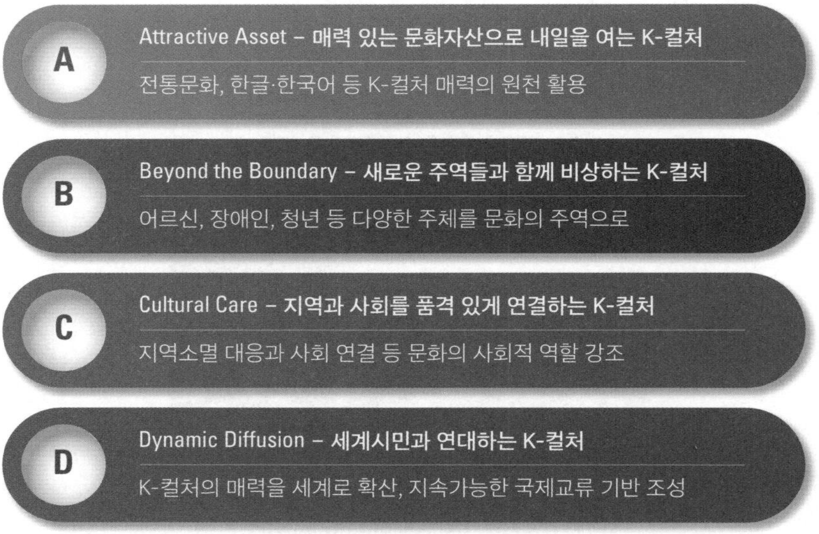

그림 2.6 문화체육관광부의 제2차 문화진흥 기본계획

람회' 최초 개최를 2023년 10월 진행했다.

새로운 주역과 비상하는 K-컬처 '경계를 넘어(Beyond the Boundary)'는 어르신들이 주체가 되는 문화활동을 지원한다. 여성 어르신의 이야기 구현 배틀 프로그램을 통한 스타 발굴, 융·복합 공연화와 K-전통이야기의 해외 보급을 추진하고, 선후배 세대 간 인생 경험과 지혜를 나누는 멘토링 프로그램인 '인생나눔교실'을 확대한다. 그리하여 어르신 공연팀을 선발·지원하는 '실버마이크' 등 어르신들의 주체적인 사회 공헌 문화활동을 지원한다. 장애인, 청년이 K-컬처의 주역이 될 수 있도록 정부·공공기관·문화예술기관 주요 발표 시 수어통역과 점자번역 지원을 확대하여 2022년 연 440회에서 2027년 연 2천회를 목표로 한다. 영화, 전시 등 수어통역 영상 제작 지원을 확대해 2023년 10개소에서 2027년 누적 50개소를 목표로 한다. 장애예술인 창작지원 확대 및 장애예술인 표준공연장과 표준전시장을 조성하고 전통문화 청년창업의 성장단계별 맞춤형을 지원한다. 2027년까지 예비창업 200팀, 창업 3년 이내 초기 창업기업 100개사, 창업 3~7년 이내 도약기 창업기업 30개사를 목표로 하고 있다. 핵심정책 제안·시행·평가과정에 MZ드리머스의 직접 참여를 연 5회 목표로 한다.

지역사회를 품격 있게 연결하는 K-컬처 '문화를 통한 돌봄·치유(Cultural Care)'는 지역주민을 문화로 연결한다. 이를 위해 지역사회의 문화자원을 활용한 프로그램을 통해 지역주민을 연결하는 '연결사회 지역거점'을 확대 구축하고 삶에 대해 성찰하고 활력을 찾을 수 있는 시간인 '문화 갭이어'를 제공하는 '인문자유교실'을 시범 운영한다. 기술 융합을 통한 사회문제 해결형 문화 R&D 추진과 문화다양성 민관협력 거버넌스의 참여 주체를 대학, 민간기업, 연구기관 등으로 확대하고, 문화다양성 확산 프로그램을 도입한다. 활기차고 단단한 지역사회 구축을 위해 문화 활력이 낮은 기초지자체에 문화 인프라, 교육 등을 통합 지원하고 권역별로 '대한민국 문화도시'를 지정한다. 통합문화이용권 이용이 어려운 주민을 대상으로 '찾아가는 문화서비스'를 활성화하고, 장애인 등의 문화시설 접근성을 제고하며, 문화 포털을 통해 정보를 제공하고 문화영향평가를 확대하는 등 제도적 기반 조성을 목표로 한다.

세계시민과 연대하는 K-컬처 '역동적인 확산(Dynamic Diffusion)'은 세계와 우리 문화의 매력을 나눈다. 이를 위해 해외 현지 예술기관과 협력하여 국내 미술작가의 기획전시를 확대하고, 국내 K-공연 플랫폼이 민간 공연단체의 해외 진출과 작품 유통을 지원할 수 있도록 허브로서의 기능을 강화한다. 세계 문자 자료 수집 및 연구 허브인 '국립세계문자박물관'을 2023년 6월 송도에 개관했다. K-컬

그림 2.7 대한민국 정책브리핑 'K-컬처의 새로운 5년'을 담은 제2차 문화진흥 기본계획 멀티미디어 카드/한 컷

처로의 연대를 위해 문화 공적개발원조(ODA)의 지원 분야를 콘텐츠, 체육 등으로 확대해 국제사회의 문화·사회적 빈곤 해소에 기여한다. 국제기구 및 정부 간 회의체와의 협력을 강화하고 문화콘텐츠 진흥, 예술인 권리보장 등 한국이 선도하는 문화정책 사례를 공유하고 재외한국문화원 신설 및 문화 관련 해외거점기관 간 연계협력을 위한 '코리아센터(한국관광공사 해외지사, 한국콘텐츠진흥원 해외지사 등)'를 확대한다. 세종학당 신규 지정 및 '메타버스 세종학당'을 신규 운영하고, K-컬처의 새로운 5년 계획을 담은 〈제2차 문화진흥 기본계획〉을 통해 일상이 풍요로워지는 보편적 문화복지 실현을 목표로 한다.[19]

문화예술에서 저작권이 왜 중요한가

문화예술의 눈부신 성장과 함께 저작권의 중요성이 날로 커지고 있다. 저작권은 창작자의 권리를 보호하고, 문화예술의 지속성과 다양성을 보장하며, 문화예술산업을 지원하고 문화교육 및 문화소비 활성화를 촉진시킨다. 문화강국이 되어가고 있는 상황에서 고유의 권한을 지킬 수 있는 저작권에 대해 알아보고, 여러 저작권 분쟁사례를 살펴보자.

저작권은 창작물에 대한 법적 보호를 의미한다. 저작물이란 문학, 예술, 음악, 영화, 소프트웨어 등 다양한 형태로 존재할 수 있다. 저작권은 기본적으로 창작자에게 있으며, 창작자의 허락 없이 다른 사람이 그 작품을 이용하거나 배포하는 것은 불법이다. 저작권 종류는 크게 〈저작권법〉상 저작권과 〈저작권법〉 이외의 법률에서 보호되는 저작권으로 나누어진다. 〈저작권법〉상 저작권은 저작자가 창작물을 작성하면 자동으로 발생하며, 대표적으로 저작권자에게 주어지는 권리로는 복제권, 공연권, 전송권, 공중송신권, 2차적 저작물 작성권 등이 있다. 〈저작권법〉 이외의 법률에서 보호되는 저작권은

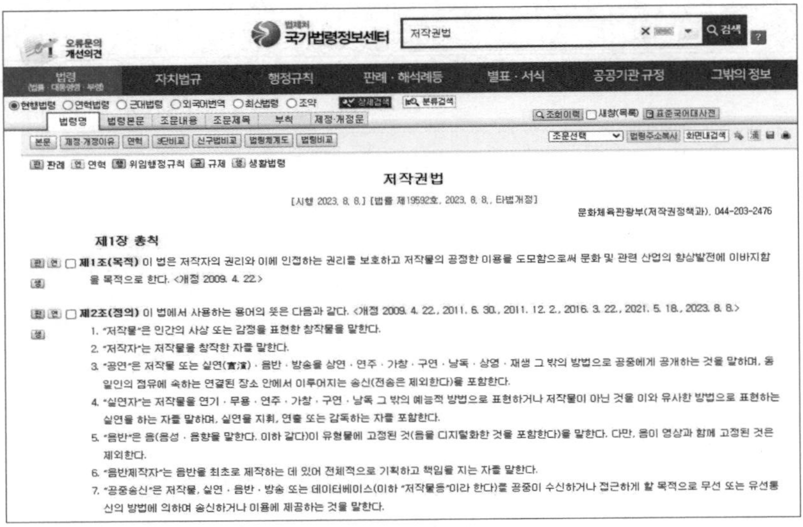

그림 2.8 법제처 국가법령정보센터에서 검색한 〈저작권법〉 화면

'인접권'이라고도 불리며, 초상권, 특허권, 상표권 등이 이에 해당한다. 저작권은 창작자의 권리를 보호하고 창작자에게 보상을 주는 역할을 한다.

문화예술에 관련된 저작권은 다양한 형태로 나타날 수 있다. 주요한 저작권 종류 중 몇 가지 구체적인 저작권에 대해 알아보도록 하자. 먼저, 음악 저작권은 작곡가, 작사가, 편곡가 등이 작곡한 음악 작품에 대한 권리를 보호한다. 이는 음원의 복제, 배포, 공연, 방송, 온라인 스트리밍 등을 포함한다. 영화 및 연극 저작권은 영화나 연극 작품을 창작한 감독, 각본가, 배우 등의 권리를 보호하고, 영화 상영, 영상 배급, 공연, 온라인 시청 등을 포함한다. 미술 저작권은 회화, 조각, 사진 등의 미술작품에 대한 창작자의 권리를 보호하고, 작품의 복제, 전시, 판매, 상업적 이용 등이 포함된다. 문학 저작권은 소설, 시, 에세이, 극본 등의 문학 작품에 대한 작가의 권리를 보호하고, 작품의 복제, 출판, 번역, 공연, 온라인 게시 등이 포함된다. 사진 및 영상 저작권은 사진, 동영상, 광고 등의 이미지와 영상에 대한 창작자의 권리를 보호하고, 이미지의 복제, 게시, 상업적 이용, 온라인 공유 등이 포함된다. 이 외에도 다양한 종류의 저작권이 있으며, 문화예술의 다양한 형태와 분야에 따라 다양한 권리를 보호한다. 이러한 저작권은 창작자의 창작활동을 지원하고 보호함으로써 문화예술의 창작과 발전을 도모한다.

문화예술저작권의 성장 규모를 살펴보자. 2022년 문화예술저작권 무역수지는 역대 최대 흑자를 기록했다. 불과 4년 전만 해도 적자 행진이었던 문화예술저작권이 3년 연속 흑자를 기록했다. 특히 2022년은 글로벌 경제가 불황인 와중에도 방탄소년단(BTS) 등의 K-팝과 〈오징어 게임〉, 〈지금 우리 학교는〉 등의 K-드라마, 웹툰을 비롯한 K-콘텐츠가 세계적인 인기를 누렸다. 한국은행이 발표한 '2022년 지식재산권 무역수지'[20]에 따르면 지난해 문화예술저작권은 6억 달러 흑자였다. 관련 통계를 작성한 2010년 이후 최대다. 우리나라 문화예술저작권자가 외국에서 올린 수입(수출)이 국내 소비자가 외국 저작권자에게 낸 돈(수입)을 크게 뛰어넘었다는 뜻이다. 문화예술저작권은 2019년만 해도 적자가 이어지다가 2020년 통계작성 이후 처음으로 흑자 전환에 성공했다. 문화예술저작권은 2020년 1억 7천만 달러 흑자, 2019년 1억 9천만 달러 적자, 2018년 2억 9천만 달러 적자, 2017년 4억 달러 적자를 기록했다. 음악·영상 부문이 역대 최대인 5억 3천만 달러 흑자를 냈는데, 이는 음악, 드라마, 웹툰 등의 수출이 크게 증가하고 음악 저작권에서 콘서트 등으로 수출액이 늘어났고 웹툰 또한 빠르게 성장해 흑자 규모가 크게 확대되었다.

저작권은 왜 분쟁의 소지가 있는가?

우리나라는 1987년 국제저작권협정(UCC)을 시작으로 베른협약, 세계무역기구(WTO)의 무역 관련 지적재산권에 관한 협정(TRIPS), 세계지적재산권기구(WIPO)의 저작권 조약과 실연·음반 조약 등에 가입[21]했다. 이러한 과정을 통해 우리나라도 저작권에 대한 인식에 변화가 생겼다. 사람들은 이해당사자 간의 분쟁으로 인한 관련 사건들을 통해 저작권의 중요성을 깨닫고 확실하게 인식하는 계기가 되었으며, 해당 업계는 이후 여러 문제가 발생하지 않도록 저작권의 범위나 기준, 관련 계약을 엄격하게 정하게 되었다.

문화예술저작권 분쟁은 창작자와 이용자 또는 다른 이해관계자 간에 발생할 수 있다. 이러한 분쟁은 저작물의 이용, 보상, 사용 범위, 저작자 신원 등과 관련된 다양한 문제로 발생할 수 있다. 저작권 분쟁은 창작자의 권리를 보호하고 이용자의 합법적인 이용을 종용하는 중요한 역할을 한다. 문화예술저작권 분쟁사례를 일부 소개하겠다. 이러한 사례들은 문화예술 분야에서 저작권의 중요성과 복잡성을 동시에 보여준다.

① 천경자의 〈미인도〉

천경자 위작 관련 저작권 사례는 한국 예술계에서 큰 이슈가 되었던 대표적인 사례 중 하나다. "자기 자식을 몰라보는 어미가 어디 있느냐", "눈에 힘이 없어 얼굴이 허깨비 같다. 코가 벙벙하게 그려졌고, 머리의 꽃이 조잡하다. 이건 내 그림이 아니다"라며 1991년부터 작가 본인이 생전에 제기한 〈미인도〉 위작 논란은 천경자 평전 《찬란한 고독, 한의 미학》을 펴낸 최광진 평론가가 언급한 "작가의 저작권을 권력이 뒤바꿔서는 안 된다"라는 말에 함축되어 있다.[22] 국립현대미술관과 검찰은 제작연도와 소장 경위 등을 근거로 하여 진품이라는 판정을 내렸다. 그러나 정작 그림의 주인이 본인의 그림이 절대 아니라고 강력하게 주장했다. 1999년 위조범이 본인이 그렸다고 자백하면서 이 사건은 마무리되는 듯했지만, 이후에 진술을 번복하는 이상 행동을 보여서 사건은 다시 미궁에 빠졌다. 이에 작가는 큰 충격에 절필을 선언하고 미국 뉴욕으로 건너가 돌아오지 않았다. 천경자 작가의 가족이 의뢰해 2016년 프랑스 뤼미에르 연구의 작품 감정을 통해 〈미인도〉가 진품일 확률은 0.00002%라는 과학감정 보고서를 받기도 했다. 이 사건에서 중요한 점은 저작권의 침해와 복제물 등록에 대한 문제가 공론화되어 제기되었다는 것이다. 천경자 작가는 이 작품을 발표하기 전에 모방한 작품의 저작권자에게 허락을 구하지 않았으며, 이를 통해 저작권법상 침해행위를 저질렀다는 지적을 받았다. 또한, 복제물 등록에 대해서도 이 작품이 모방 작품임에도 숨기고 등록했다는 지적이 제기되었다. 이러한 문제로 천경자 작가는 많은 비판을 받았으며, 이 사건으로 인해 국내 예술계에서 저작권의 중요성과 부실한 작품 감정 시스템 개선의 필요 등 관련 논의에 대한 필요성이 대두되는 계기가 되었다. 2023년 7월, 천경자 화백의 차녀 김정희 미국 몽고메리대학교 교수가 국가를 상대로 제기한 1억 원의 손해배상 청구 소송에 대해 원고 1심 패소 판결을 내렸다. 천경자 작가의 〈미인도〉가 또다시 진품으로 판정된 것이다. 현재 항소 여부와 함께 수사 기록 전체에 대한 정보공개청구 소송 여부를 고민 중이라고 한다.

② AI가 그린 그림의 저작권

2022년 10월 17일, 국회의 국민동의청원 게시판에 'AI(인공지능)학습 시 사용되는 그림 저작권에 대한 청원'이라는 청원 글이 올라왔다. 최근 AI로 그림을 그리는 경우가 많은데, 저작권이 있는 그림을 무단으로 가져다 AI에 학습시키는 것을 제재해달라는 내용이었다. 그림을 그린 작가는 본인 특유의 고유한 화풍을 완성하기 위해 적게는 수년, 많게는 수십 년까지 치열하게 노력하는데, AI가 이를 손쉽게 복제한다는 것이다. 현재는 국내외에 생성 AI 관련한 저작권 규정이 아직 명료하게 제시되지 않아 앞으로도 논란이 이어질 전망이다. 예를 들어 생성 AI가 장당 15만 원 정도의 저렴한 가격에 완성도가 높은 애니메이션 그림을 그리자 작가들 사이에서 AI가 학습한 데이터의 저작권에 대한 논란이 불거진 것이다. 작가들은 생성 AI가 저작권을 세탁하는 도구로 악용될 것 또한 우려하고 있다. 여러 작가의 작품을 혼합해 저작권을 희석하게 되면, AI 알고리즘 학습에 기여한 작품의 창작자들은 아무런 대가를 인정받지 못하기 때문이다. 하지만 현행법에서는 화풍을 저작권으로 인정하지 않는다는 것도 문제라고 지적되고 있다.[23]

③ AI가 쓴 《왕좌의 게임》 속편

《왕좌의 게임》의 원작 소설가와 마이클 코넬리, 존 그리셤 등의 베스트셀러 작가들이 생성형 인공지능(AI) 개발사가 저작권을 침해했다며 집단 소송을 제기했다. AI 개발을 위해서는 사람을 모방해서 정교한 언어로 문장을 작성하는 수많은 양의 텍스트와 데이터가 필요한데, 개발사가 이러한 과정에서 작가들의 작품을 무단으로 사용했다는 이유다.

작가들은 챗GPT가 책을 간략히 요약하거나 책의 내용을 바탕으로 다른 저작물을 만들어낸 정황을 포착했다고 주장한다. 챗GPT 학습 데이터에 작가들의 책을 포함해야만 가능한 일이라는 주장이다. 소장에는 프로그래머가 챗GPT를 사용해 마틴이 출간하지도 않은 '얼음과 불의 노래' 속편을 만들어 온라인에 올리고 실제 챗GPT에 "드라마 《왕좌의 게임》 완결 이후 이야기를 상상해 줄거리를 작성하라"고 명령하게 되면 기존 등장인물들과 배경, 이야기를 그대로 이어가는 속편을 만들어낸다.

생성형 AI의 열풍 이후 저작권 논란은 지속적으로 이어질 것으로 예측된다. 미국은 표현의 자유 등을 위해 저작권이 있는 자료도 사용할 수 있도록 허용하고 있지만, AI에 대해서는 뚜렷한 판례가 없기 때문이다. 일본은 AI학습과 빅데이터 연구에 쓰이는 데이터는 저작권과 상관없이 자유롭게 이용할 수 있다. 하지만 이를 활용해서 AI가 생성한 콘텐츠의 저작권이 누구에게 있느냐는 별개의 문제라는 시각이 다수다. 한국에서도 AI 저작권 침해에 대한 우려가 더욱 높아지고 있다. 이는 기존 창작자들의 작품에 대한 저작권 침해뿐만 아니라 AI가 만들어낸 소설이나 웹툰, 그림 등의 작품을 창작물로 보고 저작권과 특허권을 인정해야 하는지에 대한 여부를 두고 전문가들 사이에서도 의견이 갈리고 있다.

2023년 〈미술진흥법〉 제정안이 쏘아 올린 '추급권'

'미술품 재판매보상 청구권(추급권)'이 포함된 〈미술진흥법〉 제정안이 2023년 6월 30일 국회 본회의를 통과했다. 미술품 재판매에 대한 보상 청구권을 명시한 〈미술진흥법〉 제정안이 통과된 것이다. 우리나라에서 추급권에 대한 논의는 2007년 한·EU FTA 체결 당시 EU가 한국에 추급권 도입을 요구했지만, 이로 인해 국내 미술시장이 위축될 수 있다는 우려로 무산됐다. 2021년 7월 도종환 더불어민주당 의원이 〈미술진흥법〉을 발의했고 2년 만에 통과된 것이다.

추급권이란 재판매보상 청구권을 말하는데, 작가가 첫 작품을 판매한 뒤 다른 사람이 다시 재판매할 때 이 과정에서 생기는 수익 중 일부를 작가가 분배받을 수 있는 권리를 말한다. 이 권리는 다른 사람에게 넘기지 못하며, 작가의 생존 기간과 사후 30년간 유지된다. 재판매 가격이 500만 원 미만이거나 원작자로부터 작품을 받은 지 3년이 넘지 않은 상황에서 재판매가격이 2천만 원 미만인 경우에는 적용되지 않는다. 작가가 받을 분배금 요율은 앞으로 작가와 화랑협회 등의 업계 관계자 의견을 검토해서 대통령령으로 정할 방침이라고 한다.

이 밖에 새 법안에는 공정거래를 위한 화랑업, 경매업, 감정업 등 미술 서비스업을 자유업종에서 신고업종으로 전환했는데, 이는 별도 제도 없이 자유업으로 운영됐던 화랑업, 미술품 경매업, 자문업, 대여·판매업, 감정업, 전시업 등을 모두 제도권 내로 편입하고자 하는 취지다. 통합미술정보시스템을 구축하는 내용 가운데 총 16가지 주요 내용[24]이 포함되었다.

추급권이 언급될 때마다 대표적인 사례로 거론되는 박수근(1914~1965) 작가는 51세에 타계했다. 박수근 작가는 생을 마감한 후에야 작품성이 주목받게 되어 유명세가 높아졌다. 생전에 박수근 작가의 작품성을 높게 평가해주는 컬렉터는 5명 미만이었다. 간과 신장이 망가지고 합병증으로 생긴 백내장으로 인해 한쪽 눈이 실명

되어 의안을 하면서도 가장으로서 역할을 다하기 위해 그림을 그리고 또 그렸다고 한다. 수술비가 없어서 로비스트로 널리 알려진 미술애호가 박동선에게 도움을 요청했을 정도라고 한다. 수술비를 지원해준 박동선의 호의에 감사해 리어카에 실어 선물했던 유화 작품 40여 점 중에는 재판매를 통해 지금은 억대를 호가하는 작품도 있을 것이다. 약 30년 사이 박수근 작가의 작품 가격은 매우 높은 수준으로 올라갔지만, 정작 가난한 화가 아버지를 둔 박수근 작가의 유족에게는 어떠한 이윤 배분도 없었다. 2010년 〈황소〉가 35억 6천만 원, 2018년에는 〈소〉가 47억 원에 낙찰된 이중섭 작가도 마찬가지다. 한국전쟁 전까지만 해도 생활에 여유가 있었으나 전쟁 이후 가세가 급격히 기울어져 담뱃갑 은박지에 그림을 겨우 그릴 정도로 극심한 생활고에 시달리다가 결국 39세로 눈을 감은 그 역시 생전에는 본인의 작품으로 큰돈을 벌지 못했다.[25]

이번 입법을 통해 문학, 공연, 출판, 음반, 영화 등 다른 문화예술 장르에 비해 개별법이 없어서 체계적인 지원이 이뤄지지 못했던 미술의 모호한 상태가 해소되었다. 화랑과 경매사 등 미술품 유통업계는 일부 조항에 강하게 반대하고 있어 시행령 등 후속 조치과정에 난항이 예상된다. 화랑과 경매사들은 추급권이 미술시장을 위축시킬 것이라며 반대하고 있다. 정부도 시장에 미칠 영향을 고려해 〈미술진흥법〉의 시행 시기를 3단계로 구분했다. 추급권의 경우 4년의 유예기간을 뒀다. 이처럼 추급권도 최근 법령으로 제시된바, 추급권을 보장하는 미술품의 종류, 로열티 비율, 세율의 산정 방식, 로열티 추심기관 등에 관한 보완 장치를 위해 문화체육관광부와 문화예술계의 활발한 논의 교류가 필요하다.

최근 한국의 미술시장은 MZ세대 등 기존과 다른 새로운 컬렉터층이 급격히 유입되면서 규모가 확대되었다. 페이스, 리만머핀, 화이트큐브, 타데우스로팍, 페로탕, 퐁피두센터 등 해외 유명 갤러리들이 한국에 지점을 냈고, 세계 3대 아트페어인 프리즈가 2022년 서울에서 진행된 것이 이를 증명한다. 글로벌 투자은행 UBS가 집계한 2021년 세계 미술시장에 따르면 '전후 및 동시대 미술' 세계 거래액 부문에서 한국은 전체의 2%를 차지하면서 미국, 중국, 영국, 프랑스에 이어 5위를 차지했다. 시장의 규모가 이전보다 확대된 만큼 한국의 미술시장 체계도 투명성, 신뢰성 등이 담보된 변화가 필요하다.

3

문화예술과 교육

김우리

문화예술교육이란
문화예술교육은 어디에서 받는가

문화예술교육이란

그림 3.1 문화예술교육을 통한 토론 수업

“문화예술교육이 무엇일까요?”라고 물어보았을 때 두리뭉실하게 이야기하는 사람들은 있지만 명확하게 이야기하는 사람들은 많지 않을 것이다. 문화교육인지 예술교육인지 헷갈리는 사람도 많고, “문화와 예술교육이 왜 같이 묶여있나요?”라고 물어보는 사람들도 많기 때문이다. 앞서 1장에서 문화예술의 정의에 대해 알아보았기 때문에 문화예술에 대해 알고 있다는 전제하에 문화예술교육을 정의하고자 한다.

문화예술의 일반적인 정의로는 문학, 생활문화, 공연예술, 전통예술, 조형예술 등을 말하고 문화 관련 법에 의한 정의는 문화예술과 문화재, 그리고 문화콘텐츠(문화산업)를 말한다. 이러한 문화예술을 교육 내용으로 하거나 교육과정에 활용하는 모든 형태의 교육을 문화예술교육이라고 한다.[26]

문화예술교육이란 인간의 생애 전 삶의 공간에서 미적·창의적 예술역량을 발휘하여 자기이해, 사회소통 및 문화적 성장을 지향하는 교육 방법이자 예술 행위의 총체적 집합체다. 이 시대의 문화예술교육은 단순히 예술 관련 교과 학습을 의미하는 것이 아닌, 교육이 지녀야 하는 기본적인 성격, 즉 소통, 공동체성, 배려 등 전인교육을 상정하는 것으로 이해된다.[27]

문화예술교육의 효과

뱀포드(Bamford)는 예술교육 사례 분석을 통한 연구에서 양질의 예술교육 효과를 다음과 같이 이야기했다. 첫째, 예술 분야의 성취를 높인다. 둘째, 학문적·교육적 성취를 향상시키며 언어학습의 발달을 가져온다. 또한 예술교육은 학생, 학부모, 지역사회가 갖는 학교에 대한 인식에 긍정적 영향을 미친다. 셋째, 예술교육은 학생들의 태도를 개선시킨다. 양질의 예술교육 프로그램은 학교에 대한 학생들의 태도를 향상시키며, 사회적·문화적 이해를 높이는 데 긍정적인 효과를 지닌다. 또한 협력, 존경, 책임, 관용, 그리고 감사할 줄 아는 마음을 키워준다. 넷째, 예술교육은 지역사회의 사회적·경제적·교육적 개선을 이끌어낼 수 있다. 예술교육 교과과정의 공연 및 전시를 통해 개인, 학교, 지역사회에 대한 긍정적인 인식을 이끌어낼 수 있다. 다섯째, 예술교육을 통해 창의성과 상상력이 향상될 수 있다. 여섯째, 양질의 예술교육에 참여한 청소년은 건강과 복지에 긍정적인 혜택을 받는다. 마지막으로 예술교육은 디지털 리터러시와 테크놀로지 기술을 발전시킨다.[28]

존 소렐, 폴 로버츠, 대런 헨리는 첫 번째로 문화예술교육은 그 자체로 청소년에게 가치 있을 뿐 아니라 문화적 소양과 의식을 갖춘 청년을 양산한다는 점에서 국가 전반에 폭넓은 이익이 되며 청소년들이 문화예술교육 과목에서 습득하는 기술은 문화예술 부문에서 세계를 선도하는 데 기여한다고 이야기했다. 두 번째로 문화예술교육 과목은 국가의 경제적 안녕뿐 아니라 국민의 개인적·사회적 행복도 증진시키며, 우수한 문화예술교육에는 지식 학습, 이해 증진, 기술 습득이 포함된다고 이야기했다.[29]

2007년 파리의 퐁피두센터에서 열린 '문화예술교육에 관한 국제 연구' 심포지엄에서는 예술과 문화교육이 다양한 방식으로 학교교육에 영향을 미쳤으며, 특히 학생들의 인지능력과 사고방식의 변화에 도움을 주었음을 밝혔다. 이렇듯 문화예술교육의 효과는 다양하며, 청소년뿐만 아니라 사회 구성원과 사회에 긍정적인 영향을 미치고 있다.

다음으로 문화예술교육이 어떻게 구분되고 있는지 알아보고자 한다. 문화예술교육을 대상에 따라 구분하는 경우 일반시민 교육과 전문가를 양성하는 교육이 있다. 이 외에도 문화예술교육 기관의 성격에 따라 유아, 청소년, 성인, 노인, 저소득층, 장애인, 외국인 근로자 등 계층적 접근에 따른 구분이 있다. 또 영역에 따라서는 학교교육과 평생교육 외에도 학습 주체에 따라 청소년교육과 성인교육, 교육 지원에 따른 성격과 학습 목표에 따라 향수자교육과 매개자교육 및 창작자교육 그리고 교육 제공 주체에 따라 학교교육과 사회교육으로 구분한다.[30]

이 장에서는 다양한 분류 중에서도 학교교육과 사회교육에 대해 이야기하고자 한다.

학교 문화예술교육

현대사회에서 문화예술교육의 필요성은 당연하게 화두로 떠오를 수밖에 없다. 특히 경쟁이 치열하고 학구열이 높은 우리나라에서는 창의성보다 실적 위주의 활동을 강요하고 있다. 한국 입시교육의 가장 큰 문제점은 무분별한 경쟁인데, 대학 입시에 대한 경쟁이 치열해지면서 입시에 중요한 과목에 지나치게 치중되었고 이것은 교육 전반의 질을 낮추는 원인으로 작용했으며 앞서 이야기한 문화예술교육의 효과를 놓치게 되었다.

우리나라의 경우 2004년 〈문화예술교육지원법〉이 시행령을 갖추어 2006년 6월 29일부터 본격 시행되었다. 문화예술교육과 관련하여 시행되는 최초의 법률로서 정부와 지방자치단체가 문화예술교육을 지원해야 하는 근거가 되는 법이다. 문화예술교육이란 전문가를 양성해내는 것이 아니라 일반인 스스로 문화예술적 기량을 표현하는 능력을 향상시키며 타인과 소통하고 교감하는 감수성을 훈련하는 과정이다. 시행령은 문화예술교육 시설과 단체의 범위, 지역문화예술교육지원협의회 구성 및 지역문화예술교육지원센터 지정·운영, 공공재원을 지원받은 문화예술교육 시설 및 단체에 대한 평가, 학교 및 사회의 문화예술교육을 위한 세부 지원사항, 문화예술교육 전문인력 교육기관 지정·운영 그리고 국·공립문화시설 내 전문인력 의무배치 등을 주요 골자로 하고 있다.[31]

〈문화예술교육지원법〉에 따르면 문화예술교육에서 학교교육은 학교에서 교육과정의 일환으로 행해지는 문화예술교육으로 "학생들의 문화예술 향유와 창조력 함양을 위한 교육"으로 정의되고 있다. 이처럼 학교 문화예술교육은 모든 사람의 문화예술 향유와 창조력 함양을 위한 교육으로 교육 평등과 문화 복지를 추구하는 것이다.[32]

또한 초등학교에서의 예술교육은 예술에 대한 이해를 돕기 위한 체험중심과 자발적 학습유도의 교육을 주로 하고, 중·고등학교 교육에서는 전문예술교육과 일반예술교육이 구분되며, 대학과 대학원 등에서의 예술교육은 전문 예술가 및 창작자, 그리고 교사와 연구자를 위한 교육이 행해진다. 예술교육은 학교에서 이루어지는 교육을 말하며 이 교육 안에서는 정규교육과정과 특별활동, 재량활동, 그리고 행사활동 등이 함께 이루어진다.[33]

그렇다면 초·중·고에서 학생들의 문화예술 향유와 창조력 함양을 위한 교육이 잘 이루어지고 있을까? 우리나라의 문화예술교육은 전문적인 문화예술교육이라기보다 시간표에 정해지는 미술, 음악 등 우리가 흔히 생각하는 수업 시간을 생각하면 된다. 이로 인한 문제점들이 많이 거론되었는데, 그중 하나가 우리나라의 고질병인 입시 위주의 교육 때문이다. 현장에서 문화예술교육을 하면서 가장 많이 들었던 이야기가 "우리 아이의 입시에 도움이 되나요?"였다. 문화예술을 배우면서 입시를 논하는 것이 아이러니하겠지만 실상이 그렇다. 하지만 사회는 변화하고 있고 문화예술교육을 중요하게 생각하는 학부모들도 많아지고 있다.

그렇다면 학교에서 문화예술교육은 불가능한 것일까? 사례들을 설명하기 전에 답을 한다면 완전히 불가능한 것은 아니다. 정책적으로나 교육적인 측면으로 봤을 때도 변화하기 위해 노력하고 있기 때문이다. 한국문화예술교육진흥원은 학교를 문화예술교육의 시작점으로 보고 문화예술교육을 통해 수동적인 문화의 소비자가 아닌 문화의 창조자로 성장시키기 위해 학교와의 연계에 중점을 두고 있으며 학교예술강사 지원, 예술꽃씨앗학교 지원, 주제중심 학교 문화예술교육 지원사업 '예술로 탐구생활'을 진행하고 있다.

학교예술강사 지원의 경우 예술 현장과 공교육 연계, 분야별 전문인력의 초·중·고등학교 방문교육을 통해 학생들의 문화적 감수성 및 인성·창의력을 향상시키고 학교 문화예술교육 활성화에 기여하는 프로그램이다. 예술꽃씨앗학교 지원의 경우 농·산·어촌 등 문화소외지역 전교생 400명 이하의 소규모 학교를 지원하며 전교생의 문화감수성 및 문화소양 증진을 위한 교육과정 연계 등 문화예술교육 운영 환경 조성에 집중 지원한다.

주제중심 학교 문화예술교육 지원사업 '예술로 탐구생활'은 학교 현장과 학생 수요에 기반을 둔 '예술로 탐구생활' 추진을 통해 학교 안에서 학생들이 다양한 예술 접근 기회를 누리고, 미래사회 대응을 위한 창의적이고 융합적인 인재로 성장할 수 있도록 지원하고 있다. 이러한 지원 사업들로 학교를 방문하여 문화예술교육을 진행하고 아이들은 외부에서가 아닌 학교에서 좋은 프로그램을 만날 기회를 얻을 수 있다.

사회 문화예술교육

사회 문화예술교육은 〈문화예술교육지원법〉 제2조에 근거하며, 문화예술교육 시설 및 문화예술교육단체와 각종 시설 및 단체 등에서 이루어지는 학교 문화예술교육 이외의 모든 문화예술교육으로 정의된다. 최근의 사회 문화예술교육은 "문화시설, 청소년활동시설, 평생교육시설 중 문화예술교육을 실시하는 시설에서 학교 문화예술교육 이외의 모든 형태의 문화예술교육으로, 문화예술 분야뿐만 아니라 문화재 및 문화산업 분야를 교육 내용으로 하거나 교육과정에 활용하는 교육"을 지칭한다.[34]

현재 사회 문화예술교육은 중앙정부에서 주도적으로 시행하고, 지방자치단체에서는 이를 보조적으로 시행하는 형태로 운영되고 있다. 문화예술교육 활동을 활성화하기 위해 지역거점 기관을 지속적으로 확대하고 있다. 사회 문화예술교육 사업은 취약계층에 예술강사를 배치하는 형태가 아닌 문화예술단체 등을 활용하여 취약 지역, 계층 등의 문화예술 활동을 활성화하는 방식으로 추진되고 있다.[35]

사회교육은 크게 두 가지로 볼 수 있다. 첫째, 공공영역에서의 문화예술교육은 비형식적 평생교육시설과 공공문화시설을 통한 교육을 들 수 있다. 비형식적 평생교육시설은 학교 부설기관과 언론기관 부설, 그리고 평생학습관 등을 말한다. 학교 평생교육원, 청소년수련원, 국립박물관, 시립미술관, 지역 내 복지시설 및 지자체에서 운영하는 문화예술교육 프로그램들이 여기에 해당한다. 둘째, 민간영역에서의 문화예술교육은 보통 '학원'으로 불리는 사설 기관과 민간 문화예술센터 및 백화점이나 대형 마트의 문화센터, 그리고 개인교습 등을 통해 이루어진다.

아직까지 우리나라 문화예술교육은 주로 학교 중심으로 이루어진 데 반해 지역사회를 중심으로 한 문화예술교육은 상대적으로 더디게 발전해왔다. 여전히 문화예술교육은 질적으로 부족한 강좌 형식이 대부분이며, 지역사회 문화예술교육 프로그램의 경우 이를 담당할 전문인력 부족 및 문화예술교육 프로그램 활성화를 위한 연구개발 지원 부족과 지역사회의 문화예술 분야 인재 발굴과 양성을 책임질 전문가 부족 등의 문제는 앞으로 풀어나가야 할 과제로 보인다.[36]

이에 한국문화예술교육진흥원에서는 다양한 사회교육 프로그램을 지원하고 있는데 복지시설 이용자 문화예술교육 지원, 군 장병 문화예술교육 지원, 교정시설 수용자 문화예술교육 지원, 치료감호소 수용자 문화예술교육 지원, 소년원 학생 문화예술교육 지원, 탈학교·탈가정 청소년 문화예술교육 지원, 지역아동센터 이용 아동·청소년 문화예술교육 지원, 문화예술 치유 프로그램 지원, 문화파출소 운영 지원, 꿈다락 토요문화학교, 꿈의 오케스트라 운영 지원, 꿈의 댄스팀 운영사업, 창의예술교육 랩 지원사업, 지역문화예술교육지원센터 협력 문화예술교육, 기초 단위 문화예술교육 거점 구축 지원사업, 문화예술교육 전용시설 '꿈꾸는 예술터' 지원사업, 생애주기별 문화예술교육 지원사업, 사각지대 문화 취약계층 문화예술교육 지원 등을 하고 있다.[37]

문화예술교육은 어디에서 받는가

앞 장에서 살펴본 바에 의하면 학교교육, 사회교육 등을 시행하는 곳에서 문화예술교육을 받을 수 있다. 무료로 수업을 받을 수 있는 곳도 있고, 유료로 진행하는 곳도 있다. 천천히 주위를 둘러보면 생각보다 우리 주변에 문화예술교육을 받을 수 있는 곳은 많이 있다. 그렇다면 문화예술교육을 왜 받아야 하는 걸까?

존 듀이(John Dewey)는 예술교육의 목적은 예술 경험을 통해 삶의 질을 향상하고 전인격체로서 인간의 성장을 도와주기 위한 것이라고 이야기했다. 예술교육은 또 개개인의 잠재 능력을 각자의 특성에 맞게 개발시켜 창조적 통찰력을 표현하게 함으로써 통합적 인격을 형성하게 하고, 나아가 사회와 개인 간의 유기적인 통일과 조화를 이루도록 하는 데도 목적을 두고 있다. 따라서 예술교육의 궁극적인 목적은 전인적 인간 또는 조화로운 인격 형성에 있다고 할 수 있다.[38]

1985년 클리블랜드재단은 미래의 예술 참가에 영향을 미치는 어린 시절 예술교육과 또래 집단의 상대적 중요성을 비교 연구했다. 이 연구를 위해 “어린 시절의 예술 접촉이나 예술교육, 성인의 행동이 문화활동 참여에 미치는 영향은 어느 정도인가?"라는 질문을 했다. 그 결과 어린 시절의 예술 지식과 교육은 미래의 예술 참가 패턴을 형성하는 데 중요한 요소로 밝혀졌다. 예술교육을 받은 사람들은 성인이 되어서도 문화예술 활동에 참여하는 경향이 훨씬 크다. 그러나 어린이가 교육받지 않고 문화를 단순히 접촉하기만 하는 경우, 미래의 예술 참가 습관 형성에 거의 영향을 미치지 않는 것으로 나타났다.[39]

이렇듯 예술교육은 어린 시절부터 받는 것이 도움이 된다. 예술교육을 직접 체험함으로써 감각기능이 발달하고 문제의식의 민감성과 사고의 융통성을 향상시킬 수 있다. 또한 종합 능력과 분석력을 발달시켜 개념구조의 복합성을 이해하게 해주며, 감수성과 창의성을 기르는 데도 도움을 준다. 예술교육은 예술에 대한 관점을 통해 의사 교환의 명확성과 협동성 등을 배우게 되어 생산적인 삶을 준비하는 데도 도움을 줄 수 있다.

앞서 살펴본 바와 같이 예술교육은 행복한 삶을 만들어가는 데 필수요소로 꼽힌다. '2022 국민문화예술교육조사'에 따르면 문화예술교육 참여율이 12.2%로 조사되었다. 문화예술교육 참여자는 음악(42.9%)과 미술(42.5%) 분야에 높은 참여율을 보였으며, 향후 참여를 희망하는 문화예술교육 분야 역시 음악(57.6%)과 미술(42.1%)로 나타났다.[40]

우리가 문화예술을 배울 수 있는 곳은 다양하다. 예를 들어 국·공립으로 운영하는 여러 형태의 문화시설이 있으며, 백화점이나 문화센터, 학원 등에서도 문화예술교육을 받을 수 있다. 이 중 국·공립으로 운영하는 몇 곳의 문화시설과 운영 프로그램을 알아보고자 한다.

표 3.1 문화예술교육을 받을 수 있는 곳

기관	대상	분야	프로그램 특징
e-국악아카데미	유아·청소년, 가족, 일반인, 교사	전통예술	온라인 수업의 경우 무료, 오프라인 수업은 부분 유료
국립극장	어린이/청소년, 일반인, 외국인	전통예술	어린이/청소년 프로그램의 경우 오프라인·온라인 수업이 있으며, 먼 거리에 있는 학생들도 온라인으로 수업을 진행할 수 있음
박물관	어린이, 청소년, 성인, 외국인, 전문인력, 문화취약계층	전통문화	국립중앙박물관 사이트에서 기간, 그룹, 박물관을 선택할 수 있기 때문에 선택의 폭이 넓음
국립현대미술관	어린이, 청소년, 성인, 교사	미술	서울·과천·덕수궁, 청주현대미술관에서 진행됨
예술의전당	어린이, 일반인, 음악영재	음악, 미술, 인문학, 서화	인문·감상, 미술 실기, 서화, 어린이, 음악영재, 소소살롱 등 다양한 분야가 있음
국립발레단	학생, 성인 취미	발레	학생반의 경우 각 반의 정원은 10명 내외로 정기 또는 수시 오디션을 거쳐 선발
대전시립 연정국악원	청소년, 일반	전통예술	청소년 국악 강습의 경우 방학 때 10일씩 진행되며, 일반의 경우 상반기·하반기로 3개월씩 진행
시립미술관	성인, 전문인, 청소년, 어린이 등	미술	시별로 교육 프로그램 및 대상이 다르게 운영됨
주민자치센터	취약계층, 일반인 등	미술, 음악, 무용 등	주민자치센터별로 프로그램 및 대상이 다르게 운영됨

e-국악아카데미

누구나 배우고 함께 누리는 'e-국악아카데미'는 국립국악원이 운영하는 국악교육 전문 사이트다. 온·오프라인으로 다양한 교육 프로그램 정보와 콘텐츠를 제공하여 누구나 국악을 배우고 누릴 수 있도록

그림 3.2 e-국악아카데미 (출처: e-국악아카데미 웹사이트)

지원하고 있다. 온라인 강좌, 열린 강좌를 통해 국악을 직접 배울 수 있으며, 국립국악원 오프라인 강좌 정보를 확인하고 신청할 수 있다. e-국악아카데미에서 제공하는 모든 온라인 강좌는 무료이며 회원 가입 없이도 온라인 강좌를 이용할 수 있고, 로그인하여 학습할 경우는 학습 이력 저장과 함께 수료증 발급이 가능하다. 이론, 교양, 기악, 타악, 성악, 무용 등을 배울 수 있다.

오프라인으로 할 수 있는 무료 교육 프로그램도 있다. 〈유아 국악 꾸러미〉는 유아들의 국악 문화감수성을 심어주고 국악에 대한 호기심 유발 및 국악을 친근하게 느낄 수 있는 계기를 마련하고자 선정된 어린이집, 유치원에 무료로 교육 꾸러미를 제공하고 있다. 어린이뿐만 아니라 성인 대상으로 운영하는 무료 프로그램도 있다. '국악박물관 전시연계 특강', '온라인강좌 연계 특강' 등이 그 예다. 온라인강좌 연계 특강은 온라인강좌 학습만으로 부족한 실습교육 및 문답식 강의 진행으로 현장 피드백을 통해 수강자와 소통하는 강의다. 연계 특강의 참여 조건에 충족한 수강자만을 선발한다. 또한 교사 교육을 제공하고 있는데, '우리 음악 깊게 가르치기', '우리 음악 쉽게 가르치기' 등이 있으며 초급·중급으로 나누어져 있다.

대부분 교육 프로그램의 신청 방법은 추첨으로 진행되며, 가족 대상 프로그램도 있다. 많은 프로그램이 무료이지만 간혹 교육비가 발생하는 경우가 있는데, 이 경우 교육비가 적혀 있고, 다른 유료 프로그램보다는 저렴한 편에 속한다.

예술의전당

예술의전당 아카데미는 크게 인문·감상, 미술 실기, 서화, 어린이, 음악영재, 소소살롱으로 나뉜다. 인문·감상 아카데미는 특강 및 원데이 클래스, 정규과정 등으로 이루어진다. 미술 실기의 경우 중견 작가를 강사로 초빙해 수업을 진행하며, 특히 작가 스튜디오를 통해 작업공간을 제공하여 취미활동 수준을 넘어 일반 시민이 작가로 데뷔할 수 있는 경로를 열어주고 있다. 유화, 아크릴, 크로키, 수채화 등 다양하게 미술 실기를 배울 수 있다는 장점이 있다.

서화 아카데미는 한글서예, 한문서예, 현대서예, 캘리그래피, 전각, 민화 등 다양한 서화를 배울 수 있으며, 특강 및 일반과정으로 다양한 수업을 선택해서 들을 수 있다. 시간적인 면에서도 일반 학원처럼 야간, 주간, 주말 등 수업 시간이 다양하게 개설되어 있다. 어린이 아카데미는 어린이들이 창의력과 상상력을 발휘할 수 있도록 지원하는 것을 목표로 하고 있으며, 6세부터 초등학생을 위한 교육을 하고 있다. 음악과 연기를 배울 수 있는 수업이 있으며, 예술의전당에서 진행하는 다른 아카데미들에 비해서는 수업이 많지 않다.

다음으로 음악영재 아카데미는 음악영재 육성을 위해 전문적이고 체계적인 교육 시스템을 운영하고 있다. 전공수업 및 이론수업뿐 아니라 공연장을 기반으로 하는 다양한 무대 경험 프로그램을 병행하여 학생들이 훌륭한 연주자로 성장할 수 있도록 돕는 것을 목표로 하고 있으며, 음악영재는 국내 최고 수준의 강사진을 바탕으로 조성진, 양인모, 임윤찬 등 다수의 전문 연주자를 배출했다.

소소살롱의 경우 예술가와 소소하고 소탈하게 이야기를 나누자는 취지로 마련된 예술의전당 아카데미의 대담 프로그램이다. 2020년 11월과 2021년 2월 총 2회의 파일럿 프로그램을 시작으로 지금까지 예술계의 다양한 장르를 아우르는 예술가 및 크리에이티브 스태프 등을 초청해 한 달에 한 번 관객과 유쾌하고 다정하게 소통할 수 있는 자리를 마련하고 있다. 소소살롱에서 예술가와 관객은 때때로 한 편의 공연이나 전시로는 온전히 다 설명하기 어려운, 행간에 숨겨진 이야기들을 나눔으로써 서로 간의 벽을 허물고 조금 더 가까워지기 위해 만들어진 프로그램이다.

국립극장

다음으로 설명할 곳은 국립극장이다. 국립극장은 전통에 기반한 동시대적 공연예술 창작으로 국민 삶의 질 향상에 기여하고자 시대적 전통공연예술 흐름의 선도 역할과 공공성 회복을 위해 건립되었다. 공연, 대관 등 다양한 사업을 하지만, 그중 하나가 교육 프로그램이다. 연령별로 다양한 프로그램을 운영하고 있는데, 어린이/청소년을

그림 3.3 국립극장 프로그램 (출처: 국립극장 웹사이트)

위한 〈어린이 예술학교〉, 〈청소년 창극아카데미〉 그리고 일반인을 위한 〈아마추어 관현악단〉, 〈전통예술아카데미〉, 〈토요클래스〉를 운영하고 있으며, 외국인을 위한 〈외국인 국악아카데미〉 등을 운영하고 있다. 국립극장 프로그램은 오프라인은 유료로 운영되며 온라인은 교육 영상을 통해 무료로 교육받을 수 있다. 이 외에도 각 지방자치단체에서 운영하고 관리하는 곳에서 다양한 문화예술 교육프로그램을 진행하고 있다.

그렇지만 이렇게 많은 교육이 있음에도 아쉬운 점은 항상 존재하는 것 같다.

첫 번째로는 예술교육은 이젠 '양'보다 '질'을 이야기할 때다. 문화예술교육 기회가 확대됐음에도 실제 교육 현장에서는 예술교육 운영방식과 효과에 대해 의문을 표하고 있다. 예술교육의 본질에서 벗어났다는 지적과 함께 심지어 "체험만 있고 교육은 없다"는 말도 있다. 일회성 교육과 기능 위주 수업, 공교육 내의 시수 부족, 교사들의 인식 부족이 그 원인으로 꼽힌다.

모 초등학교 A 교사는 "예술교육 기회가 예전에 비해 많이 확대된 것은 사실이나 여전히 기능 위주 교육에 머물러 있고, 오히려 그 폐해를 종종 확인할 수 있다"고 이야기했다. 이어 "많은 아이들이 방과 후 수업과 예술강사 수업을 받고 있는데, 사실 기능 위주 수업이라고 할 수 있다. 악기를 연주하는 법, 그림을 잘 그리는 법을 배운다. 기능 위주 수업은 예술교육의 본질을 흐릴 수 있다. 예술이 왜 필요하고, 예술이 얼마나 즐거운지 아이들이 깨닫기도 전에 또 다른 공부로 생각할 수 있다. 학교 내에서 예술교육 방법과 효과, 예술교육의 본질을 진지하게 생각해봐야 한다"고 지적했다.

두 번째로는 대도시뿐만 아니라 소도시도 문화예술 공간을 제공해야 한다. 시민문화권 보장은 일상생활에서 문화예술교육의 기회 및 접근성을 확대하는 것으로 이루어질 수 있다. 따라서 지역사회의 자원과 인력을 활용하여 시민의 수요에 부합하는 문화예술교육이 이루어질 수 있는 지역 중심의 문화예술교육 생태계 구축이 필요하다.

'제주문화예술교육 중장기계획 수립 용역 보고서' 도민 설문조사 분석 결과, 집에서 도보 혹은 차량으로 10분 거리 이내에 문화예술교육 관련 공간이나 시설이 있느냐는 질문에 절반 이상인 65.3%가 "없다"고 응답했다. 이들 응답자는 문화예술교육 발전을 위한 고려사항들의 중요도와 관련하여 '어느 지역에서나 접근하기 쉬운 문화예술교육 공간의 발굴과 연계'(74.2점)에 가장 높은 점수를 줬다. 이렇듯 제주도민은 집 근처 접근하기 쉬운 곳에 문화예술교육 공간이 있기를 바란다. 하지만 이 점은 쉽게 해결될 문제로 보이지 않는

다. 거점 지역에 공간을 만든다고 해도 전문인력 확보가 어렵기 때문이다.[41]

마지막으로 다양한 프로그램과 특성에 맞는 문화예술교육이 이루어져야 할 것으로 보인다. 우리나라의 경우 장애인 문화예술교육에서는 아직 부족한 점이 많은데, 〈2021년 장애예술인 문화예술 활동 실태조사 및 분석연구〉에 따르면 특히 장애인의 특성을 고려하지 않은 교육이 이루어지다 보니 전문적인 교육을 받는 데 어려움을 느끼고 있으며 결국 보호자는 힘들더라도 사교육에 의존할 수밖에 없다는 분석이 있다. 또한 장애인의 특성을 이해하고 가르칠 수 있는 전문 교육자가 많이 양성되어야 하며, 전문 장애예술인을 양성하는 공교육 기관도 필요한 것으로 나타났다.

일본 하나아트센터의 경우 장애인을 위한 문화예술교육을 운영하고 있다. 운영내용은 다음과 같다. 첫째, 비즈니스 플랫폼을 구축하여 장애인의 수익활동을 돕고 있다. 둘째, 하나아트센터 내에 회화실, 도예실, 염색실 등 장애인들이 다양한 예술활동을 표현할 수 있는 공간을 구축하고 있으며 다양한 서포터를 지원하고 있다. 셋째, 다양한 분야의 전문 인력들이 소속되어 있고, 전국적으로 네트워크가 형성되어 있어 각 기관과 서로 활발하게 교류하고 있다. 마지막으로 장애인 예술의 상담창구 역할을 맡고 있으며, 장애인 문화예술교육을 운영할 때 복지에만 치중하지 않고 좀 더 넓은 시각으로 바라보고 있다.[42]

4

문화예술의 소비

김민정

문화예술 소비의 현주소

문화예술 제대로 즐기기

MZ가 좋아하는 힙한 문화예술

문화예술 소비의 현주소

한국인은 연평균 문화예술 관람을 얼마나 할까?

우리나라에서도 일상의 중요성이 강조되면서, 문화와 예술을 소비하는 경향과 계층은 지속적으로 확대되고 있다. 한국 사람들이 생활 속에서 즐기는 문화예술 관람에는 크게 영화와 전시가 있다. 오늘날 우리나라 문화예술 소비의 현주소에 대해 가장 주목되는 현상을 중심으로 살펴보고, 우리에게 시사하는 바가 무엇인지 차례로 살펴보자.

한국인에게 영화 관람은 문화예술 관람에서 가장 대중적이고 진입장벽이 낮은 장르였다. 가족 단위, 연인과 함께, 심지어 혼자 가도 이상하지 않고 몇 시간은 거뜬하게 충분히 즐길거리가 있는 여가 활동이기에 많은 사람이 데이트 코스, 저녁 후 마실, 취미 생활 등 다양한 목적으로 영화관을 찾았다. 특히, 1년 중에서도 여름철은 많은 사람이 시원한 영화관에서 영화를 감상하며 더위를 잊을 수 있는 시기여서 영화관의 성수기라고 볼 수 있다. 탄탄한 내수시장을 기반으로 CGV, 메가박스 같은 멀티플렉스형 영화관과 한국 영화산업은 성장을 거듭했고, 2019년 한국인 1인당 영화 관람 횟수는 4.4회로 세계 1위였다. 마침내 한국 영화는 〈기생충〉과 〈오징어 게임〉으로 쾌거를 이루며, 세계적으로도 예술성과 상업성 모두 인정받았다. 그러나 한국인의 영화 관람률은 2023년 기준 2.19회에 그쳐 4년 만에 절반이 뚝 떨어져나갔다. 현재 주중 2D 영화 관람료는 2023년 7월 기준 1만 4천 원이고, 주말은 1만 5천 원이다. 영화관에서 먹는 팝콘까지 더하면 영화 한 편을 보기 위해 2만 원이 훌쩍 넘는 금액을 지불해야 하는 셈이다. 결과적으로 2인 기준 4만 원은 들기 때문에 "심심한데 영화나 보러 갈까?"라는 말은 옛말이 되었다. 영화 한 편보다 저렴한 1만 3,500원이면 OTT의 모든 콘텐츠를 무제한으로 볼 수 있는 데다 영화 관람료가 비싸니 관객은 '엄선'하여 영화관을 찾는다. 이제 영화관에서 영화 관람은 더 이상 '만만한' 문화예술 관람이 아니다. 또한, 영화 관람 이후 식당과 카페로 이어지는 점을 감안한다면, 관객은 영화관 방문에 심리적·경제적 부담을 갖게 되었다.

최근 발표된 통계 지표에 따르면, 2022년 서울시민은 1년간 문화비로 평균 10만 1천 원을 지출하고 4.6회 문화 관람을 했다. 코로나19 이전인 2018년(12만 원, 6.8회) 수준에는 미치지 못했지만, 전반적으로 문화예술 관람률은 빠른 회복 수준을 보이고 있었다.

그러나 예전보다 심리적 부담이 가중된 사람들은 영화 관람 대신 다른 문화예술 소비 활동을 선택했음을 알 수 있었다. 또한, 이번 조사에서 눈에 띄는 점은 문화예술 소비와 참여 활동에서 디지털화의 다각화·보편화·일상화 현상이 뚜렷하게 나타났다는 점이다. 코로나19 이전에는 영화 관람에 편중됐던 온라인 소비가 공연·전시 관람 등으로까지 확대되며 문화예술 관람의 다변화 현상으로 해석

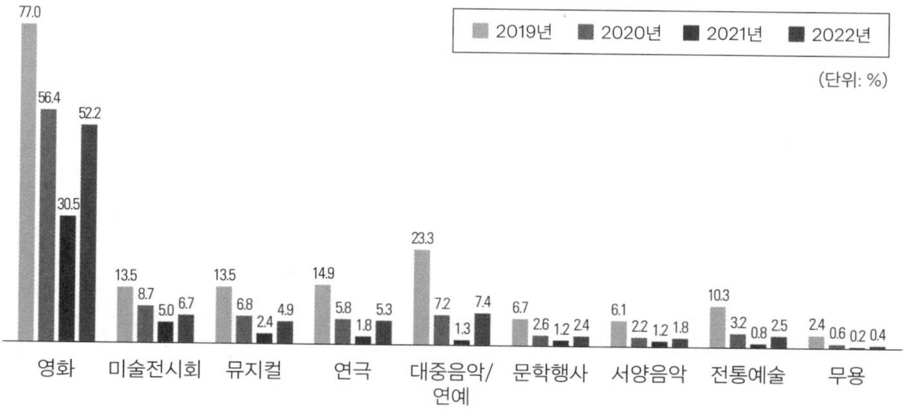

그림 4.1 분야별 문화예술 행사 관람률 (출처: 문화체육관광부)

된다.

오프라인 대면 활동을 잇는 온라인 플랫폼 역할이 증대되는 것은 대면 활동이 제한되던 코로나19 시기를 거치며 최근의 주목되는 변화다. 이전에는 없었던 새로운 문화가 태동했으며, 좀 더 다양하고 새로운 향유 문화가 등장했다고 볼 수 있다.

그렇다면, 영화 관람의 대체재로 떠오른 전시 관람 현황은 어떨까? 가장 주목할 만한 변화는 젊은 관람객층의 증가다. 전시를 관람하는 20~30대층이 눈에 띄게 증가했다는 점에서 미술관이 MZ의 핫플로 각광받고 있다는 것을 알 수 있다. 예전에 미술관 전시를 떠올리면 40~50대의 여성들이 여유롭고 한적한 분위기에서 전시를 관람하는 모습이 떠올랐는데, 지금은 20~30대가 적극적으로 작품 앞에서 사진 촬영을 하는 '핫한' 분위기의 전시장을 쉽게 볼 수 있다. 미술 분야 중에서도 젊은 층에서는 특히 현대미술에 대한 선호도가 높은데, 국립현대미술관의 관람객 통계에 따르면 2023년 상반기 관람객의 절반이 20~30대다. 이는 최근 몇 년 사이 MZ세대 컬렉터들이 미술시장에서 주목받고 있는 것과도 무관하지 않을 것이다.

MZ세대라고 불리는 젊은 관람객층 증가의 이면에는 SNS 문화가 있다. 전시는 작품을 관람하는 과정에서 시각적인 자료를 남길 수 있다는 점에서 공연이나 영화 등의 여타 문화예술 활동과는 차별된다. 이런 점에서 인스타그램이 일상화된 젊은 층에게 더욱 적합하고 유용한 형태의 문화예술 활동이라고 볼 수 있다. 이를 증명하듯 최근에 개최되는 전시들은 관람객에게 인스타그램 감성을 어필할 수 있는 전시 콘텐츠를 제공하는 곳이 많다. '인증샷' 문화를 매개로 하여 관람객이 작품 혹은 전시장을 배경으로 전시 관련 이미지들을 생성하며 전시를 즐길 수 있도록 한다. 이렇게 자연스럽게 생성된 전시 후기들은 SNS에 공유되어 직간접적인 홍보 효과를 기대할 수 있게 한다. 이렇듯 젊은 문화예술 소비자가 만들어낸 역동적인 관람문화는 긍정적인 변화와 문화예술계의 새로운 원동력이 될 수 있다.

언택트 문화예술 관람의 현주소

앞에서 살펴본 조사 결과가 보여주듯, 전시를 관람하는 방법에는 온라인을 통한 비대면 관람이라는 개념이 추가됐다. 2020년 코로나19로 인한 사회적 거리두기가 전 세계적으로 장기화되면서 예술품이 전시된 한정된 공간에 관람객이 몰려드는 미술관은 팬데믹의 악재에 직격탄을 맞게 되었다. 코로나19로 인해 휴관이 길어지면서 언제 끝날지 알 수 없는 상황에 전시 일정과 미술관 운영에 차질이 생겼고, 뮤지엄들은 온라인으로 고해상도 이미지와 해설, 동영상에 가상현실(VR) 전시 공간을 제공하며 관람을 지원했다. 미술관에서는

그림 4.2 몸도 마음도 가장 편한 내 방이 진정한 로열석, 방구석 1열이다. 방구석 미술관에서 전시를 관람하는 것도 바쁜 현대인에게는 꽤나 합리적으로 문화예술을 즐기는 방법이 될 수 있다.

일찍부터 디지털 아카이빙을 위해 미술관의 방대한 자료들을 디지털화하는 작업을 진행하고 있었는데, 팬데믹으로 예상보다 빨리 이러한 노력이 활용될 시점이 온 것이다. 거기에 더해 착실히 쌓아온 4차 산업혁명의 대표 기술들이 본격적으로 다방면에 활용되기 시작했다.

온라인 전시의 핵심은 단연 디지털 아카이빙이다. 자료들이 모두 디지털로 변환되어 있어야 비대면으로도 공유할 수 있는 환경이 만들어지는 것이다. 거기에 VR 등의 첨단 기술들까지 있다면 그야말로 금상첨화다. 이러한 환경은 외부 활동을 할 수 없는 환경에서 새로운 관람문화를 태동시켰다. '방구석 미술관', '방구석 1열' 등의 새로운 단어들이 이러한 현상을 보여준다. 비대면으로 전시 콘텐츠를 즐기는 것이 가능해짐으로써 내 방 한구석도 미술관이 될 수 있고,

굳이 비싼 돈 주고 1열을 사지 않아도 내 방이 전시나 공연을 관람하기 가장 좋은 로열석이 되는 것이다.

실제로 전 세계 유수의 미술관들에서 비대면 시대 이후 온라인 미술관을 적극 운영하고 있다. 루브르박물관(파리), 우피치미술관(피렌체), 바티칸박물관(바티칸), 고고학박물관(아테네), 대영박물관(런던), 메트로폴리탄미술관(뉴욕) 등 각국을 대표하는 미술관에서 운영하고 있으며, 해당 국가들은 대부분 선진국의 반열에 있는 국가다. 이러한 점을 고려해봤을 때, 우리나라의 국립중앙박물관, 국립현대미술관에서 온라인 미술관과 함께 유튜브 등 온라인 플랫폼을 적극 운영하고 있다는 사실이 내심 흐뭇하다. 박물관 및 미술관에서 가장 활발하게 활용하는 기술은 VR이다.

국립현대미술관에서는 전시의 흐름과 동선을 한눈에 볼 수 있도록 평면·입체도면에 각 전시실의 주제가 적혀 있어서 전시장을 오가며 본인만의 속도로 관람이 가능하다. 수동으로 이곳저곳을 헤매는 것조차 귀찮다면, 자동재생 기능으로 한 번에 편리하게 전시의 편집된 하이라이트만 감상할 수도 있다. 또한, 전시를 기획한 큐레이터의 설명 혹은 작품의 제작 과정 등 대면 전시에서는 쉽게 접할 수 없었던 내용이 풍성하게 구성되어 있다. 그 덕분에 비교적 접근성이 떨어지는 국립현대미술관 과천관, 청주관 등 타 지역의 분관에서 진행되는 전시도 관람할 수 있다. 미술관 공식 웹페이지에 디지털 미술관을 운영하여 종료된 전시 관람과 특별전도 생생하게 재현해서 감상할 수 있도록 온라인을 활용한 관람객과의 소통에 적극적인 노력을 기울이고 있다.

루브르박물관은 VR을 활용한 온라인 박물관을 운영한다. 작품뿐 아니라 천장과 바닥까지 실제로 똑같이 만들어진 가상공간에서 클릭을 통해 전시실을 오가며 관람이 가능하다. 입장 시 첫 화면부터 전시관이 아닌 실제 박물관에 처음 들어섰을 때 마주하는 여러 문으로 통하는 홀인 점도 현실감을 배가시킨다. 다양한 앵글에서 작품을 감상할 수 있는 장점은 조각 작품을 감상할 때 극대화된다. 실제로 관람할 경우 조각이 전시장 중앙부에 위치한 게 아니라면 조각의 정면과 측면부만 관람이 가능한데, 온라인 박물관에서는 360° 회전시키며 후면부까지 관람이 가능하다.

이탈리아의 우피치미술관은 회화로 유명한 미술관인 만큼 확대하여 작품의 균열까지 생생하게 감상할 수 있다. 실제로 관람할 때는 작품의 안전을 위해 작품과 관람객 간의 일정 거리를 유지해야 하기 때문에 작품의 균열까지 면밀히 관찰하기는 어렵다는 점을 감안하면 온라인 관람이 더 나은 선택지가 될 수도 있다. 또한, 현장에 없는 참조와 주석 서비스도 제공하고 있기 때문에 작품에 대한 깊은 감상이 가능하다.

코로나19로 인해 힘겨웠지만, 지나고 나니 그전과는 다른 시대가 열렸다는 것을 실감할 수 있다. 미술관도 관람객인 우리도 마음만 있다면 얼마든지 길이 있다는 것 또한 깨달았다. 굳이 박물관이나 미술관을 방문하지 않아도 얼마든지 전시를 볼 수 있고, 문화예술을 '공짜'로 즐길 수 있다.

문화예술 제대로 즐기기

전시를 제대로 즐기려면

'전시회를 간다'고 할 때, 미술관이나 전시회가 익숙한 사람이 아니고서야 가벼운 마음으로 발걸음 하기는 어려울 것이다. 어렵고 난해한 작품의 내용만큼이나 흰 벽으로 둘러싸인 전시장이라는 공간 자체가 묘한 긴장감을 준다. 흰색의 벽면으로 둘러싸인 '화이트큐브(white cube)' 공간은 마치 성전 같은 숭고한 느낌마저 들게 한다. 역사적인 관점에서 보아도 태생적으로 미술관은 대중을 위한 공간이 아니었다. 원래는 루이 14세를 위한 궁전과 궁전 내부를 장식하고 있던 예술작품들이 대중에게 공개되면서 1793년 루브르미술관으로 태어난 것이 대중을 위한 미술관의 시초다. 오늘날 피렌체의 우피치 미술관도 르네상스를 꽃피우게 한 메디치 가문의 저택과 그 내부의 예술품들을 통째로 피렌체시에 기증한 것이다. 이러한 미술관의 탄생 역사를 생각하면, 미술관에 발걸음 하기 어려운 것이 어찌 보면 당연한 일일지도 모른다. 이처럼 전시 관람은 앞서 언급한 바와 같이

그림 4.3 작품을 가장 돋보이게 만드는 공간이라 여겨지는 화이트큐브는 오늘날도 많은 미술관과 갤러리에서 볼 수 있으며, 모더니즘 전시장의 전형이다.

공간적 특성도 있고, 전시회의 내용도 쉽지 않은 경우가 많다. 이러한 이유로 전시를 어려워하고 내용에 따라서는 지루해하는 사람도 있다. 그래서 전시를 더욱 즐겁게 관람하기 위한 몇 가지 팁을 추천하고자 한다.

첫째, 관람 전 인터넷을 통한 정보 검색을 적극 활용한다. 특히, 교육적인 목적을 가지고 전시를 관람하거나 전시 내용이 어려운 사람들에게 추천한다. 전시장에서 관람객의 이해를 돕기 위해 전시와 연계된 교육 프로그램과 오디오 가이드, 전시 설명서 등을 제공하긴 하지만 미술이 익숙하지 않은 사람들에게 전시를 온전히 이해하는 것이 쉽지는 않다. 또한, 작품들에 대한 설명을 모두 듣고 읽기에는 내용이 많아서 정작 감상하려다 보면 집중력이 떨어지거나 설명에 의존하기 마련이다. 이런 경우에는 인터넷을 통한 정보 검색이 큰 도움이 될 수 있다. 관람 전 검색을 통해 해당 전시 혹은 작가에 대한 정보를 대략 파악하고 간다면, 오디오 가이드를 활용하더라도 어떤 작품에 대한 설명을 들을지 선택하기 용이할 것이며, 전시의 흐름을 파악하는 데 많은 도움이 될 것이다. 가령, 피카소나 마티스, 고흐 등 유명한 작가 혹은 대가를 전면에 내세운 전시일 경우에는 이미 인터넷에 많은 후기나 관련 정보들이 있다. 작가가 어떤 화파에 속하는지, 작가가 활동했던 당시의 사회적 배경이나 개인적인 일생 정도만이라도 알고 전시를 관람하면 좀 더 수월하게 전시의 전체적인 흐름을 이해할 수 있다. 미술작품은 한 사회의 특성을 이해하는 데 가장 신뢰할 만한 자료 중 하나이며, 미술품과 그 사회·문화적 배경의 관계는 작품을 이해하는 하나의 결정적인 단서가 된다. 간단한 인터넷 검색만으로도 전시에 등장하는 작가나 작품을 사회적 맥락 안에서 고찰함으로써 미술을 통한 현대사와 당대의 문화도 엿볼 수 있다. 이렇듯 다양한 요소들이 작가에게 끼친 영향과 연결 지어 생각해보면 본인의 주관적인 관점으로 작품 감상에 몰입할 수 있을 것이다.

둘째, 작품 관람 시 작품 옆의 캡션을 함께 보자. '캡션(caption)'이란 작품 옆 혹은 아래에 부착된 간략한 작품 정보다. 보통 캡션에는 규칙이 있다. 맨 앞에 작가의 이름을 적고, 출생과 사망 연도를 함께 쓴다. 그다음에는 작품 제목, 제작연도, 제작기법, 작품 크기 순이다. 필요에 따라 마지막에는 작품 소장처를 기재하기도 한다. 제작연도-기법-크기 순은 기관마다 다를 수 있겠지만, 일반적으로 작가의 이름과 제목이 가장 먼저 나온다. 특히, 한 번에 알아보기 어려운 추상 회화나 조형물을 감상할 경우 제목을 확인하여 작품의 의미를 이해하는 데 도움이 될 때가 많다. 제작연도를 따져 작가의 예술 세계를 심도 있게 이해해보고, 제작기법이 궁금하다면 작품에 사용된 재료를 참고하기도 한다.

홍길동(Hong Kil Dong)
(Korea, 1985~2023)

무제(Untitled)
2020
캔버스에 유채(oil on canvas)
130 × 160 cm
개인소장

캡션에서 우리가 가장 많이 보았던 재료는 'oil on canvas'일 것이다. 캔버스 위에 유화로 그렸다는 뜻이고, 'acrylic on canvas'는 캔버스 위에 아크릴 물감으로 그렸다는 의미다. 프린트(print)는 말 그대로 '인쇄'라고 생각하면 쉽다. 사진 혹은 판화 작품일 경우에 이렇게 표기하는데, 일반적으로 에디션(Edition)의 약자인 Ed.와 함께 표기된다. 'Ed.20/50'이라고 쓰여 있으면, 총 50개의 같은 작품이 제작되었으며 그중 20번째 작품이라는 의미다. 간혹 'AP.'라고 쓰인 프린트가 있는데, Artist Proof의 약자로 작가의 소장용 작품에 표기하며, 전체 에디션 중 10%에 해당하므로 가치가 높다고 볼 수 있다. 그 외에 혼합 매체는 'mixed media'라고 표기하는데, 이는 다양한 재료가 사용되었거나 재료를 명확하게 나타내기 어려울 때 사용한다. 가끔은 자세한 작품 설명글보다 몇 줄의 작품 캡션이 작품을 감상하는 데 도움이 될 때가 있다. 작품 설명글을 먼저 읽으면 설명의 내용과 연결지어 생각하느라 감상의 폭이나 깊이가 제한적일 때가 있는데, 작품 캡션만 보고 작품을 감상하면 오롯이 나만의 관점으로 작품을 바라볼 수 있기 때문이다.

셋째, 전시 관람 외에도 미술관 내부에 있는 시설을 적극 활용해 보길 추천한다. 전시를 열심히 보고 나면 피로함을 느낀 적이 종종 있을 것이다. 이러한 피로감은 전시와 미술에 익숙하지 않은 나라서 느끼는 특별한 느낌이 아니다. 사실 전시를 관람한다는 것은 고도의 지적 작업이다. 넓은 전시장을 걸어서 이동하고, 눈으로는 끊임없이 작품을 면밀하게 관찰하며, 머리로는 감상에 따라오는 다양한 생각을 한다. 그렇기 때문에 전시장의 동선을 따라 이동하며 집중해서 전시를 보는 과정에서 관람객은 본인도 모르는 사이에 육체적·정신적으로 피로도가 높아지는데, 이를 '미술관 피로(museum fatigue)'라고 한다. 미술관 피로도가 쌓이게 되면 관람객은 더 이상 새로운 정보를 받아들이지 못하게 되기 때문에 내용이 어렵거나 규모가 큰 전시를 관람한다면 중간에 잠깐의 휴식이 필요하다. 관람객 연구를 통해 마케팅적 관점을 도입한 미술관들은 관람객의 미술관 피로를 해소해 줄 수 있도록 많은 노력을 기울이고 있다. 전시장 곳곳에 의자나 쉼터를 배치하고, 전시장 밖으로는 카페나 굿즈숍 같은 상업 시설들을 입점시켜 관람객의 정신적 환기를 돕는다.

전시를 관람한다는 것은 하나의 총체적 경험이라고 볼 수 있다. 관람객은 전시 관람이라는 특정한 목적을 가지고 미술관 혹은 갤러리를 방문하지만, 전시장 내·외부의 경험들이 전시 관람이라는 주요 목적에 영향을 미친다. 전시장까지의 이동 경험(교통, 주차 등), 전시장 내부에서의 관람 경험, 관람 이후의 경험까지 전 과정에 이르는 경험이 전시 관람에 대한 최종적인 만족도에 영향을 미친다. 이와 같은 이유로 최근에는 미술관 내부의 상업 시설들을 활용하여 관람객이 미술관에서 '잘 놀다 갈 수 있도록' 하는 곳들이 늘고 있다. 전시 관람 중에는 미술관 피로도를 최소화하고, 전시 관람 외에는 미술관 내에서 기분 좋은 경험을 많이 할 수 있게 하여 전시 관람에 대한 만족도를 높일 수 있기 때문이다. 전시도 좋지만, 놀거리가 풍부해진 미술관 혹은 갤러리에서 여유 있게 커피 한잔하고, 좋아하는 작가의 굿즈도 사면서 공간 자체를 즐길 수 있다면, 훨씬 재미있는 전시 관람이 될 것이다.

전시회는 언제 가는 것이 좋을까?

요즘 전시회는 남녀노소 많은 사람이 즐기는 하나의 문화예술 콘텐츠가 되었다. 그렇다면, 전시회는 언제 가는 것이 가장 좋을까?

이상하게 들리겠지만, 대부분의 미술관은 주로 월요일이 휴관일이다. 가족, 연인과 함께 주말 나들이 겸 데이트로 여가를 즐기러 오는 사람들이 많기 때문에 미술관은 주말에 개관하고, 출근하는 사람들이 상대적으로 많은 월요일에는 휴관이다. 국공립 미술관의 경우, 국경일, 공휴일 또한 휴관이다. 그렇기 때문에 한적하게 전시를 관람하고 싶다면 사람이 많은 주말보다 평일이 좋다. 특히 인기가 많은 전시라면 평일 오전에 가는 것을 추천한다. 관람객이 몰리는 날에는 인상 깊은 작품 앞에 멈춰서서 작품을 관람하기란 여간 어려운 일이 아니다. 사람들 사이로 먼발치에서 작품을 구경하거나, 전시장 동선을 따라 길게 늘어선 사람들에게 밀려다니고 싶지 않다면 주말은 피하는 것이 좋다.

갤러리의 경우, 휴무일은 공간의 특성에 따라 자율적으로 운영되며 미술관보다는 관람객이 많지 않아 방문 일정이나 관람 시간대에 대한 제한이 적은 편이다. 상업화랑인 갤러리의 궁극적인 목적은 작품 판매를 통한 수익 창출이다. 그림을 구매하려는 손님이 언제 올지 모르고, 또 우연히 갤러리를 방문한 사람이 그림을 살지도 모르는 일이기에 갤러리 운영자는 가능하면 전시장을 상시 열어놓으려 한다. 대부분의 국내 갤러리들은 중소형 규모로 개인이 운영하는 경우가 많기 때문에 만약 관심 있는 작품이 있다면 갤러리에서 작품과 작가에 대한 생생한 정보를 얻을 수 있다. 예를 들어, 전시를 기획한 갤러리 대표 혹은 큐레이터, 작가에게 전시나 작품 내용을 직접 문의할 수 있고 미술관에서는 알 수 없는 작품 가격 같은 정보도 얻을 수 있다. 특히, 관심 있는 작가나 전시가 있다면 전시 개최일 당일에 가는 것을 추천한다. 전시 첫날에는 간단한 음료와 다과를 즐기며 전시 개막식 혹은 '오프닝 리셉션(opening reception)'이라는 행사를 진행하는 경우가 있다. 이날에는 해당 작가뿐만 아니라 컬렉터, 갤러리 관계자들, 다른 작가 등 다양한 사람을 한자리에서 만날 수 있고, 마치 파티와 같이 전시도 즐길 수 있는 특별한 경험을 해볼 수 있다.

또한, 전시회도 성수기와 비수기가 존재하고, 전시 공간 혹은 전시회의 성격에 따라 달리 말할 수 있다. 요즈음 도심지를 중심으로 개최되는 전시 중에서 일반 사람들이 가장 많이 가는 전시 유형을 크게 세 가지로 분류해볼 수 있다. 첫째, 비영리로 운영되는 미술관 전시, 둘째, 영리를 목적으로 전시기획사에서 기획하여 티켓판매가 주 수입원인 상업형 전시, 마지막으로는 작품 판매로 운영되는 갤러리 전시다. 정부 부처에서 운영하는 국공립 미술관은 1년 전시 일정과 그에 해당하는 예산이 미리 잡혀있기 때문에 따로 비수기나 성수기는 없지만, 날씨가 좋은 봄·가을경에 관람객이 많이 몰릴 만한 전시가 기획되는 경우가 많다. 반면, 상업화랑이라고 볼 수 있는 갤러리의 경우 무더운 여름철인 7~8월이 휴가철이기 때문에 1년 중에서

이 기간이 상대적으로 손님들의 발걸음이 가장 뜸한 비수기라고 볼 수 있다.

어린이를 대상으로 한 전시는 여름방학과 겨울방학 기간에 맞추어 티켓판매를 진행한다. 한창 활동성이 넘치는 아이들을 데리고 집에만 있기에는 힘들고, 방학이라고 마냥 놀리기에는 마음이 편치 않은 부모들은 교육적인 육아 현장으로 미술관을 택한다. 더운 날씨를 피해 시원한 실내에서 다양한 프로그램의 어린이 전시를 관람하며, 아이들은 즐거운 시간을 보낼 수 있고 엄마들은 커피 한잔의 여유를 얻을 수 있으니 그야말로 '꿩 먹고 알 먹고'인 셈이다.

현대미술은 왜 어려울까?

전시 관람을 하기 전에 인터넷으로 검색도 하고, 미술관 휴관일과 전시 일정을 체크해서 부푼 마음으로 전시장에 도착했는데 무엇을 봤는지 도무지 모르겠다. 심지어 이제 첫 번째 전시장을 지났을 뿐인데, 벌써 지루해지려고 한다. '도대체 뭘 그린 거야? 나도 그릴 수 있겠다.' 전시를 관람했던 경험을 떠올린다면, 누구나 한 번쯤 이런 생각을 해보았을 것이다. 아무런 배경지식 없이 미술작품을 접했다면, 보이는 것도 난해한 작품이 내용도 철학적이기까지 하니 머리가 지끈거린다. 이런 현상은 주로 현대미술 작품을 접할 때 나타난다.

현대미술은 도대체 왜 어려울까? 그에 대한 해답을 찾아보기에 앞서 현대미술이 무엇인지 알아볼 필요가 있다. 현대미술(modern art)은 말 그대로 오늘날 우리가 사는 시대의 미술이라 하여 '동시대 미술(contemporary art)'이라고 하기도 하고, 연대기적으로 제2차

그림 4.4 작품 앞에서 작품보다는 작품에 대한 설명을 자세히 읽게 된다.

세계대전 후의 미술이라 하여 '전후(戰後)미술'이라고 하기도 한다. 19세기에서 20세기 전반기의 미술을 '근대미술'이라 하는데, 이후의 미술을 근대미술과 구분하기 위한 개념으로 현대미술이라 칭한다는 의견도 있다. 이처럼 현대미술의 개념은 한마디로 정의하기도 어렵고, 현대미술의 시작점이 어디인지에 대한 의견도 분분하다. 혹자는 인상주의가 시작된 20세기 초라고 보기도 하고, 혹자는 모더니즘 미술의 대표주자였던 미국 추상표현주의가 성행했던 1950년대, 혹은 포스트모더니즘의 물결이 시작된 1970년대 이후라고도 한다. 그럼에도 오늘날 일반적으로 통용되고 있는 현대미술의 개념은 좁은 의미에서 20세기 후반기의 미술을 의미하는 것으로 받아들여지고 있다.[43] 우리에게 익숙한 작가와 미술 사조 중에서는 마티스의 야수파, 피카소의 입체파, 달리의 초현실주의, 잭슨 폴록의 추상표현주의, 앤디 워홀의 팝아트가 여기에 해당한다.

그렇다면, 현대미술이 어려울 수밖에 없는 이유를 몇 가지 살펴

그림 4.5 라파엘로, 〈아테네 학당〉, 1510~1511, 프레스코화, 밑변 820cm, 바티칸미술관 '서명실' 벽화. 중앙부 두 인물의 소실점을 중심으로 앞부분에서 뒤로 갈수록 천장의 아치가 작아지는 원근법과 건물 내부를 회색으로만 그려서 마치 조각상같이 표현한 트롱프뢰유 기법은 르네상스 회화의 정수를 보여준다.

보자.

첫째, 현대미술이 이전 미술과 가장 큰 차이점이자 난해한 이유는 바로 '재현성(representation)'에 있다. 서구의 미술은 탄생 이래 보이는 대상과 실제의 세계를 화폭 위에 얼마나 똑같이 재현해내는가에 역점을 두고 발전해왔다. 3차원의 세계를 2차원의 평면 위에 재현하고자 르네상스의 위대한 발견인 '원근법(선원근법, 대기원근법)' 이후로도 명암법[키아로스쿠로(chiaroscuro)*][44]과 함께 다양한

* 평면으로부터 도드라져 보이는 느낌을 주기 위해 그림 속에 어두운 부분으로부터 밝은 부분이 떠오르듯 형체를 묘사해나가는 회화기술[빛과

'눈속임 기법[트롱프뢰유(trompe-l'œil)*]'[45] 등이 구현되었다.

이렇듯 실제와 똑같이 표현하고자 원근법, 명암법, 트롱프뢰유 같은 다양한 기법을 시도했던 작가들은 19세기 낭만주의를 기점으로 이러한 부담감에서 벗어나 인간 내면의 감정을 표현하기 시작했다. 작품의 주제가 실제가 아닌 보이지 않는 내면으로 옮겨졌기 때문에 작가들은 더 이상 실제의 묘사를 위한 표현이나 기법에 집착하지 않게 되었다. 또한, 19세기 사진의 발명은 인간의 시각적 한계와 '인간이 무언가를 본다'는 것의 모순을 깨닫게 하는 계기가 되었다. 사람들은 사진을 통해 그동안 대상을 있는 그대로 본 것이 아니라 보고 싶은 대로 혹은 옳다고 생각하는 대로 보았다는 것을 깨달았다. 미술은 미술사적인 흐름에 과학적 발견이 더해져 실제를 화폭에 묘사하는 단계에서 벗어났고, 20세기 이후에는 점진적으로 형태, 선, 색채가 우위에 있는 순수추상으로 전이해가는 과정을 거친다. 결과적으로, 작가는 주제와 기법 면에서 모두 완전한 표현의 자율성을 획득하여 표현하고자 하는 것을 자유롭게 화폭 위에 표현하게 되었다. 그렇기 때문에 오늘날 우리 입장에서는 작가가 재현성을 완전히 배제한다면, 도대체 무엇을 그렸는지를 알아보지 못하게 된 것이다.

두 번째로, 현대미술은 형식주의이기 때문이다. 위의 언급한 내용에서 한 단계 나아간 개념으로 접근해보자면, 20세기 이후 작가에게 작품을 제작하는 데 가장 중요한 것은 작가의 창의성과 혁신적인

그림자(light & shadow)]: 빛을 받는 곳은 밝게, 그림자 지는 곳은 어둡게 표현

* '눈속임, 착각을 일으킴'이라는 뜻으로 '속임수 그림'이라 번역할 수 있다. 실물과 같을 정도의 철저한 사실적 묘사를 말하며, 구도나 물체의 명암·양감·질감을 회화 형식으로 실물 그대로의 모습 재현을 목적으로 하는 데 있다. 따라서 화면은 작자의 의지를 나타내는 터치 같은 것은 없고 매끄럽기만 하다. 현재는 슈퍼리얼리즘이 이에 가까운 기법을 사용한다.

표현의 자유가 되었다. 작가는 컬렉터나 후원자의 요구를 만족시켜야 하는 부담에서 해방되었고, 사적 관심사나 개인적 경험, 상상력 같은 작가만의 주제로 미술에 집중할 수 있게 되었다. 작가가 자연스럽게 기술자 혹은 장인에서 고유한 창의성을 가진 천재적인 아티스트로 인정받기 시작하면서 예술가의 위상과 함께 미술의 지위도 높아지게 되었다. 결국, 1950년대에는 미술은 실재하는 무엇을 재현하기 위한 도구나 소수 특권층의 향유를 위한 사치품이 아닌, 미술이라는 장르 자체로 '예술을 위한 예술(art for art's sake)'로 의미가 있다는 결론에 도달한다. 미술의 유일한 목적은 미(美)적 완성이고, 이 목적을 위한 예술의 자율성을 극단적으로 존중하게 되었다.

미술은 그 자체가 하나의 자율적인 시각적 형식이며, 연극과 음악 등 다른 예술과 공유할 수 없는 부분은 색채와 형태를 가지고 있다는 점이다. 미술만의 고유한 예술적 특징인 색채와 형태는 '평면'에서 가장 잘 표현할 수 있기 때문에 미술에서도 회화가 가진 평면성이 강조되고 입체를 다루는 조각과도 차별성을 지니게 되었다. 따라서 점, 선, 면, 색 같은 순수한 조형 요소로 표현한 추상미술이 20세기 현대미술을 이끌어가면서 모더니즘 미술의 전형적인 예로 자리 잡게 된다. 그러나 결과적으로 알아볼 수 없는 선과 색채만으로 채워진 캔버스만 남게 되자, 이 생소하고 난해한 미술작품을 대중이 받아들일 수 있게 하려면 무언가가 필요했다. 이러한 분위기 속에서 자연스럽게 미술평론가들에 의한 미술비평이 발달하고, 추상미술이 구상미술보다 발전한 그림의 형태로 자리 잡게 된 것이다. 정리하자면, 재현성에 더 이상 의미를 두지 않게 된 작가들이 아이디어와 창의성만으로도 작품을 창작할 수 있으며, 캔버스를 구성하고 있는 것은 물질에 불과하다는 것을 깨닫고 자신만의 순수한 아이디어를 표

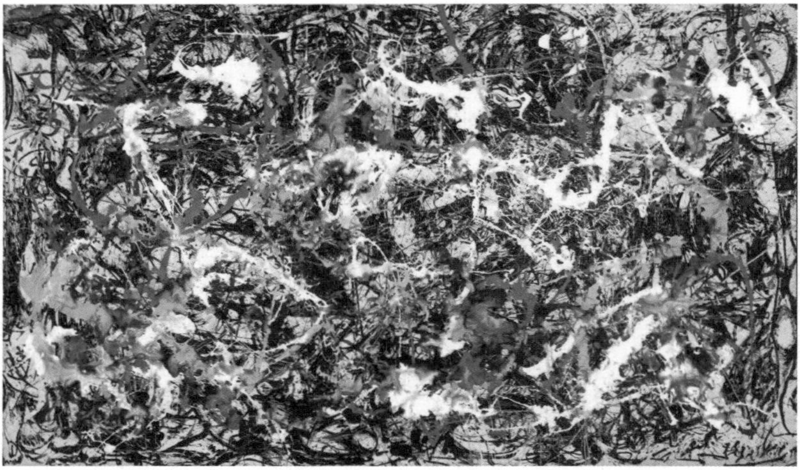

그림 4.6 잭슨 폴록, 〈Convergence〉, 1952, 237×390cm (93.5×155inch). 기하학적인 형태와 색으로만 가득한 미국 추상표현주의의 대표작가 잭슨 폴록의 작품이다.

현하는 과정에서 현대미술은 어려워졌다고 할 수 있다. 결과적으로 우리 눈앞에는 그림에 대한 설명을 아무리 들어도 모호한 캔버스 한 점이 있다 해도 말이다.

이렇게 어려운 현대미술을 즐기려면 무엇을 알아야 할까? “아는 만큼 보인다”고 했다. 대단한 답을 기대하고 있다면 실망할지도 모르겠지만, 미술사 공부를 추천한다. 미술 입문자에게 미술 사조별 접근은 매우 효율적인 방법이다. 19세기 말부터 20세기에 이르기까지 현대미술사의 연대기적 전개 및 순서와 각 미술 사조의 특징을 파악하고 있다면 어려운 현대미술을 감상하는 데 적지 않은 도움이 될 것이다. 미술사의 전체적인 흐름을 파악했다면, 다음으로는 미술 사조별로 다양한 경향을 구성하는 주요 작가들의 작품에 대해 예술적 의도와 양식상의 특징을 살펴본다. 이 단계는 미술사에 등장하는 작가의 전시일 경우, 전시를 보면서도 공부할 수 있는 부분이다. 이렇게 습득한 미술사적 지식들에 앞서 언급했던 인터넷 검색을 통해 얻은 정보들이 더해져 현대미술을 감상한다면, 마치 지식의 퍼즐 조각을 하나씩 맞추어 완성해나가는 성취감을 느낄 수 있을 것이다. 나아가 전시 관람은 자신만의 관점에서 미술을 보는 연습이 될 것이다. 궁극적으로는 이러한 사이클의 경험이 축적되어 현대미술에 대한 비평적 시각을 갖추게 하고, 동시대 미술에 대한 이해의 폭이 확장되는 경험을 할 수 있다.

공연을 제대로 즐기려면

공연의 종류는 크게 두 가지로 나뉜다. 대중음악 가수들의 콘서트, 재즈 혹은 록 페스티벌, 워터밤 같은 페스티벌 형태의 대중적인 공연이 있고, 뮤지컬, 연극, 무용 등 순수예술에 가까운 공연예술이 있다. 공연은 일반적으로 대중공연인지 공연예술인지에 따라 즐기는 방법이 다르다. 그 차이는 가장 기본적으로 공연을 관람하는 관객의 참여도에서 비롯된다. 공연예술을 관람하는 관객은 정적인 태도로 집중하여 음악을 감상하고, 대중공연을 관람하는 관객은 적극적인 형태의 높은 참여도가 요구된다. 예를 들면, 좋아하는 가수의 콘서트에 가면 응원봉을 사서 흔들고, 율동을 하고, 좋아하는 노래를 따라 부른다. 그렇다고 해서 고급 공연예술은 그냥 가만히 앉아서 감상만 하면 되는 것이 아니다. 고급예술 공연은 대중공연 예술보다 관객에게 다소 많은 매너와 에티켓을 필요로 한다. 먼저, 뮤지컬과 클래식 공연 혹은 콘서트를 중심으로 다른 종류의 공연 관람 팁을 살펴보자.

　클래식 공연에 가기 전에 내가 어떤 곡을 들으러 가는지 미리 알고 가는 것이 좋다. 클래식 음악을 전혀 모른다고 해도 곡에 대한 간략한 정보라도 알고 공연을 관람한다면, 공연 관람이 지루하지는 않을 것이다. 미리 곡을 감상해보거나 공연 포스터에 소개된 작곡가 혹은 연주자에 대한 정보를 파악해보고, 연주될 음악은 어떤 시기에 작곡되었는지, 곡의 특징은 무엇인지 등을 알고 가면 더욱 즐거운 음악 감상이 될 수 있을 것이다. 발레나 연극공연의 경우에는 미리 스토리나 줄거리를 파악하고 가면 공연의 전체적인 흐름을 읽는 데 도움이 된다. 큰 규모의 뮤직 페스티벌도 마찬가지다. 짧게는 하루에서 길게는 며칠 동안 국내외 많은 아티스트가 참여하는 뮤직 페스티벌의 경우, 본인이 좋아하는 아티스트의 공연 시간대를 미리 파악하고 가야 체력을 아낄 수 있다.

클래식 공연을 보러 갈 때는 복장이 신경 쓰이기 마련이다. 정장까지 갖추어 입을 필요는 없으나 민소매나 슬리퍼 같이 너무 편한 복장은 피하는 것이 좋다. 또한, 색상은 너무 튀는 밝은색보다는 어두운 계열이 무난하다. 편안한 복장도 좋으나 너무 격식을 차리지 않으면 주변의 따가운 눈총을 받을 뿐만 아니라 멋진 공연을 준비한 연주자에 대한 예의도 아니니 말이다. 뒷자리 관객의 시야를 방해하지 않도록 머리는 높이 올려묶지 말아야 하고 모자는 쓰지 않도록 하며, 향수는 과하지 않게 뿌리는 것도 중요하다. 강한 향 때문에 옆 사람에게 방해될 수도 있고, 알레르기가 있는 사람이라면 공연 관람 내내 재채기를 할 수도 있다. 이렇듯 까다로울 수도 있는 복장에 대한 에티켓이 현대문명을 사는 오늘날까지 이어오는 것은 오페라, 교향악 등의 클래식 공연이 태생적으로 상류층들의 사교문화였던 것에서 기인한다. 상류층들이 값비싼 티켓을 구매하여 교향악, 현악사중주, 피아노협주곡, 발레공연 등을 즐길 동안 대중은 상대적으로 제한이 적거나 비용이 안 드는 축제나 행사 혹은 거리에서 민요, 가곡, 민속음악 등을 통해 춤과 노래를 즐겼다. 공연과 관련한 언론 기사를 보다 보면, '무대에서 무엇이 공연되고 있는가?'만큼이나 '누가 관람하는가?', '어떤 사람들이 참석했는가?'가 중요해 보이는 공연들이 있는 걸 보면 현대사회에도 공연은 상류층들이 즐기는 고급예술 장르로서의 맥을 유지하고 있다고 할 수 있다. 반면, 대중공연을 관람할 때는 편한 복장으로 가는 것이 좋다. 관객의 참여도가 높고 야외에서 진행되는 경우도 많기 때문에 클래식 공연에 비해 체력 소비가 많기 때문이다. 날씨와 행사의 특성을 면밀하게 파악하여 여벌 옷을 준비하는 것도 공연을 좀 더 즐길 수 있는 방법이다.

지금껏 살펴보았던 것은 어찌 보면 가장 기본적인 공연 에티켓이자 매너라고 한다면, 이번에는 정말 '팁'이다. 클래식 공연을 관람할 때 많은 사람이 '박수는 언제 치는 것이 맞을까?'라는 생각을 할 것이다. 공연의 흐름에 따라 박수 치는 타이밍을 살펴보자.

먼저, 공연의 시작 단계. 관객이 착석하고 공연 시간이 되면 오케스트라 단원이 입장한다. 입장 후에 단원들은 악기 조율을 하는데, 이 시간 동안에는 가만히 있는 것이 매너다. 연주자들이 등장했다고 박수를 친다든가 환호성을 내는 것은 오히려 오케스트라 단원들의 집중력을 해칠 수 있다. 악기 조율이 끝나면 지휘자가 등장한다. 협연자가 있을 때는 협연자와 함께 등장하는데, 이때는 박수를 치면 된다. 다음으로 연주의 중간 단계. 이 부분이 아마 가장 헷갈릴 것이다. 간단하게 설명하자면 박수는 곡의 시작과 끝에서만 치면 된다. 곡을 잘 모른다면, 연주자가 인사할 때 박수를 친다고 생각하면 쉽다. 그리고 공연이 마음에 들었다면 연주자가 마지막으로 퇴장할 때까지 아낌없이 갈채를 보내자. 오래전에 청소년을 대상으로 하는 클래식 공연을 관람한 적이 있었는데, 박수를 언제 칠지 모르는 어린 관객이 많았던 탓일까. 3악장으로 구성된 곡에서 악장이 끝날 때마다 박수가 나왔다. 곡을 아는 청중은 눈치를 주기도 했지만, 대부분의 관객이 세 악장 모두 박수를 쳤다. 클래식 공연은 대부분 여러 개의 악장으로 구성되어 있다. 이런 경우, 악장이 끝날 때 혹은 음악이 멈출 때마다 박수를 치는 것은 매너가 아니다. 악장 사이사이에 여운을 음미해야 하는데, 박수 소리가 방해가 되기 때문이다. 모든 악장이 끝나고 나서 박수를 쳐야 한다. 예를 들어 차이코프스키 교향곡 제6번 〈비창〉의 경우 4악장으로 이루어져 있으니, 세 번의 멈춤 이후 네 번째 곡이 종료되었을 때 박수를 치면 된다.[46]

박수를 치는 방법도 있다. 연주가 화려하고 웅장하게 끝났을 경우에는 박수를 원하는 만큼 치면 되고, 조용하고 잔잔하게 마무리된 경우에는 여운을 느끼면서 천천히 박수를 쳐야 한다. 일반적인 공연에서는 공연이 끝난 후 "앙코르!" 하고 공연의 감동을 표현하는 경우가 많지만, 클래식 공연에서는 큰 박수를 치는 것이 앙코르를 요청하는 방법이다.

마지막으로 공연을 제대로 즐기기 위해 가장 중요한 것은 스마트폰을 잠시 꺼두는 것이다. 관객의 조용한 집중력을 요구하는 클래식 공연이나 발레, 오페라는 말할 필요도 없다. 악기 조율 소리, 연주자의 숨소리, 무용수의 옷깃 스치는 소리도 크게 들리는 조용한 공연장에서 핸드폰 소리가 울려 퍼진다고 생각하면 끔찍하다. 이러한 고급예술 공연의 경우에는 커튼콜을 할 때 외에는 대부분 사진 촬영도 금지다. 많은 공연 매너를 요구하는 클래식 공연이든, 대중을 위한 떠들썩한 공연이든 공연의 종류에 관계 없이 공연의 가장 큰 매력은 현장감이다. 공연장에서 느낄 수 있는 생생한 현장감이야말로 다른

그림 4.7 스마트폰의 수많은 불빛들이 즉석 응원봉이 될 수도 있고, 관객이 촬영하는 영상이 콘서트의 바이럴 마케팅에 도움이 될 수는 있겠지만, 공연을 즐기는 그 순간을 위해서는 핸드폰이 아닌 '내'가 보는 것이 중요하다.

장르의 문화예술과 분명하게 구별되는 공연만의 특징이다.

앞서 살펴보았던 대면 혹은 비대면 전시에서 활발하게 적용됐던 다양한 기술이 공연에서는 무대를 화려하게 장식해줄 보조적인 역할에 머물고 있고, 이머시브(immersive) 전시의 사례와 같이 핵심 콘텐츠가 대체되는 경우는 범위가 매우 적다. 그 이유는 공연을 보러 오는 관객은 무대 위의 아티스트들과 함께 호흡하고, 많은 사람이 함께 즐기는 공연장의 분위기, 현장에서 감상하는 음악 혹은 무대 등의 총체적인 현장감을 즐기기 때문이다. 꿈만 같은 그 순간을 오래도록 기억하기 위해 많은 사람은 공연에서 스마트폰을 놓지 않는다. 그러나 스마트폰으로 영상을 촬영하며 작은 화면으로 공연을 보는 동안 눈앞에 펼쳐진 진짜 공연을 놓치게 된다. 스마트폰을 쥐고 있으면, 멋진 무대를 펼친 아티스트에게 제대로 박수를 칠 수도 없고 함성을 지를 수도 없다. 스마트폰은 잠시 꺼두고 공연에 몰입하여 현장감을 만끽하는 것이야말로 진짜 제대로 공연을 즐기는 방법일 것이다.

공연 티켓 가격은 왜 비쌀까?

공연 관람은 전시나 영화와 비교해서 일상적으로 즐길 수 있는 문화예술 소비활동은 아니다. 시간대도 많지 않고, 장소도 제한적이다. 특히, 공연 관람에서 소비자에게 가장 진입장벽이 높은 부분은 소비활동에 드는 비용일 것이다. 일반적으로 전시의 경우, 무료로 볼 수 있는 전시도 많고 블록버스터급 전시의 경우도 2만 5천 원 선을 넘는 경우가 많지 않다. 영화의 경우 멀티플렉스를 중심으로 상영관에 따라 가격차등을 주는 마케팅을 활발하게 펼치고는 있지만, 대부분의 관객은 16,000~18,000원의 일반 상영관을 이용한다. 그러나 클래식이나 뮤지컬 같은 공연 티켓은 15~20만 원대로 비싼 경우가 많고, 무대와 가장 먼 좌석이 10만 원을 호가하는 경우도 다분하다. 다양한 할인 혜택과 티켓 제도를 활용하여 잠재적 소비자를 끌어들이려는 시도도 많이 하고 있지만, 그렇다고 해도 여전히 공연 티켓은 비싸다. 그렇다면, 공연 티켓은 왜 이렇게 비싼 걸까? 공연 티켓이 왜 다른 문화예술 관람보다 비쌀 수밖에 없는지 공연의 특징을 산업적·경제학적 접근을 통해 살펴보자.

첫째, 공연은 기술적으로 대량 복제할 수 있는 영화와 달리 무대 위의 공연자를 통해 공연되는 동안만 존재하다가 공연이 끝나면 소멸하는 일회적인 성격을 갖는다. 즉, 공연은 무대 위에서 생산되는 동시에 관객이 소비하는 동시성을 갖는 상품이며 한 번 상영된 공연은 영화처럼 다시 반복적으로 소비할 수 없다. 단순하게 생각해서 공연은 제작비용이 매번 든다. 전시나 영화의 경우, 콘텐츠를 한 번 제작하면 그 이후에 관람객이 소비할 때마다 드는 제작비가 없다. 그러나 공연은 관객이 소비할 때마다 매번 '공연'이라는 상품이 생산된다. 특히, 공연은 다양한 장르의 참여를 필요로 하는 종합예술인 만큼 총제작비에서 인건비의 비중이 매우 높기 때문에 상영 시마다 고정비용을 절감하는 데 한계가 있다.

이러한 공연의 일회성과 비반복적 소비성은 공연만의 경쟁력을 갖게 하기도 한다. 공연은 영화처럼 복제한 것이 아니기 때문에 같은 배우가 다른 시간대에 공연을 다시 한다고 해도 완전히 똑같은 공연이 될 수는 없다. 예를 들어, 만약 관객이 공연 관람 시 느꼈던 감동을 재현하고 싶다면 공연을 다시 관람해야 한다. 공연은 첫 회와 마지막 공연의 감동이 다르고, 출연 배우에 따라서도 느낌이 다르다. 이렇듯 같은 공연이라 할지라도 공연의 현장감이 주는 감동이 매번 다르기 때문에 공연 소비자의 재관람률은 전시나 영화와 비교했을 때 가장 높다. 제작사가 유명한 연예인을 더블 캐스팅(double casting)하는 것은 해당 배우의 인지도와 팬덤을 활용하여 마케팅에 활용하려는 것도 있지만, 공연 소비자의 반복적인 감상을 이끌어내려는 것과도 무관하지 않을 것이다.

둘째, 공연이라는 상품은 소비자의 취향을 전제로 하는 경험재다. 공연예술의 수요는 공연예술에 대한 소비자의 꾸준한 관심과 안목을 기초로 소비가 이루어진다. 그리고 소비자가 직접 경험(관람)할 때까지 해당 상품(공연)에 대한 효용을 알 수 없다는 점에서 '경험재(experience good)'의 특성을 가지고 있다. 또한, 공연에 대한 소비자의 취향은 반복적 소비를 통해 후천적으로 개발되는 기호다. 취향을 개발하는 데는 시간이 오래 걸리지만, 반복적으로 만족스러운 소비의 경험을 통해 생겨난 관객의 취향은 쉽게 사라지지 않는다. 이렇게 생겨난 취향으로 인해 소비자는 자신이 보고 싶은 공연은 '밥을 굶더라도 보러' 가게 된다.

대중적이고 상업적인 성격의 공연은 티켓 가격이 관객에게 미치는 영향이 크다. 물론, 탄탄한 팬덤층이 형성된 아이돌 가수나 방한하는 해외 인기 가수의 공연 티켓은 웃돈을 주고서라도 티켓이 거래되기도 한다. 그러나 발레나 오페라, 뮤지컬 같은 순수예술 공연의 경우, 공연 애호가층의 수요가 고정적이며 이미 취향이 확고한 이들에게 티켓 가격은 크게 영향을 미치지 않는다. 이러한 소비자는 이미 반복적인 관람 경험이 있기 때문에 가격보다 공연의 질적 특성이 중요하게 작용한다. 공연의 출연자, 연출자, 음악, 공연장의 음향시설 같은 공연 자체의 핵심적인 요소들이 만족도에 영향을 준다. 즉, 공연 소비자는 자신의 취향을 만족시켜주는 공연에는 비싼 티켓 비용을 감수할 용의가 있다는 것을 의미한다.

셋째, 공연은 과시적 소비를 드러내는 재화이기도 하다. 앞서 언급했듯, 공연 티켓은 비싼 편이고, 공연을 제대로 감상하기 위해서는 축적된 경험을 통한 취향이 요구된다. 그렇기 때문에 공연 관람이라는 취미가 있다는 것은 개인의 사회적 부, 지위, 교육 수준과 연결시켜 생각해볼 수 있다. 많은 연구를 통해 장기적인 공연예술 소비의 증가는 교육 수준 및 소득 수준과 밀접한 관련이 있는 것으로 밝혀졌다. 공연시장 수요와 소비자에 대한 특성은 전 세계적으로 정확히 일치한다. 국가와 인종을 막론하고 공연예술 소비자가 전문직에 종사하고, 고소득·고학력자로 분류되는 계층이 많다는 것은 여러 연구를 통해 널리 알려진 바다.

프랑스의 사회학자 피에르 부르디외(Pierre Bourdieu, 1930~2002)는 그의 저서 《구별짓기》(1979)에서 상류층을 다른 계급과 구분 짓는 것은 결국 '문화적 자본(culture capital)'이라고 언급했다. 상류층 사람들은 경제적 자본(돈, 집, 차 등)과 사회적 자본(인맥) 외에도 어릴 때부터 부유한 가정환경 속에서 미술품 감상, 클래식 공연 같은 취미와 여가를 즐기면서 자연스럽게 습득하여 몸에 밴 '취향(taste)' 같은 문화적 자본(교육, 예술, 악기 연주 등)을 통해 다른 계층의 사람들과 구별된다고 했다. 또한, 이러한 문화자본은 다른 자본과 달리 은밀하게 드러나며, 문화자본을 많이 가진 엘리트 집단은 자신들의 '고급문화'를 대중문화와 구별 짓고 문화의 위계, 더 나아가 자신들이 속한 계급의 위계를 영속화하고 당연한 것으로 받아들이게 한다고 했다.[47] 이러한 부르디외의 이론은 순수예술 공연에 잘 적용된다. 예를 들어, 특정 재단이 좋은 목적으로 후원하거나, 유서 깊은 연주회 혹은 유명한 연주자가 나오는 공연의 경우 유명한 인사들이 관람했다는 기사를 언론에서 접하기도 한다. 이들이 공연 중간중간 인터미션(쉬는 시간)에 서로 담소를 나누고 네트워킹하면서 인맥을 다진다고 상상해보자. 그렇다면 공연 관람은 소비자의 고급스러운 취향을 대변해주는 상징이자, 상류층 사이에서 이미 형성된 문화자본이라는 공감대를 통해 또 다른 사회적 자본(인맥)의 생성을 돕는 사교장으로서의 매개체가 된다. 이들에게 공연예술 관람은 단순한 작품 이상의 의미를 가지는 것이다. 공연 관람이 이렇듯 많은 의미를 가진 중요한 자리라면, 향후 티켓 가격 이상의 긍정적인 무언가를 기대할 수 있다면 몇십만 원의 티켓이 아깝지 않을지도 모르겠다.

이렇듯 어떤 종류의 공연예술은 사회적 지위와 부유층의 과시적 소비 욕구가 결합된 사치재(luxury goods)로 간주될 수 있기 때문에 무대에서 무엇이 공연되고 있는지보다 어떤 사람들이 참석했는지가 중요하다. 이것이 공연 마케팅 담당자들이 공연 첫날 중요한 인사들이 공연장에 참석할 수 있도록 많은 노력을 기울이며 초대장을 보내는 이유다.

마지막으로, 공연은 다른 기호로 대체될 가능성이 낮다. 공연 관람에 대한 만족도는 다른 것으로 대체할 수 없기 때문에 관객은 비싼 비용을 들여서라도 공연을 소비한다. 즉, 공연 관람에 대한 취향과 만족도는 내가 보고 싶은 '그 공연'을 통해서만 충족될 수 있다. 예를 들어, 우리가 친구를 만나서 보고 싶은 영화가 모두 매진이거나, 적당한 시간대가 없거나 혹은 상영관이 너무 멀다고 가정해보자. 이럴 때, 마침 근처에 미술관이 있거나 보고 싶은 전시가 있다면 영화 대신 전시 관람을 대안으로 떠올릴 수 있다. 비용이나 시간, 관람에 드는 에너지 등 여러 가지 측면을 고려해보았을 때 영화나 전시는 상호 대체재가 될 수 있다. 그러나 공연을 보고 싶은 소비자에게는 영화나 전시가 비슷한 효용의 만족을 줄 수 없다.

반대 상황을 생각해보자. 뮤지컬 〈라이언 킹〉을 보고 싶은 관객은 같은 공연이라고 해도 그 시간에 클래식 공연이나 연극을 보려고 하지 않을 것이다. 뮤지컬을 선호하는 사람은 같은 비용을 들여야 한다면, 다른 뮤지컬 작품들 안에서 효용을 대체할 수 있다. 그러나 이 경우도 완벽한 대체가 되지는 못한다. 처음에 보려고 했던 〈라이언 킹〉 대신 동시간대에 하는 〈오페라의 유령〉을 본다고 가정해보자. 〈오페라의 유령〉도 〈라이언 킹〉만큼이나 훌륭한 작품이니 나름의 만족은 느낄 수 있겠지만, 애초에 〈라이언 킹〉에서 보고 싶었던 배우나 의상, 무대연출을 보지 못한 것은 아쉬움으로 남을 것이다. 이러한 상황에서 대체재였던 〈오페라의 유령〉에 대한 소비는 〈라이언 킹〉과 동일한 수준의 만족을 주지는 않은 것이라고 볼 수 있다.

공연 티켓이 비싼 이유와 그럼에도 공연을 소비하는 소비자가 존재하는 이유를 공연산업의 특징을 중심으로 살펴보았다. 아무리 공연 관객이 티켓 가격에 예민하게 반응하지 않는다고 해도 티켓 가격을 높이는 데는 한계가 있다. 그렇기 때문에 공연기업은 고정비용을 줄이고, 더 많은 관객을 동원하거나 입장 수입 외에 기타 소득을 발생시키려고 노력한다. 또한, 잠재적 관객을 개발하기 위해 입장료 책정 시 가격 차별을 둔 마케팅을 펼치기도 한다. 같은 공연을 보더라도 관객의 취향에 따라 높은 가격을 지불할 용의가 있는 소비자에게는 높은 가격을 받고, 그렇지 않은 사람에게는 낮은 가격의 티켓을 판매하는 것이다. 동시간대 공연에서 위치와 좌석, 주연배우와 배우의 유명도에 따라 티켓 가격을 다르게 책정하는 이유다. 이렇듯 다양한 티켓 제도와 할인 혜택을 잘 활용한다면, 공연 관람을 통해 새로운 문화예술 활동의 범위를 넓힐 수 있으니 한번 시도해보자. 티켓 가격이 내 '취향'을 만들어내는 데 걸림돌이 되면 안 되니 말이다.

MZ가 좋아하는 힙한 문화예술

MZ가 좋아하는 핫플이 된 공간, 백화점에는 무엇이 있을까?

'주머니가 가벼운 젊은 세대'라는 말은 이제 옛말이 된 지 오래다. '영앤리치(Young & Rich)'라는 단어가 보여주는 바와 같이 다양한 산업군에서 소비의 주역으로 급부상한 2030세대는 그 옛날의 주머니 두둑했던 사장님들과는 다른 행보를 보여주고 있기 때문이다. 2022년 한 해, 대한민국을 흔든 비트코인 광풍의 중심에는 30대의 젊은 브레인이 있었고, 유례 없는 호황을 누렸던 국내 미술시장은 공격적인 투자성향을 가진 3040 젊은 컬렉터들이 견인했다. 기업 마케팅, 금융권, 정치권 어디에도 빠지지 않고 등장하는 MZ는 이 시대의 아이콘이 된 것만 같다. 그렇다면, 요즘 MZ가 가장 많이 찾는 장소는 어디일까? 아마 백화점이 아닐까 싶다. 일찍이 온라인쇼핑의 편의성에 익숙한 MZ가 쇼핑을 하러 백화점에 가는 걸까? 답은 No. MZ는 백화점에 놀러 간다.

이를 증명하듯 국내 주요 백화점 3사(신세계, 현대, 롯데) 모두

MZ세대를 겨냥하여 미술과 전시를 활용한 마케팅을 적극적으로 펼치고 있다. 현대백화점은 기존의 클래식하고 고급스러운 브랜드 이미지와 차별화되는 '더현대(The HYUNDAI)'라는 새로운 브랜드의 백화점을 서울 여의도점, 판교점, 대구점 등 젊은 소비자층이 많은 지역에 선보이며 큰 성공을 거두었다. MZ세대의 핫플레이스로 떠오른 더현대 서울은 개점 후 2년간 방문객 8천만 명 중 30대 이하 고객이 65%인 5,200만 명으로 집계됐으며, 지난해에는 1조 원에 육박하는 매출을 달성했다.[48] 세련되고 젊은 감성으로 재탄생한 더현대는 복합문화공간을 표방하며, 백화점 공간 어디에서 사진을 찍어도 멋스럽고 예쁘게 나올 수 있도록 내부 인테리어에 신경 썼다. 백화점 내부에는 마치 미술관에 온 듯한 착각을 불러일으키는 공간이 많다. 미술관에서나 볼법한 대형 설치작품을 건물의 입구 중앙에 설치하고, 과감하게 한 층 전체를 전시장처럼 구성하기도 한다. 소비자는 미술관 같이 꾸며진 근사한 백화점에서 쇼핑도 하고 전시를 즐기며, 백화점에서 파는 물건들뿐만 아니라 백화점이라는 공간을 소비한다. 그들의 일상을 빛나게 해줄 백화점 안에서 문화예술을 매개로 한 즐거운 소비 경험은 백화점이라는 공간 자체를 즐거운 놀이공간으로 인식하게 만든다.

최근 유통업계에서 열풍을 일으키고 있는 '팝업(pop-up)스토어'는 경험을 중시하는 MZ에게 놀이터 같은 역할을 하고 있다. 젊은 소비자는 팝업스토어에 가서 사진도 찍고, 새로운 제품이나 브랜드도 접하며 쇼핑을 즐긴다. 팝업스토어란 '뻥 하고 튀어오르는'이라는 의미처럼 사람들이 붐비는 장소에서 기업이 특정한 콘셉트를 가지고 일정 기간 동안만 브랜드를 전시하는 매장을 일컫는다. 팝업스토어의 주 타깃은 MZ세대다. SNS의 영향력이 그 어느 때보다 큰 세대인

그림 4.8 더현대 대구 9층에 마련된 문화예술 공간은 스페인의 세계적 아티스트 하이메 아욘과 협업해 꾸몄다. (출처: 현대백화점 제공)

만큼 SNS를 통한 파급력을 기대할 수 있기 때문이다. 온라인에 이미 익숙한 MZ세대에게 스킵할 수 있는 미디어 광고보다 '경험'을 통한 광고는 훨씬 효과적이다.[49] 팝업스토어에서 소비자는 이색적인 체험을 하며 브랜드를 새롭게 인식하고, 관심이 없었던 사람들도 해당 제품이나 브랜드에 노출되는 효과를 기대할 수 있다. 또한, 겸손을 미덕으로 여겼던 과거의 소비자와 달리 젊은 세대에게 물질적 경험에 대한 과시는 '플렉스(flex)*'[50]라고 불릴 만큼 자신의 경험을 공유하는

* 사전적으로는 '구부리다', '몸을 풀다'라는 뜻이지만, 1990년대 미국 힙합문화에서 래퍼들이 부나 귀중품을 뽐내는 모습에서 유래돼 젊은 층을 중심으로 '(부나 귀중품을) 과시하다, 뽐내다'라는 뜻으로 쓰이고 있다. 우리나라에서는 2019년 들어 래퍼 기리보이, 염따 등이 사용하며 유행하기

데 거리낌이 없다. SNS가 관심과 인기, 부러움의 척도가 된 MZ에게 백화점이나 팝업스토어에서의 경험은 오히려 많은 사람의 관심을 받을 수 있는 콘텐츠다.

MZ는 왜 아트테이너의 작품을 좋아하는 걸까?

요즘 미술에 대한 대중의 관심이 지대하다. MZ세대라 불리는 젊은 층은 더욱 그렇다. 인플루언서 미술 애호가, 미술가의 길을 걷는 셀럽도 부쩍 늘어났다. 특히 연예인이면서 그림을 그리는 아트테이너(Art+Entertainer)의 활동이 활발하다. 우리나라에서 아트테이너로 알려진 연예인으로는 조영남, 하정우를 비롯해 구준엽, 하지원, 송민호, 나얼, 박기웅 등이 있다.[51]

이들의 작품은 예술성을 두고 많은 논란이 있었지만, 전업 작가와 비교해 작품 가격이 꽤 고가임에도 판매율이 매우 높다. 하정우는 아트페어에 참가하거나 전시할 때마다 큰 화제를 모으며 완판을 시키기도 했다. 송민호는 이름이 꽤 알려진 국내 작가들도 전시하기 어려운 영국의 사치갤러리에서 전시하기도 했다. 그럼에도 아트테이너 작품의 예술성에 대한 의문이 끊임없이 제기되고 있다. 그나마 미술을 전공한 나얼, 박기웅에 대한 비판은 덜한 편이다.

아트테이너는 꾸준한 작업과 전시 활동으로 이름을 알리며, 전통적인 유통경로를 통해 탄탄한 컬렉터층을 만들며 미술시장에 진

시작한 뒤 음악시장을 넘어 소비시장까지 흔들고 있다. 1020세대가 플렉스를 목표로 아르바이트하거나 용돈을 모아 명품을 사고, 소셜네트워크서비스(SNS) 등을 통해 플렉스하는 게 젊은이 사이에서 트렌드가 되었다.

입했던 기존의 작가들과는 조금 다른 행보를 보인다. 소위 '밥그릇 논쟁'이 벌어지기 딱 좋은 구도다. 현실적으로 아주 유명하거나, 소위 잘나가는 작가가 아닌 경우에는 일반적으로 전업 작가가 작품 판매수익으로만 생계를 꾸려나가기란 쉽지 않다. 작업 활동과 생계유지에 대한 고민을 끊임없이 해야 하는 전업 작가에게 유명세를 이용해 미술계에 쉽게 이름을 알리고, 작품 판매로 고수익을 올리는 아트테이너의 등장은 반갑지만은 않을 수도 있다. 제대로 된 갤러리에서 전시한다고 해도 작품 한 점 판매하기 어려운 실정에 전업 작가들은 상대적 박탈감을 느낄 것이다.

아트테이너 작품에 끊임없이 제기되는 예술성에 대한 의구심에도 불구하고 MZ세대 컬렉터들은 미술시장에 새로운 신(scene)을 만들었다. 마음에 들면 과감하게 투자하는 공격적인 투자성향의 MZ는 너무 높이 뛰어버린 집값에 상대적으로 저렴한 미술품에 눈을 돌렸다. 문화체육관광부와 예술경영지원센터가 2022년 하반기에 발표한 〈한국 MZ세대 미술품 구매자 연구〉에서 진행한 설문으로 응답자 중 48.2%가 미술품 재판매 경험이 있다고 답했다.[52] 이는 전체 중 절반에 해당하는 비율로 단·장기적 수익 창출을 목적으로 작품을 구매하려는 MZ세대의 재테크 성향을 엿볼 수 있다. MZ세대는 작품 구매를 통해 예술적 안목을 넓힐 수 있고, 부가가치 개념이 강하다는 점에서 아트테크에 큰 매력을 느끼고 있다. 이러한 상황에서 투자 대상으로서 아트테이너의 작품에 매력을 느끼는 것은 당연할지도 모른다. 그러나 작품의 예술성 때문이든, 작가의 유명세 때문이든 재판매가 잘 이루어질 수 있는 아트테이너의 작품에 관심이 가는 것은 미술을 있는 그대로 사랑하기보다 투기의 대상으로만 보기 때문은 아닐까. 그렇다면, 이들을 진정한 컬렉터라고 할 수 있을까.

연예인 화가들의 작업이 언론에 의해 과대 포장되는 것은 분명히 문제다. 미술대학을 나온 것이 하나의 전문성이 인정된 신분은 아니지만, 무분별하게 유명세를 따라 예술을 소비하는 것은 지양해야 할 필요가 있다.[53] 좋아하는 스타를 통해 예술에 입문했다면, 안목과 취향을 키우는 것은 대중의 몫이다. 그래야 장기적인 관점에서 건강하고 지속가능한 미술 생태계, 성숙한 미술시장, 건설적인 담론의 창출이라는 삼박자가 선순환할 수 있을 것이다.

MZ에게 가장 인스타그래머블한 전시

인스타그램은 오늘날 젊은 층에게 과거의 페이스북 혹은 트위터와 다르게 SNS 그 이상의 의미를 가진다. 문화예술 소비에서도 이러한 젊은 층의 문화에 맞춰 인스타그램에 올릴 만한지의 여부가 소비와 행위의 기준이 되고 있다. 인스타그램에서 전시 관련 이미지를 검색해보면, '#전시스타그램'이라는 검색어가 있을 정도로, 전시장에서 촬영한 이미지를 SNS에 공유하는 것은 전시 관람에서 빠질 수 없는 부분이 되었다. 그렇다면 MZ에게 가장 '인스타그래머블(instagramable)'한 전시는 무엇일까? 인스타그래머블이란 SNS 인스타그램(instagram)과 '할 수 있는'이라는 뜻을 가진 영어 단어 ~able의 합성어로 '인스타그램에 올릴 만한' 무엇을 의미한다. 스크롤을 내리다 보면 넘쳐나는 전시 리뷰에 관한 이미지 중에서도 많은 사진이 디지털 미디어 전시가 눈에 띄는 것을 알 수 있다.

이머시브 아트(immersive art) 전시는 '몰입형 미디어아트'라는 장르를 개척하며, 새로운 체험형 전시의 장을 열었다. 'immersive'가

그림 4.9 도쿄에 기반을 둔 세계적 아트 컬렉티브 팀랩(teamLab)의 전시도 몰입형 체험전시로 유명하다.

'에워싸는 듯한, 실감 나는' 등의 의미를 가진 것처럼 100여 개의 프로젝터와 수십 개의 스피커가 변화하는 이미지와 음악을 천장과 벽, 바닥의 경계 없이 투사하여 관람객의 오감을 자극하며, 완벽한 몰입감을 선사한다. 프로젝션 매핑 기술과 음향을 활용한 전시 영상이 관람자의 온몸을 에워싸도록 투사하는 기술을 활용해 전시의 새로운 장르를 탄생시켰다. 관람객은 전시를 관람하며 전시장을 놀이터 삼아 예술을 가지고 노는 듯한 체험을 한다. 깊은 이해나 고도의 집중력을 필요로 하지 않고, 전시장의 콘텐츠 자체를 오감으로 즐김으로써 마치 테마파크에 온 듯한 느낌을 받을 수 있다.

'테마 엔터테인먼트 업계의 아카데미상'이라고도 불리는 세계

테마 엔터테인먼트협회의 '테아 상(Thea Awards)'을 수상한 〈빈센트 반 고흐를 만나다〉 전은 2016년 중국 베이징을 시작으로 바르셀로나에 이어 우리나라에서도 성공리에 개최된 바 있다. 이 전시는 현재도 세계 각국에서 개최 중이며, 전 세계 50개 도시에서 전시를 순회하며 성공적인 전시로 거듭나고 있다.

이머시브 전시의 시초라고 할 수 있는 '아미엑스(Art & Music Immersive Experience) 프로젝트'는 2012년 프랑스 남부 레보드프로방스 지역의 폐채석장에서 '빛의 채석장'이 첫선을 보인 후 큰 성공을 거두면서 우리나라의 제주도에서도 전시했다. 이미 프랑스에서 전시를 본 사람들의 인스타그램 후기를 통해 많은 사람에게 알려져 있어 개최하기 전부터 큰 기대를 모았다. 아미엑스가 화제가 되는 또 다른 이유는 '공간'에 있다. 아미엑스의 전시장이 되는 공간은 일반적인 미술관의 화이트큐브가 아닌, 산업화로 도태되어 쓸모가 없어진 채석장, 벙커 같은 역사적 특수성을 지닌 공간이다. 〈빛의 벙커〉로 새 생명을 얻은 국내의 전시장은 KT가 1990년 국가 기간 통신망을 운용하기 위해 제주도에 설치한 시설로, 당초 해저 광케이블을 관리하던 곳이었으나 20년 넘게 방치되어온 지하 벙커다. 축구장 절반 정도인 약 3,000m^2(900평) 면적에 높이가 5.5m에 달하는 넓은 전시 공간은 외부의 빛과 소리가 완벽히 차단되어 전시장 어디에서도 멋진 사진을 찍을 수 있으며, 작품도 향유할 수 있다. 전시장에 들어서면 관람객은 온몸을 휘감는 미디어아트 속에서 마치 작품의 일부가 된 듯한 느낌을 받으며, 오감을 통해 대가의 걸작들이 깨어나는 듯한 환상적인 체험을 하게 된다.

그렇다면, 이렇게 규모가 큰 전시가 어떻게 전 세계적으로 개최될 수 있을까?

첫째, 이머시브 전시는 전시의 핵심이 되는 작품, 즉 콘텐츠의 이동이 용이하다. 미디어아트 전시에서는 미디어 영상 콘텐츠가 전시에 사용될 작품이기 때문에 USB 혹은 온라인상으로도 콘텐츠의 전송이 가능하다. 일반적인 전시의 경우, 고가의 작품들을 포장·운송·설치하는 전문 인력과 작품에 대한 보험료 등 많은 부대비용이 들기 마련이다. 특히, 앞서 언급한 사례에 나온 반 고흐나 클림트 같은 대가의 작품들은 천문학적인 액수가 들 것이며, 같은 기간 동안 한 나라에서 한 번의 전시가 가능할 것이다. 그러나 이머시브 전시의 경우에는 일반적인 전시보다 다방면에서 비용 절감이 가능하며, 콘텐츠의 공유가 가능하기에 같은 기간 내에도 세계 각국에서 전시를 즐길 수 있다.

둘째, 일반적인 작품에 비해 공간의 구애를 덜 받는다. 습도나 온도에 민감하지 않고, 미디어를 재현할 수 있는 공간을 자유롭게 구성하면 되기 때문이다. 일반적인 전시장의 경우, 작품의 훼손을 우려해 조명과 온습도를 기민하게 맞춰주어야 한다. 카메라 플래시 때문에 작품이 손상될 것을 우려해 작품 촬영을 금하기도 하는 일반적인 전시장을 생각하면, 이머시브 전시는 공간 선택의 폭이 매우 넓다고 볼 수 있다. 프랑스의 채석장 동굴이나 제주도의 지하 벙커가 전시장이 될 수 있었던 이유이기도 하다. 그뿐만 아니라 공간의 크기에 대해서도 자유롭다. 공간이 더 크다고 해도 전통적인 전시처럼 작품 수를 늘리거나 하지 않고, 프로젝터 수를 늘리거나 벽면에 조사하는 반경을 넓히면 아주 간단하다.

셋째, 예상치 못한 변수에 기민하게 반응할 수 있다. 예를 들어, 전시장에서 작품이 훼손될 경우 작품의 복구·복원으로 인해 전시 종료일이 앞당겨지거나 훼손 작품에 대한 대체가 불가능할 수 있다.

그러나 이머시브 아트의 경우에는 작품의 직접적인 훼손이라는 것 자체가 없고, 기계적인 결함이 있을 경우에는 빠른 수리와 대체재 투입이 가능하다는 장점이 있다.

마지막으로, 인스타그램 마케팅에 매우 효과적이다. 전시장 전체가 사진 촬영에 매우 적합한 환경을 제공하기 때문에 관객이 사진을 찍고 SNS에 공유함으로써 바이럴마케팅 효과를 기대할 수 있다. 사진이든 동영상이든 어디에서 찍어도 시각적으로 매력적인 분위기를 연출할 수 있어 관람객에게 전시장은 좋은 촬영 장소다. 오감으로 즐긴 전시 관람 후의 여운은 SNS에 이미지와 텍스트, 그리고 해시태그로 공유한다. 그렇기 때문에 이머시브 전시는 오프라인보다 상대적으로 비용은 덜하고 효과가 좋은 온라인 마케팅에 집중할 수 있다는 전략적 장점도 있다.

5

문화예술과 직업

김우리

문화예술에는 어떤 직업이 있나

음악, 미술, 게임산업으로 알아본 문화예술 직업

예술가들의 경제활동

문화예술에는 어떤 직업이 있나

막연하게 "문화예술 직업 중에서 어떤 직업이 궁금하세요?" 혹은 "어떤 직업을 아세요?"라고 물어본다면, 사람들은 당황할 것이다. 직업 안에서 큰 틀은 알고 있지만, 세부적으로 어떤 직업이 있는지, 그 직업이 어떤 일을 하는지 자세하게 모르기 때문이다. 이는 문화예술뿐만 아니라 다른 분야도 마찬가지일 것이다. 문화예술 직업 분야는 생각보다 다양하다.

〈『예술인실태조사』 통계정보보고서〉에 따르면 예술 직업은 예술 활동으로 보면 문학, 미술, 공예, 사진, 건축, 음악, 대중음악, 방송연예, 국악, 무용, 연극, 만화, 기타 등 14개 분야에서 활동하는 것을 의미한다. 〈『예술인실태조사』 통계정보보고서〉에서는 문화예술 활동 분야를 〈표 5.1〉과 같이 분류하고 있는데,[54] 다음 표를 보면 분류 및 정의에 대해 알 수 있다.

표 5.1 문화예술 활동 분야

분류	정의
문학	사상이나 감정을 언어로 표현한 예술작품으로서 시, 소설, 희곡, 수필, 평론 등의 활동을 포함
미술	시각적인 요소로 표현하는 예술. 그림, 조각, 서예 활동을 의미(공예, 건축 제외)
공예	쓰임을 바탕으로 발달한 예술 활동으로 현대공예, 전통공예 포함
사진	사진기를 가지고 하는 예술 활동
건축	건축물을 활용한 예술 활동. 설치미술 등을 포함
음악	서양음악 활동을 의미
대중음악	널리 많은 사람들, 즉 대중이 즐기는 음악을 제작 또는 활동하는 것을 포함
국악	전통음악을 제작 및 계승, 활동하는 것으로 정의
무용	발레, 고전무용, 현대무용, 한국무용 등의 순수무용과 그 외 무용 활동을 의미
연극	사람들이 직접 보는 앞에서 이야기의 내용을 연기로 소화하는 것을 의미하며 일반연극, 오페라, 뮤지컬 활동 포함
영화	일정한 의미를 갖고 움직이는 대상을 촬영하여 영사기로 영사막에 재현하는 종합예술 활동
방송연예	라디오나 텔레비전을 통해 보도·논평·교양·음악·오락·연예 등을 전파에 실어 다수의 사람이 동시에 청취 또는 시청할 수 있도록 음성이나 영상을 널리 내보내는 활동
만화	하나 또는 둘 이상의 구획된 공간에 실물 또는 상상의 세계를 가공하여 그림 또는 그림 및 문자를 통해 표현한 저작물을 제작하고 배포하는 등의 활동
기타	그 외 예술 활동

또한 한국표준직업분류를 토대로 예술인 관련 직업을 유추할 수 있는데, 통계청의 지역별 고용조사의 경우, 한국표준직업분류의 소분류까지 사용하여 〈표 5.2〉와 같이 통계수집 및 공표하고 있다.

표 5.2 한국표준직업분류상 예술인 관련 직업

소분류	세분류	세세분류
[대분류] 2 전문가 및 관련 종사자		
[중분류] 28 문화 · 예술 · 스포츠 전문가 및 관련직		
281 작가 및 언론 관련 전문가	2811 작가	28111 방송작가
		28112 문학작가
		28119 그 외 작가
	2812 출판물 전문가	28121 출판물 기획자
		28122 출판물 편집자
	2813 기자 및 언론 관련 전문가	28131 기자
		28132 평론가
		28139 그 외 언론 관련 전문가
	2814 번역가 및 통역가	28141 번역가
		28142 통역가
283 연극 · 영화 및 영상 전문가	2831 감독 및 기술 감독	28311 감독 및 연출가
		28312 기술 감독
		28319 그 외 감독 및 연출가
	2832 배우 및 모델	28321 배우
		28322 개그맨 및 코미디언
		28323 성우
		28324 모델
		28329 그 외 배우 및 모델
	2833 아나운서 및 리포터	28331 아나운서
		28322 리포터
		28333 쇼핑호스트
		28339 그 외 아나운서 및 리포터
	2834 촬영기사	28340 촬영기사
	2835 음향 및 녹음 기사	28350 음향 및 녹음 기사
	2836 영상 · 녹화 및 편집기사	28360 영상 · 녹화 및 편집기사

소분류	세분류	세세분류
283 연극 · 영화 및 영상 전문가	2837 조명기사 및 영사기사	28371 조명기사
		28372 영사기사
	2839 기타 연극 · 영화 및 영상 관련 종사원	28391 미디어 콘텐츠 창작자
		28392 스크립터
		28393 무대의상 관리원
		28394 소품 관리원
		28395 방송 및 영화연출 보조원
		28396 보조 연기자
		28399 그 외 연극 · 영화 및 영상 관련 종사원
284 시각 및 공연 예술가	2841 화가 및 조각가	28411 화가
		28412 조각가
		28413 서예가
	2842 사진기자 및 사진가	28421 사진작가
		28422 사진기자
		28423 사진가
	2843 만화가 및 만화영화 작가	28431 만화가
		28432 만화영화 작가
	2844 국악 및 전통 예능인	28441 국악인
		28442 국악 연주가
		28443 국악 작곡 및 편곡가
		28444 전통 예능인
	2845 지휘자 · 작곡가 및 연주가	28451 지휘자
		28452 작곡가 및 편곡가
		28453 연주가
	2846 가수 및 성악가	28461 가수
		28462 성악가
284 시각 및 공연 예술가	2847 무용가 및 안무가	28471 무용가
		28472 안무가
	2849 기타 시각 및 공연 예술가	28490 그 외 시각 및 공연 예술가

한국표준직업분류는 대분류, 중분류, 소분류, 세분류, 세세분류 등 5단계로 나뉘며, 통계청 지역별 고용조사는 소분류까지만 하고 있다. 위의 표를 보면 알 수 있듯 문화예술 분야로 보기 어려운 직업들이 상당수 포함되어 있다. 이렇듯 문화예술 분야에서 직업은 다양한 방법으로 분류되고 있으며, 그 기준이 다르기 때문에 세분화해서 보기는 어렵다.

최근에는 모든 직업이 그렇듯 문화예술 직업 역시 전반적으로 빠르게 변화하고 있다. 특히 코로나19 팬데믹 이후 세계는 새롭게 변해가고 있으며, 이는 직업과 일자리에도 변화를 가져오고 있다.

한국고용정보원은 사회경제적 변화와 기술혁신으로 새롭게 나타나는 문화예술 분야 신직업을 소개한 〈2020 국내외 직업 비교 분석을 통한 신직업 연구〉를 발표했다. 해당 보고서에는 문화예술 분야의 신직업 대한 정보가 담겨 있는데, 특히 문화예술에서 미래 성장 분야인 콘텐츠산업 관련 분야의 변화가 두드러질 것으로 예상하고 있다. 내용을 요약해보면 다음과 같다.[55]

구분	세부 내용
문화콘텐츠에 AI, 홀로그램, 블록체인 등 정보통신기술을 결합한 융복합 직업	• 복합콘텐츠 기획자 및 창작자 • 공연미디어전문가: 기술을 기반으로 공연 내용에 따라 배우 또는 관객의 행동에 반응하는 콘텐츠를 개발 • NFT아트에이전트: NFT아트시장에서 활약할 수 있는 재능 있는 크리에이터를 발굴해 NFT시장 진출을 지원하고, 작가와 작품의 큐레이팅 및 구매 작품 판매와 전시 • 디지털헤리티지전문가: 3D 디지털 기술을 활용해 기존 문화재 또는 소실된 문화재의 디지털 정보를 복원·구축하며 디지털 기반 전시를 기획·제작
온라인 교육 및 공연 등 코로나19 여파로 비대면 관련 직업	• 온라인 튜터 • 이러닝테크니션(학교)을 비롯한 메타버스크리에이터 • 온라인영상 콘텐츠 제작자: 콘서트·무용·연극 등의 공연을 생방송으로 중계하기 위한 기획·제작·송출 등을 담당

구분	세부 내용
웹, 영상, 모바일 활용 기획, 개발 및 운영과 관련된 직업	• 오디오북내레이터: 소설 원고를 콘텐츠 내용에 맞춰 낭독해 오디오북으로 제작 • 웹소설기획자(PD): 웹소설 콘텐츠를 기획하고 IP를 관리 • 각색작가(콘티작가): 원작업물을 다른 형태의 콘텐츠로 제작할 때 해당 형태에 가장 어울리는 방식으로 기획, 연출을 조정 • 방송포맷크리에이터: 해외시장에 맞춰 방송 프로그램의 포맷을 기획하고 구성 • 라이브커머스크리에이터: e-커머스의 한 분야로 다양한 플랫폼을 통해 실시간 동영상 스트리밍으로 상품을 판매
콘텐츠 개발뿐만 아니라 운영·유통·지원 등 관련 직업	• 콘텐츠IP운영관리자: 콘텐츠 IP를 활용한 2차 저작물 사업(영상, 출판, 게임, 만화, 캐릭터 등)을 기획 및 관리하고 사업화에 적합한 신규 작품을 발굴 • 콘텐츠가치평가사: 콘텐츠 관련 프로젝트에 대한 시장 내 가치를 평가하여 등급 또는 금액으로 산출하고, 그에 관한 작품성, 가능성, 경쟁력 등을 분석하고 평가 • 음반저작권매니저 • 음악비즈니스전문가
데이터 기반 서비스와 관련된 직업	• 데이터마케팅전문가: 5G, AI 기술 발전과 함께 지능정보기술을 활용해 데이터를 분석하고 광고 등 각종 사업에서 맞춤형 서비스 제공 • 데이터시각화디자이너: 데이터를 가공하고 분석하여 시각화 • 데이터거래중개자: 데이터의 판매와 수요의 중개에 관련된 전반적인 일을 담당

다른 직업들로는 소셜미디어전문가, 평판관리전문가, 디지털장의사, 스토리에이전트, 미술아키비스트, 게이미피케이션전문가, 디지털헤리티지전문가, 그로스해커, 전통문화스토리텔러, 사이버큐레이터 등이 있다.

소셜미디어전문가는 페이스북, 인스타그램 등 SNS에 기업 페이지를 개설해 기업의 마케팅을 관리하는 일을 한다. 평판관리전문가는 온라인상 개인이나 기업의 평판을 전반적으로 관리해준다. 디지털장의사는 사망한 사람, 온라인 범죄 피해자와 관련된 디지털 정보를 안전하게 보호하고, 영구적으로 삭제해주는 일을 하는 한다. 스토리에이전트는 스토리 창작자의 권리를 보호하고 대변하는 역할을 한다. 또한 기획, 창작 활동을 지원하고, 나아가 재무설계나 법률 지원을 한다.

게이미피케이션전문가는 게임 이외의 분야에 사회적으로 바람직한 행동을 유도하기 위하여 인간의 경쟁심리, 보상과 즐거움 추구의 원리를 적용해 마케팅, 교육, 웹 운영에 적용하는 업무를 수행한다. 디지털헤리티지전문가는 3D 디지털 기술을 활용해 기존 문화재 또는 소실된 문화재의 디지털 정보를 복원 · 구축한다. 그로스해커는 기존 인터넷 서비스(이메일, SNS 등) 이용객 빅데이터를 통해 이들의 이용 행태를 분석 · 활용함으로써 새로운 이용객을 불러 모으거나 재방문을 극대화한다. 전통문화스토리텔러는 지역마다 유서 깊은 관광지, 인물, 음식 등 다양한 소재로 이야기를 만들고 이를 토대로 직접 공연이나 각종 문화콘텐츠를 기획 · 개발한다. 사이버큐레이터는 사이버공간에 전시할 미술품과 작가를 발굴하고 전시의 전반을 기획하며 사이버 갤러리를 운영하는 일을 한다.[56] 이 외에도 다양한 직업들이 존재한다.

문화예술 직업에도 디지털 기술을 반영해 융합하는 직업들이 많이 생길 것으로 보이며 디지털 기술과 융복합 관련 영역을 충분히 이해하고 이를 적용할 수 있는 능력을 갖춰야 한다.

음악, 미술, 게임으로 알아본 문화예술 직업

앞 장에서 문화예술 직업에는 어떤 것들이 있는지 알아보았다. 이 장에서는 음악, 게임, 미술 관련해서 조금 더 자세하게 직업을 알아보고자 한다.

음악 관련 문화예술 직업

우리 생활에서 음악은 친숙한 존재다. 카페에서 있을 때도 음악이 흘러나오고 거리를 지나갈 때 혹은 우리가 보는 콘텐츠 속에서도 음악을 들을 수 있다. 이렇듯 음악은 우리 생활에 밀접하게 관련되어 있는데, 과연 우리는 음악 직업에 대해 얼마만큼 알고 있을까? 음악이 만들어지는 과정에서 어떤 다양한 직업이 있을까? 여기서는 음악과 관련해서 몇 가지 직업을 설명하고 그 특징에 대해 알아보고자 한다.

표 5.3 음악 관련 직업 및 직업 특징

직업명	직업 특징
음악교육자	보컬 전공, 악기 전공, 작곡 전공 등 개인 레슨이나 학원을 통해 전문 분야의 교육자로 활동하는 사람
예술회계사	개별 아티스트와 음악 관련 재정문제를 다룸
가수	노래를 부르는 것을 직업으로 하는 사람
성악가	성악을 전문적으로 하는 사람을 의미하며, 정통 오페라 노래를 부를 수 있도록 교육받은 사람을 통칭하는 말
목소리코치	가수, 성우뿐 아니라 일반인 등을 대상으로 당당한 목소리로 연설하거나 발표할 수 있도록 지도해주는 사람
음반기획자	국외 음반시장의 상황과 음반 구매자의 요구를 분석하고, 제작할 음반의 주제와 내용을 기획하는 일을 함
음향기사	영화나 드라마상에 존재하는 수많은 소리가 영상에 잘 어울리도록 음향장비를 조작하는 일을 담당함
음악치료사	음악으로 사람의 신체와 정신을 치료하는 직업
작곡가	관현악, 기악, 성악, 대중가요, 영화음악 등 다양한 종류의 음악을 만드는 일을 함
연주자	지휘자, 성악가, 기악연주자, 작곡가, 편곡가 등 자신이 전공한 분야의 연주자로 활동하는 사람
작사가	가사를 전문적으로 작성하는 사람
음악감독	기존의 오케스트라와 오페라 등 클래식 음악 단체 음악 부문의 총책임자를 의미함
음악프로듀서	음악 제작과 관리의 책임을 맡은 사람을 의미하며, 흔히 'PD'라고 부름
음악평론가	음악에 대해 비평, 평론 등을 하는 직업
음악학자	음악의 역사, 음악가, 음악사 등 음악에 대한 전반적인 것을 연구함
음악사업관리자	극장, 오케스트라 등에서 사업과 관련된 재무 등 전반적인 경영업무를 함
음악특허관리자	음악을 사용하는 영화, TV, 광고, 게임, 공연 관계자와 음악사용권을 마케팅하고 관련 업무를 함
음악MD	아티스트와 음반사 등과 관련된 상품을 디자인·제조·판매함
음악퍼블리셔	음악 관련 저작권을 관리 및 운영함

우선, 음악 직업을 생각했을 때 가장 먼저 떠오르는 직업이 가수일 것이다. 물론 다른 직업들도 많지만 K-팝이 언론 등에서 자주 언급되면서 가수라는 직업을 많이 접했기 때문이다. 가수는 노래를 부르는 것을 직업으로 삼은 사람들을 이야기하는데 아이돌뿐만 아니라 발라더, 록커, 인디밴드, 싱어송라이터 등 다양한 장르의 사람들을 모두 포함한다.

'2017~2021년 업종별 연예인 수입 금액 현황'에 따르면 2021년에 1인당 평균 46억 원 정도를 번 것으로 나타났다. 이들 가운데 소득 상위 1%인 77명은 총 3,555억 6,600만 원을 벌어 전체 가수 소득의 68.9%를 차지했다.[57] 이처럼 가수는 소득 격차가 큰 직업이라고 할 수 있다.

다음으로 음악퍼블리셔(Music Publisher)는 한국에서는 '음악출판사'로 불린다. 음악출판사는 저작권자의 저작 권리를 획득하여 저작권 관리 및 정산, 분배를 하는 업무와 동시에 출판된 저작물의 경우에는 출판 이후의 저작물 등록을 포함한 전반적인 관리 업무, 이용 촉진 업무, 저작권료 징수 및 분배 업무를 수행하게 되며, 출판 이전 저작물의 경우에는 저작자의 음악저작물이 출판되기까지의 지원을 제공한다. 신인 작가 발굴과 육성에 힘쓰며 저작자가 창작업무에 전념할 수 있도록 저작권과 관련된 전반적인 비즈니스를 담당한다. 음악출판사가 업무를 진행하기 위해서는 음악 저작자로부터 저작권을 위임받거나 양도받아야 하며, 이 권리 관계는 '음악출판계약' 또는 '저작권양도계약'을 통해 성립된다.[58]

마지막으로 음악MD(Music Merchandiser)는 음악 아티스트와 관련된 제품을 디자인·제조·판매하는 일을 하는 직업이다. 음악 스트리밍 시대에 음반 판매량이 감소하면서 뮤지션과 아티스트를 위한 MD 상품의 가치는 더 높아질 것으로 보인다. 실제로 음반을 구입하는 아이돌 팬들은 음반에 포함되어 있는 포토카드 및 굿즈를 위해 구입하는 경우가 많다. 음반을 예전처럼 단순히 노래를 듣기 위해 구입하는 시대는 지나갔다. 그렇기 때문에 음악MD의 역할은 중요해질 수밖에 없다. 뮤직 머천다이징 회사는 일반적으로 아트 디자인, 투어 조정, 제품 관리, 아티스트 홍보, 라이선스 등 여러 부서로 구분된다.[59] 많은 디자인이 협업을 통해 만들어지고 일부는 고객이 직접 의뢰하는 경우도 있기 때문에 적극적인 경청과 탄탄한 의사소통, 창의적인 디자인 능력이 필요하다.

미술 관련 문화예술 직업

시간이 지날수록 우리 사회의 직업은 다양해지고 있다. 미술도 마찬가지인데, 과연 우리는 미술 관련 직업에 대해 얼마나 알고 있을까? 어렸을 적에 그림을 조금이라도 잘 그린다고 생각했던 사람들이라면 한 번쯤 화가라는 꿈을 꾸어봤을 것이다. 시대가 변하면서 노트북이나 태블릿, 휴대폰으로 그림을 그리는 시대인 요즘은 웹툰작가를 꿈꾸는 친구들도 많아졌다.

미술 관련 직업에는 작가, 조각가, 큐레이터, 미술감독, 디자이너 등 〈표 5.4〉와 같이 다양한 직업이 있다.

그렇다면, '미술' 하면 가장 먼저 떠오르는 직업은 무엇이 있을까? 가장 먼저 답이 많이 나오는 것은 앞에서 이야기한 화가다. 누구든 어릴 때 한 번쯤 꿈꿔본 화가는 '작가'라고도 불린다. 작가가 되기 위해서는 다양한 방법이 있지만, 일반적인 방법은 미술대학교를 졸

표 5.4 미술 관련 직업 및 직업 특징

직업명	직업 특징
작가	미술작품 창작, 전시회를 통해 판매 및 그림 홍보
조각가	작가 중에서도 입체작품, 조형물로 조각을 만드는 사람
일러스트레이터	동화나 소설 또는 신문과 잡지의 표지나 본문의 삽화를 그리는 일을 함
디자이너	디자인을 연구 및 개발하는 전문가로 패션디자이너, 게임디자이너, 산업디자이너, 무대디자이너, 웹디자이너, 캐릭터디자이너 등 다양한 분야로 나누어짐
큐레이터	박물관, 미술관에서 전시, 교육, 소장품 관리 등 박물관에 대한 모든 것을 관리하는 직업
미술 교사, 강사	미술 이론, 실기를 가르치며 학교, 학원, 센터 등 다양한 곳에서 일할 수 있음
미술심리상담사	미술 활동을 통해 심신의 어려움을 겪고 있는 사람들의 심리를 진단하고 치료하는 일
미술감독	시나리오를 분석하여 전체적인 흐름이나 분위기를 구체화하여 전반적인 콘셉트를 구상하는 일
미술보존가	손상된 작품을 보존하는 일을 하며 예방보존, 치료보전, 복원을 함
웹툰작가	웹에서 연재하는 만화를 그리고 구성하는 일을 함
미술경매사	작품에 대해 소개하고, 적당 가격에 경매를 시작해 응찰 받는 등 경합·낙찰의 모든 과정을 맡아서 경매를 진행하는 일
이모티콘작가	플랫폼에서 사용하는 이모티콘을 만드는 일

업하는 것이다. 미술대학교 안에서도 소수의 인원만이 전업 작가가 되는데, 다양한 이유가 있겠지만 그중에서도 가장 큰 이유는 신인 작가 때 작가 활동만으로는 생활을 유지하기 어렵기 때문이다.

그렇다면 작가는 무슨 일을 하는 직업일까? 우선, 가장 중요한 작품 창작을 한다. 자신의 예술적인 비전과 아이디어를 표현하기 위해 작품을 창작한다. 이를 위해 다양한 재료와 기법을 활용하여 그림을 그리거나 회화 작품을 만들어내고, 작품을 전시하거나 판매할 수 있다.

작가는 자신의 작품을 미술관, 갤러리, 전시 공간 등에서 전시할 수 있고 전시회를 통해 작품을 대중에게 소개하고 평가받을 수 있으며, 전시는 작품의 판매와 인지도를 높일 수 있는 측면에서 도움이 될 수 있다. 주문 작품을 제작하는 경우도 있는데, 이 경우는 고객의 요구 사항과 취향을 반영하여 창작되며, 일정한 수입을 얻을 수 있다.

다음으로 일러스트레이터는 책이나 잡지 등의 출판물에 그림을 그린다. 이는 소설, 어린이 도서, 만화, 교과서 등 다양한 장르에서 이루어질 수 있다. 일러스트레이션은 텍스트와 함께 내용을 시각적으로 보충하거나 이야기를 전달하는 역할을 한다. 일러스트레이터는 광고, 마케팅 캠페인, 제품 패키지 등에서 일러스트레이션을 사용하여 브랜드 메시지를 전달하며, 제품 디자인, 로고, 애니메이션, 웹 그래픽 등을 제작하여 시각적으로 이미지를 구현한다. 일러스트레이터는 만화나 웹코믹 작가와 협업하여 캐릭터 디자인, 배경 그림, 스토리보드 등을 제공하기도 한다. 최근에는 웹소설의 인기로 웹소설 작가와 협업하여 표지를 그리기도 한다.

미술심리상담사는 '미술심리치료사'라고도 불리는데, 미술 활동을 통해 심신의 어려움을 겪고 있는 사람들의 심리를 진단하고 치료하는 것을 말한다. 심리적·정서적·사회적 장애를 겪고 있는 사람에게 시각적 이미지를 통해 개인 갈등을 조절하고 심리적·정서적으로 안정을 찾을 수 있도록 도와주는 직업이다. 미술심리상담사의 경우 2년제 대학 졸업은 최소한의 기준이며, 요즘은 석사·박사과정에서도 미술심리치료 관련 전공이 많아지면서 고학력자들이 많다. 미술치료사로 취업을 원하는 경우 대학원은 거의 필수이지만 미술교육 현장, 복지, 현재 일하는 일과 겸업을 위해 배우는 경우 대학원이 필수는 아니다.

미술심리상담사는 미술심리상담센터, 미술치료센터, 복지관, 병원 등에서 근무할 수 있으며, 근무 형태가 다양하기 때문에 연봉 차이가 큰 직업으로 알려져 있다. 한국미술심리상담사사회적협동조합에 의하면, 평균 연봉은 2021년 기준 2,257만 원으로 나타났다. 최저 1,937만 원이고 최고 4,855만 원으로 차이가 많은 것을 알 수 있다.

마지막으로 요즘 뜨고 있는 이모티콘 작가에 대해 설명하자면, 2011년 11월 등장 이후 '모바일 시대의 새로운 언어'로 자리 잡은 이모티콘은 현재 많은 사람이 꿈꾸는 직업 중의 하나가 되었다. 전업이 아니더라도 한 번쯤은 본인의 캐릭터로 이모티콘을 만들고 싶다는 사람들이 많아졌다. 이모티콘 작가는 연령대가 다양한 직업 중의 하나인데, 초등학생부터 일반인까지 이모티콘 그리기에 도전하고 있다.

카카오톡이 처음 출시되었을 당시에 이모티콘은 단 6개만 있었는데, 수요가 계속 늘어나면서 부업으로 이모티콘을 제작하는 작가들이 많아졌다. 이모티콘을 제작하는 방법은 콘셉트와 캐릭터 구상 → 드로잉 → 플랫폼에 승인 요청 → 이모티콘 상품화/판매 시작 단계로 구분할 수 있다. 플랫폼도 다양한데, 대표적인 플랫폼으로는 '카카오', '라인', '밴드' 등을 들 수 있다. 수익구조, 승인 기간 등이 플랫폼별로 다르기 때문에 본인에게 맞는 플랫폼을 선택하면 상품화될 가능성이 커질 수 있다.

게임 관련 문화예술 직업

필자가 어릴 적만 해도 많은 사람들이 '게임을 해서 돈을 벌 수 있어?' '게임은 어떤 직업이 있는데?'라고들 생각했다. 그래서인지 요즘도 게임을 한다고 하면 부정적인 시선으로 바라보는 경향이 남아있는 것 같다.

하지만 시대가 지난 만큼 게임을 바라보는 시선도 많이 달라지고 있다. 게임 관련 직업들이 많아졌고 그만큼 인기 있는 직종이 되었기 때문이다. 많은 사람들이 잘 모르고 있지만, 콘텐츠진흥원에 따르면 국내 게임산업 시장 규모는 2021년 20조 9,913억 원으로 집계되었다. 앞으로도 게임산업은 플랫폼 확대와 장르 다변화에 대한 지속적인 노력으로 꾸준히 성장할 것으로 전망했다.

한국 게임산업의 세계 게임시장 점유율은 7.6%로 중국, 미국, 일본에 이어 4위를 차지하고 있다. 2021년 한국 게임 수출액은 86억 7,287만 달러이며, 2020년 대비 5.8% 증가했다. 전 세계적인 게임시장 규모도 계속해서 커지는 추세를 보이고 있다.[60] 이렇듯 게임산업은 상당히 큰 부분을 차지하고 있다. 이에 게임산업의 직업군들도 다양해지고 있으며 새로운 직업들도 많이 생겨났다. 그렇다면 게임 관련 직업은 어떤 것들이 있을까?

게임 직업으로는 어떤 직업이 가장 먼저 떠오를까? 단연 프로게이머일 것이다. 2022년 항저우 아시안게임에서 8개의 e스포츠 종목이 선정되었고, 대회 최고 인기 종목인 리그 오브 레전드(LoL) 대표팀은 금메달을 획득했다. 또한 스트리트 파이터 V에서 김관우가 금메달, FC 온라인 종목의 곽준혁이 동메달을 목에 걸었다.[61]

프로게이머는 프로게임 팀에 소속되어 각종 대회에 참가하여

표 5.5 게임 관련 직업 및 직업 특징

직업명	직업 특성
게임 VR/AR프로그래머	VR/AR의 특성을 감안한 몰입형 게임프로그램을 작성함
VR/AR게임기획 전문가	창의적이고 흥미로운 VR 게임 제작을 위해 콘셉트에 맞는 그래픽을 디자인하고 알고리즘, 코드 등을 개발함
맞춤형 게임 프로그래머	AI, 분석 능력을 기반으로 게이머의 선호도, 선택 역량 등에 따라 완전히 다른 게임을 즐길 수 있는 개인화된 게임을 제작함
게임시나리오작가	게임의 전반적인 흐름과 세계관을 이해하고 스토리텔링을 하여 스토리를 구성하고 작성하는 사람
프로게이머	비디오게임 경기하는 것을 직업으로 하는 사람
게임마케터	온라인·모바일 게임시장의 동향과 게임 이용자의 성향 등을 파악하여 게임홍보 전략을 수립하고, 게임 아이템 판매를 촉진하며, 게임 온라인 공간을 광고의 장으로 활용하여 부가수익을 창출하는 업무를 함
게임운영자	유저의 원활한 게임을 위해 게임 운영을 하는 사람을 말하며, 유저로부터 얻은 데이터들을 개발팀이나 홍보팀 및 연관되어 있는 부서에 전달하는 일을 함
게임사운드디자이너	게임 내 출력되는 모든 소리를 제작하는 사람
게임프로그래머	게임기획자, 게임그래픽디자이너, 게임음악가 등으로부터 받은 자료를 기반으로 게임프로그램의 구조를 설계하는 사람
게임그래픽디자이너	컴퓨터게임 등에 등장하는 각종 캐릭터와 배경, 아이템 등을 디자인하는 사람
게임기획자	게임 개발자 가운데 기획 및 설계 업무를 담당하는 사람
비디오게임해설자	방송으로 중계되는 게임의 해설을 담당하는 사람
게임원화가	게임 개발과정에서 기획자가 만든 기획서 안에 있는 캐릭터 설명을 보고 그림으로 그려서 창작하는 사람이며, 배경원화가와 캐릭터원화가로 나뉨
게임프로듀서	게임책임자, 게임제작자라고도 하며 게임이 개발되기 전에 사업성 및 수익성을 판단하고 그에 적합한 게임 주제와 방향을 결정하는 사람
게임밸런스디자이너	게임에 등장하는 요소들의 균형을 맞추는 작업을 하며, 각 요소 간에 조율과 지침을 통해 수치를 시뮬레이션하고, 실제 테스트를 통해 검증하는 작업을 하는 사람

경기하는 것을 직업으로 하는 사람을 말하며, 프로게이머가 되기 위해 요구되는 학력이나 나이 제한은 없다. e-스포츠협회에서 주관하는 선발전에 참가하여 4강에 입상하면 준프로게이머가 되어 프로게임단에 입단할 자격이 주어진다. 하지만 지명을 받지 못하면 공인 대회에서 한 번 더 입상해야만 프로게이머의 자격이 주어진다. 이 외에도 게임단 코치의 추천을 받거나 실력을 인정받아 게임단 감독에게 스카우트되면 프로게이머가 될 수 있다.[62]

다음으로 게임밸런스디자이너는 게임에 등장하는 요소들의 균형을 맞추는 직업으로 게임 밸런스는 난이도와 공정성의 균형을 맞춰 이용자의 긍정적인 경험을 창출한다. 난이도, 승패 조건, 게임 상태, 경제 균형 등을 조정하는 것이 포함되며 플레이어 경험을 만들기 위해 보상, 도전 과제 및/또는 게임 요소를 조정하는 것으로 구성된다.[63]

마지막으로 게임원화가는 게임원화를 그리는 작가를 말한다. 여기에서 게임원화는 그래픽을 제작하기 전에 설계도 또는 가이드라인이 되는 그림을 말한다. 게임원화가는 크게 세 가지 직업군으로 세분화되는데 캐릭터원화가, 몬스터 디자이너, 배경원화가로 나눌 수 있다. 캐릭터원화가는 캐릭터 디자인, 캐릭터 의상, 무기 등을 디자인하며 몬스터 디자이너는 보스 및 환경에 적합한 몬스터를 디자인한다. 배경원화가는 여러 지형들과 배경에 나오는 인공 건축물, 석상 등을 디자인한다.

게임원화가의 경우 전망이 좋지 않은 편인데 그 이유는 그림을 잘 그리는 사람이 너무 많고, 이 외에도 간단한 일들은 AI가 처리하고 있어 일자리가 감소하고 있기 때문이다. 비영리 간행물 〈레스트 오브 월드〉는 AI가 중국에서 게임 일러스트레이터의 일자리를 빼앗고 있으며, 종사자들에게 광범위한 불안감을 불러일으키고 있다고 11일 보도했다. 보도에 따르면 중국 게임업계에서는 AI로 인해 게임 일러스트레이터의 일자리가 약 70% 감소했다.[64]

예술가들의 경제활동

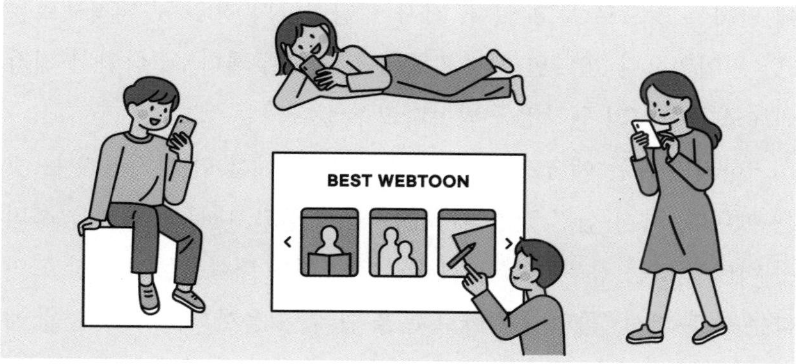

그림 5.1 일상에서 즐기는 웹툰

"예술 하면 돈 못 버니까 취미로만 해" 혹은 "굶어 죽을 수도 있어" 라는 말을 많이 들어봤을 것이다. 그렇다면 과연 진짜 예술을 하면 배고플까?

우리가 아는 유명한 예술가 중에는 반 고흐처럼 가난에 시달리며 작품 활동을 한 예술가들도 있지만, 제프 쿤스나 신디 셔먼처럼 부와 명예를 다 가지고 있는 예술가들도 있다.

웹툰작가의 경우 '배고픈 만화가'는 옛말이 되었을 정도로 수입이 높은 편에 속한다. 2021년 네이버웹툰 국내 작가 700여 명의 평균 연수익은 2억 8천만 원으로 월 2천만 원 버는 작가들도 많다. 1등 작가 수익은 124억 원으로 100억 원을 넘겼다. 인기 웹소설이 웹툰으로, 웹툰이 영화나 드라마 등 영상으로 제작되어 전 세계적으로 흥행하고 있기 때문에 수익은 점점 더 높아질 것으로 예측하고 있다.

작사가, 작곡가의 경우에도 수익이 높다. 장범준의 경우 〈벚꽃엔딩〉 곡 하나로 매년 10억 원의 수익을 얻는다고 한다. '벚꽃 연금'이라는 말이 괜히 나온 게 아니다. 최근 기사에 따르면 피독이 4년 연속 저작권 수입 1위라고 하는데, 저작권료 수입이 매달 수십억 원에 달하는 것으로 보고 있다. 작사가 김이나의 경우 첫 저작권료는 6만 원이었으나 2015년 예능프로그램 〈해피투게더〉에 나와서 저작권료로 한 해 7억 원가량을 받는다고 밝혔다.[65]

하지만 모든 예술가들이 이렇게 부와 명예를 다 가지고 있는 것은 아니다. 특히 신진 작가들에게는 쉽지 않고, 대부분 부업을 하면서 버티고 있는 경우가 많다. 예술을 전공하는 대학생들이 가장 고민하는 부분 역시 "졸업하면 바로 돈을 벌 수 있을까요?"다. 미술을 예로 들면 학비 혹은 작업실 비용, 그리고 재료비 등 여러 가지 비용이 많이 든다. 이 비용을 충당하기 위해 작품이 판매되기 전까지는 다른 직업으로 돈을 벌어 작업하는 비용으로 사용하게 된다. 이렇게 되면 온전히 작업에 집중하기도 어려울 뿐만 아니라 오래 버티지 못하고 다른 직업을 찾게 될 수밖에 없다.

청년 작가들에게 현실은 더 고달프다. 청년 예술가의 지난 1년간 예술 활동 주 수입원을 조사한 결과, 연 수입은 평균 1,245만 원으로 집계됐다. 대부분 청년 예술가의 수입이 월평균 100만 원 정도이거나 이마저 받지 못하는 경우가 태반임을 알 수 있다. 청년 예술가들은 일을 해도 일명 '열정페이'라고 불리는 열정만 요구하는 경우가 흔하게 발생한다. 대다수가 생계유지, 취업난이라는 현실의 벽에 막혀 좌절하기도 한다. 대학교 졸업을 앞둔 A 씨는 "예술을 너무 하고 싶지만, 현실적으로 다른 직업을 같이 구해야 할 것 같아요. 졸업 후에 그림을 그린다고 작품이 바로 팔리는 것도 아니고요. 차라리 회사원처럼 출퇴근하고 작업시간을 보장받을 수 있으면 좋겠어요"라고 이야기했다.

이 경우처럼 실제 꿈을 포기하거나 부업을 하는 경우도 많다. 《한눈에 보는 경기도 예술인·예술단체》에 따르면 응답자의 43%가 생활에 필요한 소득 일부를 예술 활동 외 경제 활동을 통해 해결하고 있다고 응답했다. 이러한 '겸업 예술인' 중 23.8%는 일용직, 파트타임 등의 시간제 근무를 하고 있다고 응답했고, 15.7%는 기간제 또는 계약직 형태의 임시직으로 근무하고 있는 것으로 조사되었다.[66]

그나마 이렇게 부업을 하는 예술인들은 예술을 포기하지 않기 위해 노력하는 것이다. 일용직으로 버티면서 예술 활동을 이어가는 것이기 때문에 언제 포기해도 이상하지 않을 정도다. 그렇다면 부업을 일삼아야 하는 겸업 예술인들이 예술 활동에 사용할 시간은 충분할까? 겸업 예술인의 주 평균 예술 활동 투입시간을 살펴보면, 평균 주 11.4시간으로 나타나 하루 평균 약 1시간 30분을 예술 활동에 투입한다는 결과가 나온다. 예술 활동으로 일정한 성과를 내기 위한 물리적 시간으로는 턱없이 부족한 수치다. 현재는 거장이 된 봉준호 감독 역시 무명 시절에는 1년 10개월 동안 단돈 420만 원을 받으며 생활했을 만큼 경제적으로 어려운 시기를 겪었다고 한다. 힘든 시기에 생활고로 영화를 포기했다면, 우리는 거장의 작품을 접할 수 있었을까?

이렇게 작업할 시간이 없는 예술인들은 성과물을 내기 어렵고 힘든 일상이 반복될 수밖에 없다. 2021년 〈예술인 실태조사〉에 따르면 수입이 월 100만 원도 안 되는 예술가 비중이 2018년 72.7%에서 86.6%로 늘어났다. 예술가 대부분이 월 100만 원도 못 벌고 있는 현실이 갈수록 악화되고 있다. 또한 예술을 포기한 이유로는 '예술 활동 수입 부족'이 69.6%로 가장 높게 나타났다.

예술 활동 수입 부족으로 인한 생활고 때문에 극단적인 선택을 하는 경우도 있었는데, 2015년 영화배우 판영진은 생활고로 사망했다. 평소 생활고를 비관하고 우울증을 앓았으며, 수면제를 다량 복용해 스스로 목숨을 끊으려고 시도하기도 했다. 결국 그는 집 앞마당에 주차된 차 안에서 숨진 채 발견되었다. 영화배우 판영진 이후에도 배우 정아율과 김수진, 가수 김지훈이 생활고에 시달리다가 스스로 목숨을 끊었다.

특히 코로나19로 예술인들의 생활고가 더 심각해졌는데 사회적 거리두기로 인해 연극, 뮤지컬, 오페라 등 문화 공연들이 취소되고, 각종 행사가 취소되면서 예술인들은 생활고와 경영난에 시달렸다. 코로나19로 직격탄을 맞으면서 코로나 이전보다 평균 수입이 41%나 줄어들었다. 관객과 실시간으로 소통해야 하는 홍대 라이브 공연장도 직격타를 맞았다. 코로나19 사태가 장기화되면서 인디 밴드들의 라이브 메카로 통하는 홍익대학교 일대 민간 공연장들이 줄도산 위기에 놓이면서 휴업과 폐업을 반복했다. 이는 공연계뿐만 아니라 미술계에서도 코로나19로 인해 전시가 축소되거나 열리지 않으면서 많은 작가들이 디자인 업계 등으로 새로운 길을 찾아갔다. 이렇듯 예술가들은 사회적 문제가 발생했을 때 더 힘들어지는 것을 알 수 있다. 그렇다면 문화예술계가 처한 위기를 도와주는 정책이나 문화예술인들이 생계 걱정 없이 창작만 할 수 있도록 하는 경제적 도움은 없을까?

우리나라의 경우 2011년 시나리오 작가 최고은 씨가 생활고로 사망한 계기를 통해 예술인의 직업적 지위와 권리를 법으로 보호하고, 예술인 복지 지원을 통해 예술인들의 창작활동을 증진하고 예술 발전에 이바지하는 것을 목적으로 〈예술인복지법〉이 제정되었다.

각 지자체에서도 예술인들을 위한 지원 정책이 있는데, 경기도에서는 예술창작을 통해 사회적 가치를 창출하지만 시장에서 소득을 얻을 수 없는 예술인의 최소한의 생존권을 보장한다는 취지로 예술활동증명유효자이면서 도내 거주하는 중위소득 120% 이하 예술인을 대상으로 연 120만 원의 기회소득을 제공한다.

한국예술복지재단에서 진행하는 '창작준비금지원-창작디딤돌'은 예술인이 경제적인 이유로 창작활동을 중단하지 않도록 예술 활동 소득이 낮은 예술인들을 실질적으로 지원하는 사업이다. 사업명은 상반기에는 '창작준비지원사업-창작디딤돌', 하반기에는 '신진예술인 창작준비금지원사업-창작씨앗'으로 되어있다.

청년 예술가를 위한 정책으로는 '청년예술가생애첫지원' 정책이 있다. 청년 예술가의 안정적 예술 현장 진입 유도 및 창작 환경의 불안정성 해소, 청년 예술가 간 협업, 예술 활동 기회 확대, 창작역량 강화를 위한 생애 첫 지원을 하고 작품 준비단계 및 도전적 시행착오 지원을 통한 예술의 다양성 확보, 청년 예술가 창작활동 기반 조성을 위한 지원체계를 마련하는 것이 사업 목적이다. 문학, 시각예술, 공연예술(연극, 뮤지컬, 무용, 음악, 전통예술), 다원예술 등 다양한 분야를 지원한다. 예산은 기존 총 9억 6천만 원에서 2022년 총

26억 6천만 원으로 증액되었으며, 사업 명칭도 기존의 '아르코청년 예술가지원'에서 '청년예술가생애첫지원'으로 변경되었다.

전업 예술가들이 예술을 포기하지 않고 정착할 수 있게 도와줄 방법으로는 첫 번째, 가장 현실적인 지원이 가능한 지원금 정책이 있다. 처음 사회로 나간 예술인들은 수익이 나지 않으니 정부의 창작 지원금에만 매달릴 수밖에 없는 실정이다. 그러나 심사과정이 오래 걸리는 편이고, 선정기준이 비현실적이라는 지적이 끊이지 않고 있다. 문화예술인의 창작역량 강화와 생활 안정을 목표로 지원금은 매년 조금씩 늘어나고 있지만, 여전히 부족한 금액이다. 위에서 언급한 2023 신진예술인 창작준비금지원사업처럼 1회성 지원금이 많기도 하고, 200만 원이라는 지원금은 턱없이 부족하게 느껴진다.

두 번째로는 신진예술가들에게 열정페이를 강요하지 않는 문화가 되어야 한다. '열정페이'라는 말은 하고 싶은 일을 하게 해줬다는 구실로 청년 구직자들에게 보수를 제대로 지급하지 않는 것을 의미하는데, 주로 인턴이나 예체능에서 많이 일어나고 있다.

2014년 이슈가 되었던 이상봉 디자이너 디자인실이 직원들에게 지급한 임금은 야근 수당을 포함해 견습은 10만 원, 인턴은 30만 원, 정직원은 110만 원의 수당을 주어서 논란이 되었다. 문화예술계 열정페이는 주변에서도 흔히 볼 수 있는데, 예를 들어 주변에서 "너는 그림을 쉽게 그리니까 그림 하나 그려주면 안 돼?" 혹은 "디자인 하나만 만들어줘"처럼 열정페이를 요구하는 경우가 많다.

다른 사례로는 2009년부터 서울교통공사는 서울시 지하철 예술무대에서 공연할 예술인을 선발하는 프로그램인 '메트로 아티스트(Metro Artist)'를 통해 예술인에게는 공연과 홍보의 기회를, 시민들에게는 활기찬 지하철 환경을 제공한다고 했다. 하지만 사업목적과 달리 세부 내용을 보면 문제가 심각하다고 이야기했다. 선발팀(총 25팀) 공연에 대한 공연비가 없이 무대 기회만 제공한다고 명시했고 이들의 활동을 평가해 '우수' 아티스트 5팀에 한해 월 10만 원을 지급한다는 내용이 담겨있는데, 아는 공연에 대한 정당한 대가가 아니라 전형적인 '열정 페이'의 사례로 공공기관의 갑질이며, 예술인에 대한 예술노동 착취라고 예술연대는 지적했다.[67] 이처럼 노동한 만큼의 임금을 주지 않고, 열정을 구실로 노동을 착취하는 고용주들이 우리 사회에 만연해 있다. 이러한 악습들은 해결되어야 할 부분으로 보인다.

마지막으로 예술인들의 고용보험을 예술인들의 상황에 맞게 문제점을 개선해야 할 것으로 보인다. 예술인 고용보험 실업급여를 받기 위해서는 이직일 이전 24개월 동안 총 9개월 이상 고용보험에 가입해야 한다는 조건이 있다. 9개월 중 3개월은 피보험 가입 요건을 채워야 한다고 했는데, 겸업하는 경우 통상 6개월의 피보험 가입 요건을 채우는 것보다 3개월이 많은 셈이다. 하지만 예술 프로젝트의 경우 9개월 미만인 프로젝트도 많을뿐더러 공연의 경우 3~4개월짜리도 많다. 더블캐스팅을 하는 경우 요즘에는 2~3명이 나눠서 배역을 맡기 때문에 9개월 이상 활동했다고 해도 실제로는 기간이 더 적을 수도 있다. 이런 부분은 예술시장에 맞게 수정해야 할 것으로 보인다.

6

K-컬처

고정민
김우리
이윤정
김형진

대한민국, 정말 문화강국인가
한류를 넘어서 K-컬처로
문화콘텐츠 세계관의 매력
대중은 왜 복고풍 가요에 열광하는가

대한민국, 정말 문화강국인가

고정민

한류는 어떻게 발전해왔을까?

과거 외국인에게 한국 하면 떠오르는 이미지는 한국전쟁이었다. 난민과 고아들, 전쟁으로 인한 폐허 등의 이미지가 있었다. 이러한 이미지는 한번 각인되면 오랫동안 없어지지 않고, 조건반사식으로 한국 하면 떠오르는 이미지로 고착되었다. 그러나 지금은 180° 바뀌었다. 이제 선진국의 세련된 한국의 이미지를 떠올린다. 경제성장과 더불어 생활이 풍요로워졌고, 문화 의식도 향상된 덕분이리라.

여러 이미지 변화 중에서 아무도 예상하지 못한 현상이 나타났으니, 그것이 바로 한류다. 최근 해외여행을 해본 사람이라면 한국의 위상이 얼마나 바뀌었는지 실감할 수 있을 것이다. 외국인이 한국인 여행객에게 중국인이나 일본인이냐고 물어보다가 한국인이라고 대답하면 곧바로 환호하는 것을 경험했을 것이다. 특히 10대, 20대 연령대에서는 한국인이 마치 방탄소년단인 것처럼 좋아하고, 같이 사진을 찍으려는 모습이 이제는 어색하지 않다.

표 6.1 한류의 발전 단계

구분	한류 1.0	한류 2.0	한류 3.0	한류 4.0
시기	1997년 ~ 2000년대 중반	2000년대 중반 ~ 2010년대 초반	2010년대 초반	2020년대
특징	한류의 태동 영상 콘텐츠 중심	한류의 확산 아이돌 스타 중심	한류의 다양화	한류의 글로벌화
핵심 장르	드라마	K-팝	K-컬처	K-소프트
장르	드라마, 영화, 가요	대중문화 일부 문화예술	전통문화, 문화예술, 대중문화, 한국 음식	전통문화, 문화예술, 대중문화, 연관 분야, 문화와 타 분야의 컬래버, 공공외교
대상국가	아시아	아시아, 유럽 일부, 아프리카, 중동, 중남미, 미국 일부	서구시장 진입	글로벌시장
주요 소비자	소수의 마니아	10~20대	MZ	모든 계층
주요 매체	케이블TV, 위성TV, 인터넷	유튜브, SNS	유튜브, SNS	OTT, SNS, 유튜브, 메타버스

한류는 중국, 일본을 거쳐 이제 유럽, 미국 등 전 세계로 확산했다. 동아시아라는 조그만 지역적인 문화 조류에서 세계적인 트렌드로 변화된 것은 싸이, 방탄소년단 같은 세계적인 스타의 탄생과 더불어 넷플릭스 같은 글로벌 OTT에서 〈오징어 게임〉 같은 한국 콘텐츠의 흥행 덕분일 것이다. 그 역사를 거슬러 올라가면, 중국에서 히트한 〈사랑이 뭐길래〉라는 드라마부터 한류가 시작된다. 그리하여 해외에서 H.O.T., 〈겨울연가〉, 〈대장금〉 등의 인기로 중국, 일본 등 동아시아에서 동남아, 중동, 남미 등으로 퍼져나갔다. 이후 2010년대 들어 'K-팝'이라는 이름으로 한국 가요가 일본을 기점으로 인기몰이

를 하더니, 이제는 방탄소년단 같은 세계적인 스타가 탄생했다. 음악이나 드라마 외에 〈기생충〉 같은 영화도 아카데미상 주요 4개 부문에서 수상했고, 세계적인 문학상에서 한국 소설가가 수상하는 등 다양한 분야에서의 성과가 있었다. 분명히 한국은 문화강국이다.

한류의 발전 단계를 한류 1.0에서부터 한류 4.0까지로 표현하고 있다. 한류 1.0은 드라마 중심, 한류 2.0은 K-팝 중심, 한류 3.0은 한식과 한국어를 아우르는 한국문화 중심의 한류(K-culture)를 의미한다. 한류 4.0은 국가적인 소프트파워를 강화시키는 역할로서의 한류를 말하는 K-소프트(K-soft)를 핵심으로 하고 있다.

한류 4.0에서의 특징은 글로벌 OTT의 등장으로 콘텐츠의 유통 및 소비양상이 변화되었다는 점이다. 한국에서는 2010년대 말부터 넷플릭스, 디즈니플러스 등 글로벌 OTT가 등장하여 우리 안방에서 공중파를 대체하고 있다. 공중파 방송, 라디오, 케이블 방송 등의 전통적인 미디어에 비해 OTT는 자막이 일반화되어 있는 등 글로벌 확산이 용이하다. 이에 따라 문화적 장벽과 문화적 할인율이 낮아지는 현상이 나타나고 있고, 콘텐츠의 원산지 효과가 축소되고 국적의 중요성이 하락하는 특징을 보여주고 있다.

이처럼 한류 4.0 들어 글로벌 OTT의 등장으로 한류도 변화 조짐을 보이고 있다. 첫째, 한류 확산에 넷플릭스, 디즈니플러스 등 글로벌 OTT의 중요성이 부각되고 있다. 글로벌 구독 기반 OTT(SVOD)에 영향을 받는 분야는 영화, 드라마이지만, 음악의 경우에는 유튜브 등의 광고 기반 OTT(AVOD)에 영향을 받고 있다. 둘째, 글로벌 유행 시간이 단축되고 라이프사이클도 축소되고 있다. 글로벌 OTT에 콘텐츠가 올라가면 전 세계 사람이 동시에 볼 수 있고, 대량 유통에 따라 유행 기간도 짧아지고 있다. 전 세계 어느 곳에 위치하든 간에 단기간 내 전 세계 스타로 등극할 기회가 열린 셈이다. 셋째, 유행 콘텐츠의 한국적 이미지 강도는 다소 하락한다는 점이다. 글로벌 OTT에서의 콘텐츠는 국가가 중요하지 않은, 혹은 시청자가 잘 알아차리지 못하는 '국적'이라는 원산지 효과가 줄어든 것이다. 넷째, 한류 콘텐츠의 경쟁력이 전 세계적으로 입증되었다는 점이다. 〈오징어 게임〉은 넷플릭스 역대 최고 시청자 수를 기록하고 있고, 현재도 수많은 한국 콘텐츠가 넷플릭스에 올라가고 있다. 다섯째, OTT가 콘텐츠 업체에 비해 협상력 우위를 점하면서 저작권 이슈가 부상하고 있다는 점이다. 글로벌 OTT가 오리지널 콘텐츠에 투자하여 저작권을 확보하므로 제작업체는 하청받아 제작하는 형태가 된 것이다.

K-컬처란 무엇인가

'K'는 Korea(n)의 머리글자로, 'K-팝', 'K-드라마', 'K-애니메이션', 'K-게임' 등 해외에서 인기를 얻은 한국발(發) 문화콘텐츠를 지칭하는 접두어로 사용되고 있다. 이를 포괄하여 'K-콘텐츠'라는 용어를 사용하는데, 여기에서 'K'라는 것은 발신지를 의미하는 것으로, 한국을 발신지로 가지고 있는 콘텐츠라는 뜻이다. 이처럼 K는 원산지를 의미하기 때문에 '메이드 인 코리아 콘텐츠'로 해석해도 될 것이다. 한국인 입장에서는 구태여 'K-콘텐츠'라는 말을 사용할 필요가 없으나 외국인에게는 자국에 수입된 여러 제품 중에서 한국에서 만든 콘텐츠라는 표시가 필요했을 것이다.

K-콘텐츠는 이제 대중문화를 넘어 사회경제의 다양한 분야에서 사용되고 있다. 한류 콘텐츠의 경제적 성과가 가시화되고 국가 이미

지를 제고하는 효과가 검증되면서 뷰티, 음식, 의료, 교육 등으로 확장되고 있다. 기존의 문화콘텐츠뿐 아니라 한국의 소프트파워가 발휘된다고 여겨지는 제반 영역에 적용된다. K라는 원산지 표시는 외국에서 먼저 시작되어 한국에 들어왔지만, 오히려 이제는 한국인이 한국을 내세우기 위한 이니셜로 사용하고 있다. 약간의 이른바 '국뽕'이 내포된 개념이라고 보면 될 것이다. 즉, 한국이 잘하는 분야에 모두 사용된다. 예를 들어 손흥민이 축구를 잘해 해외에서 한국인의 이미지를 높이자 이를 'K-스포츠', 한국의 방산이 세계적으로 주목받자 이를 'K-방산'이라고 일컫고 있다.

K-컬처(K-culture)는 한국의 문화를 포괄적으로 의미하는 용어이면서 한류 3.0 시기의 핵심 장르이기도 하다. K-컬처는 대중문화만이 아니라 전통문화, 순수문화예술, 한국 음식, 한글 등 넓은 의미의 한국문화가 포함된 분야를 말한다. 한류가 그 영역을 확장한 결과다. 따라서 K-콘텐츠 산업은 음악, 드라마, 영화, 게임, 웹툰 등 주로 대중문화를 중심으로 하는 산업인 데 비해 K-컬처는 대중문화뿐만 아니라 전통문화, 생활양식 등 더욱 광범위한 의미를 가지고 있다. 이를 소프트파워의 국가 단위로 높이면 K-소프트가 될 것이다.

K-컬처는 한류를 통해 한국의 문화가 전 세계에 확산했으면 하는 바람과도 연관성이 있다. 한류는 전 세계에서 확산한 한국 대중문화를 좋아하고 소비하는 사회문화적인 현상이라고 할 수 있다. 이러한 한류는 이미 전 세계에서 세계적인 문화 트렌드의 하나로 자리매김하고 있다. 이러한 한류의 인기를 활용하여 좀 더 격조 있고, 한국적인 한국문화를 전 세계에 확산시키자는 의미가 담겨 있다. 즉, 한류에 편승하여 한국문화의 위상을 높이겠다는 것이다.

한국적 고유성인가, 세계적 보편성인가

앞에서 K-콘텐츠와 K-컬처에 대해 알아보았다. K-콘텐츠는 대중문화이고, K-컬처는 전통문화 및 순수예술을 포함한 광범위한 개념이다. 그러면 한류에서 대중문화와 순수예술의 역할은 어떠한 것일까? 이를 알아보기 위해서는 한국적 고유성과 세계적 보편성을 따져보아야 한다.

한국의 전통문화나 순수문화의 경우 한국적 고유성을 가지고 있으나, 세계적 보편성이 부족한 경우가 많다. 따라서 한국의 전통문화나 순수문화, 나아가 한국에서만 통용될 수 있는 문화만으로는 한류 붐을 조성할 수 없다. 한류는 어차피 대중이 좋아하는 현상이다. 현재와 같이 많은 국가에서 폭발적으로 인기를 얻고 있는 것은 대중성이 있기 때문이다. 따라서 한류는 해외의 대중이 좋아하는 보편성을 가진 한국의 대중문화에서 나온 것이다. 전통문화나 순수문화 분야는 대중을 대상으로 하는 영역이 아니라 일부 소수 사람들을 대상으로 하는 영역이다. 이것을 좋아하는 해외 소비자도 분명히 존재하고 대중문화보다 더 열광할 수 있지만, 이들은 소수이기 때문에 대중적 붐을 형성하기에는 한계가 있다. 순수예술이나 전통예술과 같이 보편성이 낮고 고유성을 가지고 있는 분야를 통해 일으킨 붐은 파도가 아니라 찻잔 속의 잔잔한 물결로 볼 수 있다.

그러나 이를 일반화하는 것은 위험한 발상이다. 한국적인 것 중에는 세계적 보편성을 가진 것도 있을 수 있고, 전통문화나 순수문화에도 대중적인 인기를 끌 수 있는 보편성을 가질 수 있기 때문이다. 그렇게 된다면 한류가 한국적인 것을 대외에 알리면서 대중적 인기를 끌 수 있으므로 금상첨화다. 따라서 한국적인 것을 찾아서 보편성 있는 세계적인 것을 만드는 것도 중요할 것이다.

더구나 콘텐츠가 오랫동안 소비자에게 노출되면서 문화적 할인율이 낮아져 마치 소비자가 익숙한 것처럼 문화를 받아들일 수 있다. 할리우드 콘텐츠가 우리에게 익숙해진 것은 분명히 우리 문화와 정서가 다르다고 하더라도 거대한 제작비를 투입하여 흥행성을 높인 면도 있지만, 오랫동안 노출되다 보니 우리가 여기에 익숙해진 면도 무시할 수 없다. 과거 콘텐츠 제작 능력이 부족한 국가들이 할리우드 콘텐츠를 수입하여 오랫동안 유통하다 보니 이제는 어느덧 익숙해진 것이다.

또한 이들 분야는 독특하기 때문에 외국인에게 어필할 수 있다. 소재가 한국적인 독특한 면을 가지고 있으면 외국인이 호감을 느낄 수 있다. 주제가 보편성을 갖되, 소재는 얼마든지 한국 고유의 것들을 사용할 수 있다. 한국적인 소재를 사용할 경우 그 독특함 때문에 해외 사람들이 좋아할 수 있다. 〈대장금〉이 그러한 예라고 할 수 있다. 소재는 한국 전통의 것을 활용할 수 있으나, 보편성이라는 큰 틀에 맞추어 작품을 만든다면 드라마는 언제든지 킬러콘텐츠가 될 수 있을 것이다.

이런 점에서 고유의 전통문화, 순수예술의 역할도 크다. 전통문화에는 우리 민족의 혼이 어려 있기 때문에 해외에 널리 알려 한국의 독창성을 홍보하는 것도 필요하다. 더구나 유럽 등지에서는 자신과 다른 문화에 대해 관심이 많고 수용력도 높으므로 이러한 국가를 대상으로 전통적인 고유문화를 알리는 것은 당연히 국가적인 차원에서 해야 할 일이다. 또한 이러한 전통문화를 산업화와 연결한다면, 대중적인 콘텐츠를 만들 수 있고, 해외에서 붐을 일으킬 수 있을 것이다.

K-콘텐츠의 매력은 어디에서 나오는가

한류의 매력을 느끼는 포인트는 각 개인에 따라 다를 것이고, 장르에 따라서도 다를 것이다. 하나로 답하기에는 어려운 질문이라 할 수 있다. 드라마의 경우 뛰어난 연기력, 외모, 탄탄한 스토리라인, 아름다운 영상미, 소재 및 지역의 다양성 등과 같이 K-드라마의 매력은 다양할 것이고, K-팝의 경우에도 댄스음악과 시각적 화려함, 따라부르기 쉬운 음률, 음악에 녹아 있는 세계관 등 다양한 요소를 말한다. 이러한 것은 콘텐츠 자체의 매력도라고 할 수 있다. 즉, K-팝의 어떤 점 때문에 좋아하느냐에 대한 답변이라고 할 수 있다.

그러나 사실 산업적으로 보면 K-콘텐츠의 매력 요소를 경쟁력이라고 표현할 수 있다. 한 지역에서 문화의 인기는 그 문화산업의 경쟁력과 밀접한 관련이 있다. 물이 위에서 아래로 흐르듯, 문화도 경쟁력이 높은 나라에서 낮은 나라로 이동한다. 물론 매력은 외부의 관점에서, 경쟁력은 내부의 관점에서 본 것이지만, 경쟁력이 높아져 매력도가 높아졌다고 보면 이 둘은 인과관계라고도 할 수 있다.

경쟁력의 관점에서 보면, 한국의 콘텐츠는 꾸준히 성장하고 있고, 수출 규모도 증가하고 있다. 한국 콘텐츠시장 규모는 2020년 647억 달러에서 2021년 8.5% 증가한 702억 달러로 집계되었으며, 최근 5년간 세계 7위를 유지하고 있다. 한국의 GDP 순위가 11위 정도임을 감안하면 7위는 높은 위치라 할 수 있다.

이러한 높은 위상은 좀 더 자세히 보면 지금까지 축적해온 경쟁력의 원천에 의존하는 바 크다. 먼저, 소비자의 역동성이다. 소비자의 까다로운 소비 행태, 신규 콘텐츠에 대한 빠른 수용도, 콘텐츠 제작에 대한 적극적인 관심 등 한국에는 역동적인 소비자가 존재한다.

표 6.2 국가별 콘텐츠시장 규모 및 전망(2017~2026)

(단위: 억 달러, %)

순위	국가명	2017	2018	2019	2020	2021	2022	2023	2024	2025	2026	2021~2026 CAGR
1	미국	7,953	8,416	8,944	8,783	9,798	10,573	11,120	11,588	11,965	12,307	4.67
2	중국	3,384	3,702	3,927	4,014	4,461	4,837	5,209	5,566	5,920	6,273	7.05
3	일본	1,874	1,946	2,001	1,949	2,082	2,175	2,338	2,297	2,351	2,403	2.91
4	영국	957	1,016	1,063	1,023	1,203	1,309	1,392	1,457	1,514	1,566	5.41
5	독일	1,028	1,057	1,094	1,036	1,130	1,209	1,272	1,316	1,348	1,377	4.04
6	프랑스	699	720	743	697	773	834	871	903	925	944	4.08
7	한국	582	601	631	647	702	753	791	819	843	864	4.26
8	캐나다	557	579	607	592	662	721	763	798	828	852	5.19
9	이탈리아	410	413	420	390	438	476	499	517	531	544	4.46
10	호주	371	388	388	370	422	457	482	502	516	527	4.55

출처: 한국콘텐츠진흥원, 〈2022 해외 콘텐츠시장 분석〉, 2022, 17쪽.

이러한 역동성은 짧은 기간 내에 유행을 만들어내고 인터넷, 모바일 등 문화콘텐츠의 수요도 크게 확대되었다. 작품에 대한 비판, 조언, 격려 등 적극적인 소비자 의견 개진이 작품에 반영되면서 콘텐츠의 질을 제고한 것이다.

둘째, 기업 간 치열한 경쟁환경이다. 과거 방송 3사의 치열한 드라마 시청률 경쟁은 우수한 방송프로그램 제작에 한 요인이 되었고, SM엔터테인먼트, JYP, YG 등은 치열한 경쟁을 통해 우수한 가수들을 배출했다. 경쟁사보다 우수한 음악을 만들기 위해 음악을 구성하는 춤, 노래, 리듬 등에서 경쟁을 통해 점차 업그레이드되었다.

셋째, 니치마켓의 개척이다. 국내기업은 국내시장의 한계를 인식하고, 해외의 니치마켓을 적극적으로 개척했다. 음악, 드라마, 영화는 물론이고 게임, 만화 등의 업체들도 한국 시장의 경쟁이 치열하고 수익률이 축소됨에 따라 중국, 일본 등의 시장을 개척했다.

넷째, 우수한 스토리텔링이다. 한국의 작가와 소설가, 만화가들의 창의성 있는 스토리로 다른 국가와 차별화된 작품을 만들 수 있었다. 중국 같은 후발국들이 아직까지 한국을 따라오지 못하는 이유도 이러한 스토리텔링이라고 할 수 있다.

한류를 넘어서 K-컬처로

김우리

K-컬처에 매력을 느끼고 한국을 찾는 이유는 다양하다. 아시아를 중심으로 소비되던 한류가 전 세계로 뻗어나가면서 좋아하는 가수를 보기 위해, 혹은 내가 봤던 콘텐츠들이 어디서 만들어졌는지 알고 싶어서, 게임 리그를 직관하고 싶어서 등 다양한 이유로 전 세계인이 찾고 있다. 에어비앤비에서 미국을 제외한 2022년 1분기부터 3분기까지 이용자 검색 데이터를 분석한 결과, 서울이 전 세계 관광객이 가장 많이 검색한 여행지 4위의 영예에 오르기도 했다.

'K콘(KCON) LA 2023'이 LA컨벤션센터와 크립토닷컴 아레나에서 펼쳐졌는데, CJ엔터테인먼트가 주최한 이번 행사에는 인기 K-팝 스타들과의 팬미팅 및 라이브 공연, 댄스 오디션을 보기 위해 전국 각지의 K-팝 팬들이 몰려들어 성황을 이뤘다. 또한 K-뷰티, K-푸드, K-생활용품 등 50여 개의 부스에도 K-컬처를 체험하려는 관객의 발길이 이어졌다. 주최 측은 이번 행사 관람객이 10만 명을 넘어설 것으로 추산했다.[68] 이처럼 왜 전 세계인은 한류를 넘어서 K-컬처에 열광하고 있을까?

문화체육관광부와 한국관광공사는 최근 3년간의 글로벌 소셜·온라인 미디어 이용자 데이터 및 신용카드, 통신사, 통계조사 데이터를 활용하여 2023년 〈글로벌소셜데이터로 알아보는 주요 방한 20개국에서 인기 있는 K-컬처 테마와 한국여행 간 관계〉 보고서를 발표했다. 분석 결과, K-컬처의 테마는 주로 K-팝, K-푸드, K-뷰티, K-콘텐츠(영화, 드라마)로 분류됐다. 2020년 6월부터 2023년 5월 중 주요 방한 20개 국가에서 소셜·온라인 미디어에 나타난 K-컬처에 대한 언급량은 K-팝(36,823,578건), K-푸드(14,180,796건), K-뷰티(9,971,048건), K-콘텐츠(9,286,145건) 순으로 집계됐다.[69]

이런 이유로 한류를 넘어서 K-컬처가 확장되고 있다. 단순히 처음에는 좋아하는 가수 혹은 영화로 시작했다가 한국을 방문하고 한국어를 공부하며, 한국 음식을 찾아보고 한국문화를 좋아하는 것까지 이 모든 것을 K-컬처라고 이야기한다.

K-컬처의 사례로 첫 번째는 한국어 교육이다. 한국어 교육이 과거의 유학이나 취업 목적이 아닌 한국 자체에 대한 관심으로 한국어를 배우고자 하는 사람들이 많아지고 있다. 세종학당재단 이사장은 "지금은 한국어를 배우고 싶어 하는 외국인의 수요가 단순히 K-팝이나 K-드라마를 즐기는 수준에 그치지 않고, 한국 기업이나 한국과 관련한 취업 욕구로 이어지고 있다"고 말했다. CNN에서는 "한국이 K-팝, K-드라마에 이어 한국어를 수출하고 있다"고 보도하기도 했다.[70]

또한 1997년부터 시행된 한국어능력시험은 한국어를 모국어로 하지 않는 재외동포와 외국인이 한국어 사용 능력을 측정·평가해 국내 대학 유학 및 취업, 체류 비자 취득 등에 활용할 수 있다. 한국어능력시험 지원자 수는 지난 2015년 20만 6,778명에서 2019년 37만 5,871명으로 증가했다. 코로나19 영향으로 2020년에는 21만

8,869명으로 감소했지만, 2021년부터 다시 증가세를 보이면서 2023년 41만 7,800명까지 늘어났다. 이처럼 지원자 수 추이가 매년 증가하고 있음을 알 수 있다.[71]

두 번째 사례로는 현지에서 한국문화를 즐기는 것을 들 수 있다. 일본에서는 젊은 층을 중심으로 한국문화를 따라 하는 이른바 '도한놀이(渡韓ごっこ)'가 있는데, 도한놀이는 쉽게 말하자면 일본에서 즐기는 한국 여행이라고 할 수 있다. 코로나19 영향으로 해외여행을 할 수 없게 된 Z세대를 중심으로 인스타그램 등 SNS에서 유행하기 시작한 것으로 '일본에 있으면서 한국 여행을 하는 기분이나 행동'을 가리키는 말이다. 한국식 메이크업, K-드라마, K-팝 등 한류 콘텐츠를 사랑하는 Z세대 일본인은 이를 통해 대리만족하며 즐기고 있다.

〈인디아타임스(India Times)〉에 따르면, 2020~2022년은 'K-Culture'라는 단어가 인도에서 확산되는 발판을 마련한 시기로 평가받고 있다. 코로나19로 인해 실내에서 미디어를 접하는 시간이 늘면서 인도에서도 OTT, 인스타그램 등을 통해 한국의 문화가 빠른 속도로 확산되었다. 처음에는 K-pop 열풍으로 한국에 관심을 갖게 됐고, 이는 K-드라마로 이어지게 되었다. 2020년 코로나19 이전 시기에는 인도인이 한국의 생활과 음식을 체험하기 위해서는 한국에 직접 방문하는 것이 유일한 방법이었다. 그러나 코로나19 사태로 인해 국가 간 이동이 제한되면서 드라마 및 영화를 통해 한국 문화를 접하는 시간이 길어졌고 관심도 증가했다. 그로 인해 인도에서 한국 문화를 체험하려는 수요도 증가했으며, 인도 주요 마트에는 불닭볶음면이 인기를 끌게 되었다. 최근에는 수입 식료품 매장이 아닌 일반 식자재 매장에서도 한국 브랜드의 라면, 과자, 간식류, 음료 등을 손쉽게 찾아볼 수 있다. 최근 첸나이에서는 대형 쇼핑몰에 K-pop 이벤트 존이 개최되고 있다. 인도의 유명 K-pop 공연 및 댄스팀의 공연과 국악 공연이 펼쳐지고 있으며, 첸나이 한류 및 한국 문화 동아리 그룹 주관으로 각종 퀴즈와 랜덤 댄스 등을 즐길 수 있다.[72]

세 번째 사례로는 K-푸드 열풍을 들 수 있다. 먼저 한국 음식이 주목받게 된 이유는 K-콘텐츠다. 인기 콘텐츠에서 나온 음식들을 따라 만들어 먹는 챌린지가 유행하기도 했는데, 영화 〈기생충〉에 나오는 짜파구리, 〈오징어 게임〉에 등장하는 달고나는 국내에서도 인기였지만 해외에서도 열광했다.

해외에서 한국 음식의 인기가 밥상 위까지 이어지고 있는데, 미국의 음식 정보 전문 매체 'NDTV FOOD'는 최근 한식이 유행하는 이유를 "마트에서 쉽게 구할 수 있는 재료로 간단하게 조리할 수 있다"는 장점과 "한식의 이색적인 맛과 향에 있는 것"이라고 분석했다.[73]

한국 음식들은 영화뿐만 아니라 K-팝 스타 혹은 드라마를 통해서도 해외에 알려졌다. 한 예로 BTS 지민이 서울의 한 식당에서 떡볶이를 즐기는 모습을 SNS에 노출했는데, 팬들의 호기심이 구매로까지 이어졌다. 미국 내 떡볶이 열풍에 관한 보도를 보면, 떡볶이는 미국의 대형 마트에서 기성품으로 팔리고 있고, 인터넷에서 구입할 수도 있으며, 떡볶이 전문점도 등장했다고 설명했다.

떡볶이뿐만 아니라 김밥 역시 미국에서 완판을 일으키고 있다. 한국산 냉동 김밥을 직수입해 파는 식품점 체인 트레이더 조(Trader Joe's)에서는 미국 전역 42개 주 560여 개 지점마다 물량이 한 달도 안 돼 동났다. 여기에는 여러 가지 이유가 있는데 건강식·채식 열풍에 들어맞았고 외식 값이 비싸지면서 식당을 기피하고 테이크아웃 간편식이나 잘 조리된 냉동식품을 선택하는 분위기 때문에 김밥의 인기가 높아졌다. 그뿐만 아니라 넷플릭스에서 세계적 히트를 친 한국 드라마 〈이상한 변호사 우영우〉, 〈더 글로리〉에 김밥이 나오면서 사람들이 관심을 갖게 되었다. 미 NBC 뉴스에서는 김밥의 인기를 "K-팝, K-드라마 등 한국 문화의 인기가 높아진 데 따른 것"이라고 짚었다.[74] K-콘텐츠를 접하다가 생긴 호기심이 구매로까지 이어지는 모습을 볼 수 있다.

마지막 사례로는 K-뷰티에 대해 이야기하고자 한다. 최근 일본 시장에서 K-뷰티가 프랑스를 제치고 수입 화장품 1위에 등극했다. 불과 2017년까지만 하더라도 한국 화장품은 프랑스, 미국 등에 크게 못 미쳤으나, 한국 OTT 콘텐츠가 일본 내에서 큰 인기를 끌며 증가하기 시작했다. 글로벌 이커머스 기업 이베이재팬(eBay Japan)에 따르면 2023년 7월 온라인 오픈마켓 '큐텐재팬' 뷰티 카테고리 판매 랭킹을 분석한 결과 매니큐어, 립 메이크업, 아이섀도, 치크 등 대표 뷰티 카테고리에서 한국 브랜드가 상위권을 점령했다. 이에 관계자는 "한국 화장품은 가격에 비해 좋은 성분과 눈에 띄는 패키지 디자인 등으로 일본 시장에서 높은 평가를 받고 있다"면서 "최근에는 소셜미디어(SNS)와 한류 스타 이미지의 영향이 더해지면서 젊은 세대를 중심으로 입지를 더욱 공고히 하고 있다"고 전했다.[75]

문화콘텐츠 세계관의 매력

이윤정

K-팝 아이돌그룹의 세계관

그룹의 탄생 스토리, 멤버들마다 캐릭터 등을 제각각 다양한 서사로 정립한 아이돌그룹의 '세계관'은 이젠 K-팝에서 볼 수 있는 하나의 장르적 특성이 됐다. 세계관이란 사전적 의미로는 "자연적 세계 및 인간 세계를 이루는 인생의 의의나 가치에 관한 통일적인 견해"를 말한다. 또한 보편적으로 '어떤 지식이나 관점으로 세계를 인식하는 방식'으로 이해되지만, 대중문화 콘텐츠에서는 '설정된 가상의 세계'라는 다른 의미로 활용되고 있다. 세계관이란 영어의 'fictional world(가상 세계)'를 번역하여 사용하는 용어로, 콘텐츠 창작물에서는 단순 설정을 넘어 구체적이고 일관된 논리로 만들어진 가상의 세계를 일컫는 말로도 이해된다. 과거에는 '마블 세계관', '스타워즈 세계관' 등 영화나 게임 콘텐츠에서 주로 사용되었다. 그러나 현재 활동하고 있는 다수의 K-팝 아이돌그룹은 그들만의 고유한 세계관을 지니고 있다.

그림 6.1 K-팝 아이돌그룹 콘서트에서 코리안 하트를 하고 있는 팬들의 사진

아이돌 1세대로 분류되는 H.O.T.는 1996년 데뷔 당시에 멤버 각각의 고유 번호와 색깔, 한글 이름 등을 부여했다. 이를 기반으로 멤버 캐릭터를 구축하고 나아가 '10대들의 승리'라는 팀의 의미까지 완성했다. 오늘날 자리 잡은 세계관의 시초라고 볼 수 있다. 이후 2004년 동방신기는 '동방에서 신이 일어난다'는 파격적인 뜻을 담고 데뷔했는데, 마치 신화 속 이야기 같은 이들의 세계관은 신선함을 선사하고 가수와 팬의 소통에 신선한 재밋거리를 제공하기도 했다.

하지만 콘셉트에 그치지 않고 세계관이라는 개념을 구체적으로 K-팝에 도입한 것은 2011년에 데뷔한 SM 소속 보이그룹인 엑소(EXO)다. 이들은 당시에는 낯설고 받아들이기 쉽지 않았던 고유한 세계관을 선보였다. '엑소 플래닛'이라는 가상의 태양계 외행성에서 날아와 각각 다른 초능력을 갖고 있다는 세계관을 소개했는데, 이는 기존이 없었던 낯선 도입이었지만 반응은 폭발적이었다. 엑소는 세계관을 중심으로 하는 여러 요소를 음악과 뮤직비디오, 영상 콘텐츠,

이미지 등에 담아냈다. 실제로 엑소가 발표한 노래에는 “이 초라한 초능력 이젠 없었으면 좋겠어”라는 가사가 등장하며, 치유 능력을 가진 멤버가 새싹을 틔우고 빙결 능력을 가진 멤버가 눈이 내리게 하는 장면이 뮤직비디오에 담기기도 했다. 이렇게 숨겨져 있는 세계관을 찾아내는 새로운 즐거움에 팬들은 반응했고, 팬들만이 아는 정보로 팬덤의 강한 결속력을 다질 수 있는 새로운 장치로 자리 잡게 되었다. 단순히 노래를 듣고 무대를 보는 것을 넘어 적극성 있게 세계관을 해석하게 한 것은 팬들에게 또 다른 즐거움을 안겨주며 K-팝의 세계관 열풍을 선도했다. 이후 SM은 앞으로의 미래 세상은 셀럽과 AI의 세상이 될 것이라고 예측하며 SMCU(SM Culture Universe)를 발표하며 세계관을 확장해왔다.

블록베리크리에이티브의 ‘이달의 소녀’는 2016년 10월부터 매달 한 명의 멤버를 공개하고, 일정 수의 멤버가 채워지면 유닛으로 데뷔한 후에 세 개의 유닛이 합쳐져 완전체가 되는 차별화되는 데뷔 시스템을 통해 2018년 8월 완전체로 데뷔했다. 이들의 유닛 중 1/3은 지구, yyxy는 에덴, 오드아이써클은 중간계를 의미한다. 오드아이써클은 지구와 에덴 두 세계 사이를 넘나들 수 있다는 유기적 세계관을 구축했다. 모든 멤버는 개인의 세계관을 갖고 있으며, 이를 바탕으로 각각의 유닛과 하나의 그룹을 완성하는 특징을 갖고 있다. 팬들은 몰입도 있는 추리력으로 뮤직비디오나 앨범 안에 있는 세계관 힌트를 찾아내고 확장형 세계관을 통해 글로벌 팬덤을 탄탄히 유지하는 큰 동인으로 활용되고 있다.[76]

방탄소년단(BTS)은 ‘BTS 유니버스’라는 말까지 만들어낼 정도로 아이돌 세계관을 성공적으로 활용한 그룹으로 평가받고 있다. 방탄소년단은 앨범 단위 세계관 유행을 선도했다. 학교를 배경으로 한

'학교 3부작' 앨범부터 청춘을 주제로 한 '화양연화' 2부작, '자기 자신을 사랑하자'는 메시지를 담은 '러브 유어셀프' 3부작, 카를 구스타프 융의 이론에서 영감을 얻은 '맵 오브 더 소울' 2부작 앨범을 성공시켰다. 소속사 하이브에서 공식적으로 세계관 유무를 확인해준 적이 없음에도 각 멤버의 스토리로 구성된 세계관이 존재하며 이를 바탕으로 음반, 게임, 책, 다큐멘터리, 영화, 웹툰 등 다양한 콘텐츠가 파생되고 있다. 구체적인 2차 콘텐츠로는 방탄소년단의 세계관을 담은 드라마 〈푸른 하늘〉, 방탄소년단의 음악을 일러스트로 표현한 그림책, 세계관을 담은 소설과 웹툰, 게임회사 넷마블과 협업한 게임 〈BTS 월드〉와 〈BTS 유니버스 스토리〉가 있다.

피원하모니는 세계관을 알리기 위해 〈피원에이치 새로운 세계의 시작〉이라는 영화를 제작하기도 했다. 피원하모니 여섯 멤버가 바이러스 감염으로 폐허가 되어버린 세계를 구한다는 내용이다. 고스트나인은 지구 내부가 비어 있고 그 안에 또 다른 세상이 존재한다는 '지구 공동설'을 세계관으로 내세웠다. 이들은 약 16분 분량의 영상물을 공개하며 팀의 세계관을 알리는 데 주력했고, 지구 공동설 세계관을 기반으로 섬세하고 촘촘한 스토리텔링을 선보였다. 기획사들은 이러한 탄탄한 세계관을 설계하기 위해 앨범이나 가수의 활동 스토리를 만들어주는 전문 작가를 고용하기도 한다.

하지만 정민재 대중음악평론가는 "세계관은 팬덤을 쉽게 모으기 위한 방편이자 상업적 수단이다. 대중에게 나아갈 힘이 부족하기에 다양한 스토리텔링으로 팬들에게 캐릭터성을 심어주는 것"이라며 "스토리텔링을 아무리 잘해도 결국 중요한 것은 음악이다. 세계관을 빼고 음악으로 말할 수 있는 그룹이 돼야 살아남을 수 있다"고 언급하기도 했다.[77] 또한 과몰입하게 구축된 세계관은 세계관을 열심히 공부하는 팬들이 아닌 일반 대중에게 피로도를 유발하고, 더 나아가 거부감을 갖게 만드는 상황이 연출될 수 있다는 우려도 있다. 즉, 세계관으로 인해 대중가수에게 가장 중요한 요소인 확장성이 저해 받을 수 있다는 것이다.

다른 한편으로 세계관은 K-팝만의 고유한 특징으로, 미래에 긍정적인 요소로 작용할 것이라는 의견도 있다. 강태규 대중음악평론가는 아이돌 세계관에 대해 "오랫동안 진화되고 있는 숙주"라고 표현하면서 "음악이 듣는 것이라는 원천에 천착하지 않는 발상은 스토리텔링을 더 튼튼히 강화하고 그러한 기반에서 원소스 멀티유저의 강력한 문화산업으로 성장 중"이라고 언급했다. 문화와 산업의 필연적인 융합을 강조하며 이를 두고 '새로운 패러다임의 시대'라고 정의했는데, "그것이 어떠한 결과를 가져올지는 수용자의 몫이지만 그간 우리 아이돌 시장은 실천과 검증을 통해 세계를 아우르는 콘텐츠 전진기지를 구축했다"며 아이돌 시장의 세계관 열풍이 K-팝 장르의 새로운 먹거리가 될 것이라고 전망했다.[78]

이렇듯 K-팝 아이돌그룹 세계관에 대해 긍정적인 평가와 부정적인 평가가 공존하고 있다. K-팝의 영향력이 글로벌화되고 추격보다는 리드하는 포지션의 변화가 생긴 만큼 K-팝의 특성 중 하나로 자리 잡은 세계관의 완성도를 높여 더욱 매력적인 요소로 적극 활용되기를 바란다.

세계관의 소비자: 알파세대와 Z세대

태어나면서 인터넷을 자연스럽게 접한 최초의 세대인 '디지털 네

그림 6.2 차세대 기술을 사용한 디지털 네이티브 알파세대

이티브(digital native)'인 Z세대(1997~2009년 출생)와 알파세대(2010년 이후 출생)는 가상으로 창작된 아이돌 세계관을 거부감 없이 향유한다. 이들은 유아기에 스마트폰을 통해 사회화 과정을 보낸 세대로 스마트폰과 인공지능 스피커 등의 소통 경험과 태블릿PC로 공부하는 등 디지털 기기 사용이 체화되어 있다. 이들은 인공지능 캐릭터에 익숙함을 느끼고, 가상의 공간을 현실 세계처럼 자연스럽게 받아들이고, 거부감 없이 메타버스에서 활동하며, 유연하게 현실과 가상의 경계를 넘나든다. 텍스트보다 이미지와 영상을 선호하며 콘텐츠의 '소비자'이자 '창작자'이기도 하다. 디지털 세계 시민으로 향후 막강한 문화적·경제적 영향력을 갖출 것으로 예측된다.

이러한 새로운 세대의 특성을 지닌 팬들을 고객으로 확보하기 위해 K-팝의 콘텐츠 기획자들은 기민하게 변화에 발맞추고 있다. SM엔터테인먼트의 '리슨(Lysn)', 하이브의 '위버스(Weverse)' 등과 같은 글로벌 팬 플랫폼에서 글로벌 팬을 흡수하기 위해 노력하는 중이다. 이 중 하이브는 2019년 팬 플랫폼 위버스를 내고 80여 개 팀(개인)을 입점시켰으며, 누적 가입자 약 6천만 명을 모았다. 유료·무료 소통을 제공하고 굿즈와 콘서트 티켓을 파는 상점, 특별 콘텐츠를 제공한다. SM은 2020년부터 유료 대화형 메시지 서비스 '버블'을 운영하고 있다. 에스파 윈터의 어린 시절 추억담과 아이브 장원영의 응원을 받아볼 수 있는데, K-팝 팬덤 사업의 규모가 확대되면서 더욱 진화 중이다.

큰 규모의 팬덤과 탄탄한 스토리의 세계관, 이러한 가상 세계를 적극적으로 활용해주는 스타의 존재감 등을 기반으로 K-팝 아이돌 세계관은 '메타버스'를 향해 진화해나가고 있다. 현재의 기술로 해결하기 어려운 부분들은 큰 규모의 투자가 필요할 것이다. K-팝 아이돌 세계관을 지닌 국내 콘텐츠 기획자에게 큰 기회가 있는 것은 확실하지만, 미래의 콘텐츠 소비자를 매료시킬 수 있는 '메타버스'를 구축하는 것은 큰 투자와 인고의 시간이 필요한 일이다. 그럼에도 변화하고 있는 소비자를 사로잡기 위해서는 '메타버스'에 반드시 도전해 선점해야 할 것이다.

웹툰 세계관이 드라마와 영화로

강풀, 윤인완, 민백두, 박태준 등 여러 웹툰 작가 중 강풀 작가의 원작 〈무빙〉은 넷플릭스, 티빙, 웨이브 등 타 OTT에 밀려 고전을 면치 못하던 디즈니플러스에 공개 첫 주 최대 시청 시간 1위라는 진기록을 선물했다. 1세대 웹툰 작가인 강풀 작가의 웹툰 중 〈아파트(2006)〉, 〈바보(2008)〉, 〈순정만화(2008)〉, 〈그대를 사랑합니다(2011)〉, 〈이웃사람(2012)〉, 〈26년(2012)〉, 〈타이밍(2015)〉이 스릴러, 공포, 로맨스 등 다양한 장르의 영화로 제작되었으나, 흥행에 성

그림 6.3 시간과 장소에 구애받지 않고 스마트폰으로 세로형 웹툰을 즐기는 모습

공하지 못했다. 하지만 20부작 드라마로 제작된 〈무빙〉은 국내외적으로 화제성과 작품성 모두 높은 평가를 받고 있다. 또한 한국 드라마 역대 최고 제작비인 약 500억 원이 투입된 〈무빙〉은 한국형 히어로물 탄생을 기다렸던 시청자의 기대에 적합하게 부응했다는 평가를 받고 있다. 강풀 작가는 직접 드라마 각본 작업까지 담당했는데, "내가 하고 싶은 얘기를 다 해보고 싶었고, 웹툰에서는 담지 못했던 이야기로 확장하면서 더 큰 세계관을 구축하게 됐다"며 "애정하는 작품이다 보니 끝까지 책임지고 해보자는 생각에 여기까지 왔다"고 말했다.[79]

물론, 웹툰 세계관이 반드시 성공을 담보하지는 않는다. 그럼에도 실패 가능성을 낮춰줄 수 있다는 점에서 웹툰 세계관은 문화콘텐츠산업적으로 매우 유용한 수단이 된다. 호소력 짙은 이야기의 서사가 있고, 탄탄한 세계관과 찾아보는 재미, 감동이 있는 웹툰의 지속성 있는 성장이 요구된다.

대중은 왜 복고풍 가요에 열광하는가

김형진

"유행은 20~30년 주기로 돈다"는 말이 있다. 최근 우리나라의 가요계를 보면, 1990년대 후반과 2000년대 초반에 선풍적으로 인기를 끌었던 가요들이 다시 리메이크되는 현상을 볼 수 있다. 이를 두고 '가요계의 복고풍' 또는 '레트로 열풍'이라 한다. 하지만 이러한 모습은 10년 전에도, 20년 전에도 그리고 그 이전에도 계속 볼 수 있었던 현상이다. 그래서 아주 특별한 현상이라고 보기는 어렵다. 그리고 이러한 현상이 특별히 우리나라에서만 있는 현상도 아니다. 사실 아주 특별한 현상이라고 볼 수 없는 것이 해외의 다른 나라에서도 이러한 유행의 흐름을 볼 수 있기 때문이다. 위 질문에 대해 결론부터 이야기하자면, 이것은 '추억 마케팅'이 작용하기 때문이다. 대중이 복고풍 음악에 열광하는 이유는 그들의 잠재된 의식 속에서 추억과 기억이 과거의 대중가요를 요구하기 때문이라 본다.

추억 마케팅

추억 마케팅(Nostalgia Marketing)은 다른 말로 '복고 마케팅' 또는 '레트로 마케팅'이라고도 한다. 2023년 현재 시점에서 우리나라의 대중이 과거에 발표된 대중가요를 즐겨듣고 부르는 이유는 크게 두 가지로 볼 수 있다. 첫째는 영상미디어의 영향이고, 둘째는 코로나19로 인한 팬데믹(pandemic)의 영향이라고 본다.

영상미디어의 영향에 관한 대체적인 특징은 영화나 드라마 같은 콘텐츠에서 과거 발표된 대중가요를 재생시키는 이유로 볼 수 있다. 몇 가지 예를 들자면, tvN의 대표적인 드라마 '응답하라' 시리즈는 상당히 많은 1980년대와 1990년대 노래들을 다시 히트시켰다. 특히 '응답하라' 시리즈의 시즌2에 해당하는 〈응답하라 1994〉는 1990년대 가요로만 이루어진 드라마라고 해도 과언이 아니다. 지금으로부터 정확히 10년 전 방영한 이 드라마는 총 21화로 제작되었다. 이 드라마의 가장 큰 특징이 있다면 회차마다 1990년대에 인기를 끌었던 가요 10여 곡이 삽입되어 배경음악으로 쓰였다는 것이다. 사실 이 드라마의 시즌1에 해당하는 〈응답하라 1997〉도 매회 5~6곡의 1990년대 후반 가요가 삽입되었다. 〈응답하라 1994〉는 전작에서 흥행의 가능성을 보았는지 편성 회차도 전작인 〈응답하라 1997〉의 16화보다 5회차를 더한 총 21화로 늘렸다. 그리고 매 회차에 더 많은 1990년대 가요를 삽입하는 등 뮤직드라마라는 표현이 무색하지 않을 만큼 수많은 노래를 드라마에 삽입시켰다. 그러다 보니 케이블 TV 방송국이 제작한 드라마로는 처음으로 최종시청률 10%를 넘기는 기염을 토했다. 이와 함께 이 드라마에 삽입된 1990년대 가요들은 당시 기준으로 20여 년 만에 다시 한번 히트하게 되었다. 그리고 많은 가수들이 이 드라마에 나왔던 노래들을 리메이크해서 부르기도 했다.

영화에서는 2012년 개봉한 〈건축학 개론〉과 〈범죄와의 전쟁〉을 예로 들지 않을 수 없다. 이 두 영화의 공통점은 모두 특정 시기를 무대로 그린 이야기다. 〈건축학 개론〉은 1990년대라는 시대적 배경이 있고, 〈범죄와의 전쟁〉은 1980년대부터 1990년대 초라는 시대적 배경이 있다. 〈건축학 개론〉의 명장면으로 꼽히는 장면이 하나 있는데, 여주인공인 서연(수지 분)이 남주인공 승민(이제훈 분)의 귀에 이어폰을 끼워주는 장면이 있다. 이 장면은 1980년에 나온 프랑스 영화 〈라붐〉의 한 장면과 흡사하다. 중요한 것은 여주인공 서연이 건넨 이어폰에서 흘러나오는 노래다. 그 노래는 '전람회'라는 그룹사운드의 〈기억의 습작〉이다. 이 외에 이 영화에서는 공일오비의 〈신인류의 사랑〉, 마로니에의 〈칵테일 사랑〉 등 1990년대 가요가 등장했다. 이 영화의 흥행에 힘입어 앞서 열거한 노래들도 다시 인기를 끌었다. 특히 전람회의 경우, 많은 사람이 전람회의 멤버였던 김동률은 알았으나 전람회를 아는 사람은 별로 없었다. 이 영화를 통해 전람회라는 그룹사운드도 많이 알려지고, 이 팀이 대학가요제 대상을 받은 이력도 다시 알려져 화제가 되기도 했다. 1980년대부터 1990년대 초까지 부산지역의 폭력조직 이야기를 다룬 〈범죄와의 전쟁〉은 수많은 유행어를 남긴 것으로 유명하기도 했지만, 함중아와 양키스가 1980년 발표한 〈풍문으로 들었소〉라는 1980년대 초에 나온 노래를 다시 한 번 히트시켰다. 이 영화가 개봉된 당시의 20~30세대 또는 40세대에게조차 이 노래는 생소한 노래였다. 하지만 당시 한창 인기를 끌던 장기하와 얼굴들이 이 노래를 영화의 OST용으로 리메이크해 불렀다. 이 영화의 히트와 함께 노래도 당시 대중의 주목을 받았으며, 함중아라는 가수도 재조명되었다.

텔레비전 예능 프로그램으로 인한 가요계의 복고 열풍을 예로 들자면, 지금은 종영한 MBC의 〈무한도전〉이라는 프로그램 이야기를 하지 않을 수 없다. 2006년부터 2018년까지 만 12년 동안 방영된 이 프로그램은 2014년 연말 〈토요일 토요일은 가요다〉라는 제목으로 1990년대에 선풍적인 인기를 끌었던 가수들을 출연시켜 엄청난 히트를 기록했다. 이 프로그램의 인기로 1990년대 인기였던 나이트클럽 DJ들이 홍대앞이나 강남역 등의 클럽가에 재등장하는 등 가요계의 복고풍을 넘어서 대중문화의 복고 열풍을 불러일으켰다. 또한 터보, 쿨, H.O.T., 젝스키스, 지누션 등 1990년대부터 2000년대까지 큰 인기를 누리다가 해체한 그룹 가수들이 재결합하여 무대에 서서 많은 대중에게 감동을 선사하기도 했다.

지금까지 이야기한 사례들이 과거에 발표된 대중가요를 즐겨듣고 부르는 이유는 크게 두 가지 중 하나인 영상미디어의 영향과 관련된 이야기들이다.

2019년 말 중국 우한지역을 시작으로 전 세계에 코로나바이러스가 전파되었다. 일명 코로나19로 인한 팬데믹 현상은 많은 사람의 생활 습관과 사회 전반의 구조를 바꾸는 데 지대한 영향을 끼쳤다. 이 가운데 대중문화의 소비 형태에 관한 변화도 언급하지 않을 수 없다. 그리고 이것은 대중가요의 복고 열풍과도 관련이 있다고 본다. 코로나19로 인한 확진자가 폭발적으로 증가하면서 많은 사람이 공공장소에서의 활동에 제약을 받았다. 그러다 보니 대부분 사람들은 공연장이나 콘서트장 방문을 할 수 없게 되었다. 또한 영화나 연극, 음악, 미술 등 다양한 분야에서 신작들이 많이 등장하지 못했고, 기존에 제작된 영화들조차 개봉일을 무기한 연기하는 일들이 생겨났다. 하지만 이러한 콘텐츠시장의 악재에도 불구하고 새롭게 급부상한 콘텐츠산업이 있었으니 바로 웹서버를 기반으로 한 OTT시장의 성공이다. 많은 사람이 집안에서 나오지 않다 보니 안방에서 즐길 수 있는 OTT시장이 큰 인기를 끌면서 발전하게 된 것이다. 넷플릭스, 왓챠, 티빙, 웨이브 등은 개봉한 지 상당 시간이 흐른 영화나 이미 종영한 드라마, 예능 프로그램들을 다시 보기에 매우 좋은 OTT 플랫폼이다. 이러한 OTT 플랫폼들이 다양한 프로그램과 콘텐츠를 선보이면서 자연스럽게 대중가요를 비롯해 대중가요 전반에 걸친 여러 분야의 콘텐츠들이 다시 한번 인기를 끌게 되었다.

앞서 언급한 이러한 모든 것이 '추억 마케팅'의 일환인데, 예나 지금이나 많이 활용되는 대중문화에서의 마케팅 방법이기도 하다. K-팝의 세계적인 인기는 마케팅이라는 측면에서 보았을 때 해외시장을 겨냥한 수출용이고, 추억 마케팅을 통해 소개되는 과거의 가요들이 재생산되는 현상은 국내시장을 겨냥한 내수용이라고 보면 좋을 것 같다.

종합편성채널 탄생과 트로트 열풍

2011년 12월 1일 TV조선, 채널A, JTBC, MBN 네 곳의 종합편성채널이 개국했다. 이 네 곳의 방송국이 개국했을 때, 일각에서는 개국을 반대하는 여론도 많았고, 언론사에서 운영하는 방송국이라 종합편성채널의 특성을 살리지 못할 것이라는 우려의 목소리도 높았다. 실제로 대부분 종편들은 긴급편성 등의 편법을 이용해 뉴스 속보나 긴급대담 프로그램을 송출했다. 이것은 예능이나 드라마 같은 프로그램을 제작하는 것과 달리 제작비가 거의 들지 않았기 때문이다. 방송국이 자체적으로 갖추고 있는 스튜디오와 인력으로 프로그램을 제작하기에 거대 예산을 요구하는 예능과 드라마에 비해 저렴한 예산으로 방송 시간을 메울 수 있었다. 그러다 보니 점차 종합편성채널은 뉴스를 좋아하는 시청자만 보는 채널로 자리했다. 이러한 부분이 문제가 되어 종합편성채널의 재승인과 관련한 논란도 있었다. 물론, JTBC의 경우 뉴스 프로그램뿐 아니라 드라마, 예능 등 다양한 프로그램을 제작하여 방송했다. 하지만 대다수의 종합편성채널은 기존 지상파 채널에 비해 월등히 많은 뉴스 프로그램을 제작하여 편성했다.

종합편성채널은 방송통신위원회 재승인과 관련한 검토 등 여러 가지 리스크가 발생하자 편성의 틀을 획기적으로 바꾸기 시작했다. 그러한 시기에 탄생해 메가톤급의 히트를 친 프로그램이 바로 2019년에 방송한 TV조선의 〈미스트롯〉이다. 이 프로그램은 최고 시청률 18.1%를 차지하는 기염을 토했다. 정확하지는 않지만, 신세대만을 겨냥한 기존 지상파 채널과 케이블 채널의 오디션 프로그램과 달리 시니어층을 겨냥한 새로운 형식의 오디션 프로그램이었다고 본다. 다양한 채널과 다양한 방식의 방송 플랫폼이 존재하는 현재의 한국 방송시장 형태를 보았을 때, 시청률 18.1%라는 것은 어마어마한 흥행을 했다고 볼 수 있다.

뒤이어 〈미스터트롯〉, 〈미스트롯2〉, 〈미스터트롯2〉 등이 연달아 방송되었고, 평균 시청률 30%를 넘는 기염을 토한 이 프로그램 덕에 임영웅, 송가인, 영탁, 양지은 등 수많은 인기가수가 탄생했다. 그리고 트로트라는 가요의 한 장르는 시니어층을 넘어 MZ세대도 즐겨듣고 부르는 장르로 다시 한번 자리매김하게 되었다.

한국의 대중음악은 1990년대 초까지 이른바 트로트가 대세였다. 하지만 1992년 서태지와 아이들 등장 이후 빠른 비트의 댄스곡이 대세가 되었다. 그러다가 1990년대 후반 조성모가 등장하면서 영화 같은 뮤직비디오를 기반으로 한 발라드 장르가 대세가 되기도 했다. 이러한 상황에서 트로트는 구세대의 음악으로 낙인찍혔고, 젊은 세대가 노래방에 가서 트로트를 부르기라도 하면 시대에 뒤떨어지는 사람으로 취급받기도 했다. 하지만 2004년 가수 장윤정이 〈어머나〉라는 빠른 비트의 트로트 곡을 발표하며 종전의 상황은 역전되었다. 그야말로 트로트의 전성시대가 열리게 된 것이다. 이로부터 20년이 다 된 현재까지도 우리는 여러 TV 방송 프로그램을 통해 트로트를 접하고 있다. 그리고 더 이상 젊은 세대가 노래방에서 트로트를 부른다고 해서 시대에 뒤떨어지는 사람으로 취급받지는 않고 있다. 많은 대중음악평론가들은 장윤정의 〈어머나〉를 10여 년간 지속된 트로트의 암흑기를 종식시키는 데 한 획을 그은 노래라고 평가하고 있다.

이러한 트로트의 꾸준한 인기를 종합편성채널이 오디션 프로그램과 접목하여 다시 한번 트로트의 전성기를 연 것이다. 그리고 임영웅, 영탁 등은 과거의 노래를 다시 불러 히트시키는 것을 넘어 자신만의 트로트풍 가요를 탄생시켜 지금까지 히트를 이어가고 있다. 이 외에도 JTBC의 〈투유 프로젝트-슈가맨〉이라는 프로그램이 있다. 이 프로그램은 시즌3까지 방영되었는데, 과거의 인기가요를 세대별로 얼마나 기억하고 있는지 확인한 후, 그 가수를 스튜디오로 소환해 근황을 듣고 노래를 듣는 형식으로 진행되었다. 이 프로그램을 통해 대중의 기억에서 잊힌 수많은 가수가 다시 한번 인기를 끌고 활동을 재개하게 되었다.

과거의 노래가 다시 히트하는 상황은 우리나라에서만 볼 수 있는 일은 아니다. 가까운 이웃 나라 일본에서 그 예를 찾아보면, 1995년 데뷔한 일본의 아이돌그룹 SPEED의 멤버 우에하라 다카코는 그 인기가 절정의 시기였던 2003년 〈테루테루가족〉이라는 NHK의 드라마에 출연하면서 〈블루라이트 요코하마〉라는 노래를 불렀다. 그리고 이 음원으로 앨범도 냈다. 당시 이 노래는 일본의 젊은이들 사이에서 선풍적인 인기를 끌었다. 전형적인 엔카 장르에 해당하는 이 노래를 댄스곡 위주의 음악을 다루던 아이돌그룹의 멤버가 불렀다는 것은 흥미로운 일이 아닐 수 없다. 그런데 사실 〈블루라이트 요코하마〉는 1968년 12월 25일에 발매된 이시다 아유미의 26번째 싱글 앨범에 나온 노래다. 이 노래는 한국에서도 많이 불렸고, 2015년 개봉한 영화 〈강남1970〉에서도 등장했다. 더 흥미로운 것은 1998년 한국 정부의 일본 대중문화 개방* 이전부터 이 노래는 한국

* 김대중 대통령은 1998년 4월 "일본 대중문화 개방에 두려움없이 임하라"는 지시를 내렸고 이에 따라 정부당국은 일본 대중문화의 단계적 개방방침을 밝혔다. 이어 5월 한일문화교류정책자문위원회를 구성하여 10여 차례 논의한 결과를 문화관광부의 관계국 협의를 거쳐 단계적 개방방침을 마련했다.

개방 분야는 '즉시 개방'과 '즉시 개방 이후' 부문으로 나누고 1차적으로 영화·비디오·만화만을 개방했다. 특히 '즉시 개방 이후' 부문에 속하는 가요 · 방송 · 애니메이션 등의 개방일정은 신설되는 '한일문화교류위원회'의 의견을 들어 결정한다고 발표하여 이 부문의 개방에 신중을 기했다. '즉시 개방'의 영화 및 비디오 부문에서는 공동제작 영화, 한국영화에 일본 배우 출연, 4대 국제영화제(칸 · 베니스 · 베를린 · 아카데미) 수상작, 한 · 일영화주간 개최를 허용했다. 또 출판부문에서는 일본어판 출판 문화와 만화잡지를 개방했다.

문화관광부는 일본 대중문화 개방의 부정적 측면을 고려하여 각종 심의·수입추천·허가 등의 절차과정에서 저질 · 불량 일본 대중문화는 여과시키겠다고 밝혔다. 또 우리 문화산업의 경쟁력 강화방안을 마련하고 일본 대중문화 개방에 따른 부작용을 최소화하는 등 대응방안을 수립, 추진할

의 대중 사이에서 많이 알려진 노래이며, 가수 이자연 등이 우리말로 번안하여 리메이크하기도 했다.

미국에서도 비슷한 사례가 있다. 1993년 미국의 가수 머라이어 캐리는 〈Without You〉라는 곡을 발표했다. 3집에 수록된 이 노래로 인해 머라이어 캐리는 지금의 세계적인 팝스타의 자리에 앉게 되었다고 해도 과언이 아닐 것이다. 그런데 사실 이 노래는 머라이어 캐리가 제일 먼저 부른 곡이 아니다. 이 곡은 원래 1970년 영국의 록밴드 배드핑거가 발표한 노래다. 그리고 1971년 미국의 가수 해리 닐슨이 리메이크하여 미국 빌보드 싱글차트 4주 연속 1위라는 기염을 토해낸 노래이기도 하다. 그러나 현재 많은 사람은 이 노래를 머라이어 캐리의 노래로 알고 있다. 사실 이 노래가 나왔을 당시 머라이어 캐리의 나이는 만 1세였다고 한다. 당시 머라이어 캐리의 모친이 머라이어 캐리를 안아주며 이 노래를 많이 들었다고 한다. 바로 이러한 것이 대중에게 과거의 기억을 소환시키는 추억 마케팅의 하나로 볼 수 있다.

1980년대 나미라는 가수가 엄청난 인기를 끌었다. 나미의 여러 히트곡이 있었는데, 그중 가장 많은 히트를 했던 노래는 〈빙글빙글〉이다. 2011년 〈써니〉라는 영화가 개봉했는데, 이 영화에서 주인공들이 〈빙글빙글〉을 불러 다시 한번 이 노래가 히트했다. 심지어 당시 최고의 인기를 누렸던 아이돌 걸그룹 티아라가 이 곡을 새로운 형태의 댄스가요로 리메이크하여 부르기도 했다.

예정이다.
[네이버 지식백과] 일본대중문화개방[日本大衆文化開放](두산백과 두피디아, 두산백과)

7

문화예술과 기술

김재현

문화예술과 기술의 관계

인공지능은 작가를 대체할 수 있을까

메타버스의 현주소

문화예술과 기술의 관계

예술에서 기술은 어떻게 사용될까?

예술과 기술은 서로 뿌리가 같다. 예술과 기술 모두 아름다움을 창조하고 표현하는 인간 활동이나 그 작품을 말하며, 어떤 물건을 제작하는 기술 능력을 말하기도 한다. 지금도 예술과 기술 모두 영어로는 'art'로 표현된다. 기술은 아름다운 것을 만드는 것이고 예술은 창의적인 작품을 만드는 것이기에 둘은 서로 연관된 분야다. 하지만 과학기술이 빠른 속도로 발전하며 사람들에게 예술과 기술은 서로 다른 이미지로 각인되었는데, 사람들은 대체로 문화예술은 일반 대중이 접하기 쉬운 영역으로, 과학기술은 어렵고 추상적이어서 일반 대중이 접근하기 어려운 영역으로 인식한다.

물론 현대의 예술과 과학기술은 접근방식에서 다소 차이가 있다. 과학은 논리적 추론을 기반으로 객관적 법칙을 발견하면서 발전하는 학문이고, 예술은 인문적 사고방식을 기반으로 다양성을 추구하며 발전하는 분야다. 그리고 과학기술은 합리성을, 예술은 창의성을 추구한다. 하지만 과학기술이 제품으로 만들어질 때는 예술적 감수성이 요구되고, 예술에서 전문적 과학기술을 요구할 때는 예술을 논리적으로 분해하고 분석하려는 접근이 요구된다.

비슷한 생각이나 경험을 가진 사람들끼리 만나면 새로운 것보다는 익숙한 것을 찾게 되기 때문에 창의성을 발현시키기가 쉽지 않다. 그런데 창의성은 서로 다른 영역이 교차하는 지점에서 발현되기 쉽고, 창의적인 생각은 완전히 다른 영역에서 우연히 발견되는 경우가 많기 때문에 예술과 기술은 서로 다른 영역이라기보다는 상호보완적인 영역에 가깝다고 할 수 있다.

문화예술에서 기술 적용이 빈번한 분야로, 첫 번째는 영상 콘텐츠 관련 기술 분야다. 시각적으로 전달 가능한 콘텐츠의 경우 과학기술이 상상력을 발휘할 여지가 높기 때문에 영상 콘텐츠 분야가 발달했고, 과학기술 전공자들이 평소 상상하던 기술적 발현을 할 수 있는 최적의 분야가 바로 시각예술 분야라 할 수 있다. 그래서 비디오 아트, 영화 등 시각예술 분야에서 3D 모델링, 특수효과 시현 등의 기술이 주로 접목·활용된다.

두 번째로 과학기술이 문화예술 분야에서 발전한 분야는 ICT 분야다. 예술의 향유가 오프라인이 아닌 온라인에서도 발생하고 문화예술 작품을 온라인에서도 감상하려는 욕구가 늘어나면서 정보통신기술이 문화예술 분야와 접목되는 사례가 늘어났다. 특히 과거 예술을 감상하기 위해서는 비싼 돈을 주고 진품을 구매했어야 하고, 진품을 소유한 사람만이 예술을 향유할 수 있었다. 그러나 디지털이 발전한 이후 문화예술 작품이 가진 고유한 정보는 모두 디지털이 인식 가능한 부분이고, 문화예술 작품을 디지털 세상에서 똑같은 복사본으로 무한히 소장할 수 있게 변화했다. 최근에는 어떻게 하면 디지털 세상에서 실물보다 더 실물에 가까운 콘텐츠를 만들어내느냐가 중요한 문제로 대두되었고, 디지털 세상에서 어떻게 저작권을 표시하고 보완할 수 있는지에 대한 관심이 높아졌다. 이 때문에 블록체인 기반 NFT 기술이 발전해 디지털 예술품의 최초 저작자가 누구인지 식별 가능하게 되었다.

세 번째는 건축 분야다. 건축은 시공 기술과 예술이 접목된 분야로, 최근에는 3D 프린팅 기술의 발전으로 건축물의 예술성을 극대화하며 공기를 단축하는 기술이 폭넓게 활용되고 있고, 더 아름다운 건축물을 만들기 위해 첨단 과학기술이 활용되는 사례도 늘어나고 있다. 그리고 친환경 건축물에 대한 수요가 늘어나면서 환경 보호에 대한 인문학적 감성과 탄소 저감, 친환경 소재를 활용한 건축 사례도 늘어나고 있는 추세다.

이러한 문화예술에서 과학기술이 활용되는 사례들은 사람들에게 과학기술 발전이 예술에 접목되면서 문화예술이 우리 생활과 좀 더 밀접해지는 계기를 마련해주고 문화예술의 질적 수준을 높여준다는 느낌을 받게 한다. 실제로 과거 문화예술은 일반 대중의 삶과 괴리된 예술성을 추구한다는 비판을 많이 받아왔다. 이는 문화예술이 매일 생활고에 시달리는 서민이 향유하기에는 무리가 있었고, 일반 시민과 괴리된 예술은 특정 계층의 시각을 담아 공급되었기 때문이라 생각된다. 하지만 과학기술의 발전은 좀 더 다양하고 우리의 상상 속 모습들을 예술로 표현할 수 있게 만들어주었고, 과학기술의 발전으로 일상생활의 다양한 면을 예술로 표현할 수 있게 되면서 예술은 좀 더 일반 시민에게 친숙하게 다가왔다. 예를 들어 과거 사진이나 영상 제작 기술이 없을 때 미술은 그림으로만 표현할 수 있었고, 그림으로만 표현되던 예술은 특정 예술가들의 화풍으로만 표현되었다. 그러나 사진과 영상 제작 기술이 발전하면서 영화 같은 대중예술이 나타났고, 이는 일반 시민이 예술을 좀 더 쉽게 향유할 수 있는 형태로 제공되기 시작했다. 음악의 경우도 과거 관현악단이 활용할법한 클래식 악기들만 존재하던 시절의 음악은 클래식을 이해할 수 있는 특정 계층만 향유 가능한 예술이었다. 그러나 전자적 방식으로 음악을 만들고 악기를 전혀 다루지 못하고 악보를 볼 줄 모르는 사람도 음악을 만들 수 있는 기술이 발전하면서 좀 더 다양한 사람들이 대중의 눈높이에 맞는 음악을 만들어 공급할 수 있게 되었고, 대중음악은 대중의 눈높이에 좀 더 가까워지게 되었다. 최근 첨단 과학기술의 발전으로 변화하는 예술도 이와 같은 양상을 보일 것이라 예상된다. 그림그리기에 재능이 없는 사람도 인공지능에게 자신이 생각하는 아이디어를 제공해 수준 높은 그림을 그릴 수 있도록 만들어준다. 즉, 과학기술의 발전은 수준 높은 예술작품을 창작할 수 있게 해주고 시민에게 문화예술에 좀 더 가깝게 다가갈 수 있게 만들어주는 도구로 발전해왔다.

물론 과학기술의 발전이 문화예술과 사람들에게 긍정적인 영향만 가져다준 것은 아니다. 과학기술이 발전하기 위해서는 대규모 투자가 필요한데, 이를 공공부문이 모두 감당할 수는 없기에 기업과 자본가의 대규모 투자가 발생하게 되고, 이는 소수의 자본 소유자들이 과학기술 발전과 과학기술과 접목되는 문화예술의 방향성을 결정할 수 있다는 것을 의미한다. 문화예술이 모든 사람에게 필요하고 유리한 것이 아니라 자본을 소유한 소수에게 더 많은 부를 가져다주기 위한 수단으로 전락할 수 있다는 것이다.

과학기술 발전이 문화예술에 미칠 수 있는 또 다른 부정적 영향은 발전한 과학기술이 양산형 문화예술 작품을 만들어낼 수 있다는 것이다. 지금까지 과학기술 발전은 문화예술에 크게 두 가지 혁신을 이끌어냈는데, 하나는 새로운 형태의 창작물이 나타날 수 있도록 만들어주었다는 점과 창작 속도를 빠르게 만들어주었다는 점이다. 3D 촬영 및 감상이 가능해진 이후 만들어진 영화 〈아바타〉는 현재 우리가 메타버스상에서 볼법한 가상 세계와 아바타를 영화로 만들어 관객에게 3D 형태로 감상할 수 있도록 해주었고, 약 30억 달러에 달하는 수입을 올렸다. 이것이 전자에 해당하는 사례라 할 수 있다. 반면 디지털 음악 기술의 발전은 음악을 기계로 손쉽게 만들 수 있게 해주었고, 공급이 증가하다 보니 표절에 대한 경각심이 낮아지고 저퀄리티의 양산형 음악이 대형 기획사를 통해 공급되는 현상이 나타났다. 이는 후자에 해당하는 사례다. 이처럼 새로운 과학기술의 발전은 제품 공급을 급격히 증가시키는데, 문화예술의 경우 이러한 공급 증가가 반드시 바람직하지만은 않을 수 있다는 것이 문제다. 제품 및 서비스의 퀄리티가 규격화되어 있지 않은 문화예술의 생산 효율성이 높아지면, 콘텐츠 생산 기업은 제품의 질을 떨어뜨려 이윤을 높이고자 하는 유인이 존재하기 때문이다.

가장 궁극적으로 우려되는 점은 과학기술 발전이 문화예술이 지향해야 할 인문학적 지향과 시대정신을 잘 담아낼 수 있을 것인가 하는 점이라 생각된다. 과학기술 발전은 연구개발 투자에 의해 발전하고, 연구개발 투자는 전술한 것처럼 대규모 투자에 의해 이루어진다. 만약 과학기술 개발을 위한 연구 내용이 윤리와 시대정신을 반영하지 못한다면, 과학기술의 발전은 끔찍한 결과를 가져올 수 있다. 제2차 세계대전 때 개발된 수많은 살상 무기와 당시 나치의 문화통치가 극단적 사례라 할 수 있을 것이다. 즉, 과학기술 발전이 단순히 편리함만을 추구한다면 문화예술 발전을 저해하는 요인이 될 수 있고, 문화는 사회가 추구하는 방향을 설정하는 힘이 있기 때문에 권력을 독점한 소수가 권력을 유지하기 위한 목적으로 과학기술 발전을 이용할 수 있다는 것이다. 그러나 과학기술을 통해 더욱 발전한 세상을 SF 예술로 보여주고, 과학기술은 해당 예술에 영감을 받아 더 발전한 과학기술을 만들어 인류의 문명을 발전시켜온 역사는 과학기술의 발전이 장기적으로 문화예술에 긍정적인 영향을 미쳤다고 볼 수 있다.

그렇다면 문화예술 분야에서의 기술 발전은 산업과 경제 전반에 어떠한 경로를 통해 영향을 미치게 되며, 그 정도는 어느 정도일까? 먼저 과학기술의 발전은 전술한 것처럼 연구개발을 통해 이루어진다. 대체로 현대 문화예술 분야에 활용되는 과학기술은 대부분 IT 산업에 해당하는 정보통신산업과 전자전기제조업 기술에 해당한다. 따라서 1차적으로 IT 산업이 영향을 받게 되고, IT 산업 기술이 문화예술 분야에 적용되면 문화예술 분야의 수요가 상승해 산업 전반으로 그 효과가 파급된다.

예를 들어 AI 그림 기술이 발전했을 때의 경제적 효과를 예상해보면, 먼저 IT 산업에서 그림을 인식하는 기술이 발달하는데, 빅데이터를 이용한 그림 학습 기술이 발달하고 학습한 그림을 토대로 새로운 그림을 창작하는 AI의 기술적 역량이 향상된다. 발전한 IT 기술은 문화예술 분야에 접목되며 예술품의 질적 수준을 높인다. AI가 그린 그림의 질적 수준이 향상되면 AI 그림에 대한 소비자의 수요가 늘어나게 되고, AI 그림을 제작하는 IT 산업, 그림을 판매하는 갤러리 산업, 블록체인 산업 등의 생산이 늘어나게 될 것이다.

또 다른 예로 실감콘텐츠 분야의 XR 기술이 발전하면 해당 기술을 개발하는 콘텐츠 기업의 핵심 인프라 구축이 늘어나고 인재 및 기술 역량이 발전하며, 이는 데이터, 네트워크, 인공지능 기술 등 XR 기술 관련 인프라가 확충되는 효과를 가져온다. 이는 제조, 의료, 건설, 교육, 유통, 국방 등 다양한 분야에서 XR 기술의 활용을 확대하여 국가 전반에 긍정적 파급효과를 가져오게 된다.

우리는 과거 어느 때보다 기술이 발전한 시대에 살아가고 있고, 최근 우리나라는 문화예술 분야가 이를 선도하고 있다. 기술이 발전하면 소비자는 다양한 서비스를 제공받을 수 있는 기회가 확대되고, 사회의 전반적인 질적 수준이 높아지게 된다. 하지만 기술 의존도가 높아질수록 기술 개발에 소요되는 자본의 규모가 확대되고, 해당 자본으로 사회의 부가가치가 편중되는 문제가 발생한다. 즉, 불평등이 심화될 가능성이 커진다. 또한 기술이 발전할수록 인간의 역할이 축소될 수도 있다. 과거 인간이 수행했던 일들을 기계가 대체할 수 있기 때문이다. 하지만 인류는 과학기술 발전과 더불어 사회 시스템을 발전시켰고, 소수 엘리트 집단의 지성보다는 사회 전체의 집단지성에 의한 선택을 강화시키는 방향으로 진보해왔다. 기술 발전의 혜택을 소수의 자본에 돌아가지 않도록 경제 시스템을 보완하고, 기계에 대체되는 사람들이 할 수 있는 일을 찾기 위해 공공과 민간이 함께 노력해온 것이라 할 수 있다. 또한 과학기술의 발전은 사람들에게 기계가 할 수 없는 창의적이고 혁신적인 아이디어가 계속 발전할 수 있도록 노력하는 원동력이 되어왔다. 기계로 인해 밀려난 사람들은 재취업을 위한 교육을, 창의적이고 혁신적인 인재를 양성하기 위해서는 그에 걸맞은 교육을 함으로써 사회는 기술을 발전시키는 동시에 사회 시스템을 진보시켜왔다. 이 같은 사회구성원들의 노력이 지속된다면 문화예술 분야의 기술 발전에 의해 사회가 더 발전하고, 더 많은 사람이 문화예술을 향유할 수 있게 될 것이라 생각된다.

인공지능은 작가를 대체할 수 있을까

2023년 초 최대 화두는 챗(Chat)GPT라 할 수 있다. 대화형 인공지능이 끊임없이 발전해왔지만, 사람과 실시간 대화가 가능한 수준으로 발전하기까지는 시간이 좀 더 소요될 것이라 생각했는데, 기대하던 수준이 현실로 나타나 많은 사람이 놀라움을 감출 수 없었을 것이라 생각된다. 챗GPT의 효과는 매우 크게 나타났는데, 챗GPT에 투자했던 마이크로소프트의 주가가 2022년 말 주당 약 220달러 수준에서 챗GPT가 한창 주목을 받았던 2월 주당 약 270달러까지 상승했고, 현재 주당 약 350달러까지 상승해 고공행진을 이어가고 있다는 점이 단적인 사례라 할 수 있다.

챗GPT의 놀라운 점은 주제를 제시해주면 웬만한 수준의 글, 그림, 프로그래밍 코드 등을 작성해낼 수 있다는 점이다. 이는 문화예술계에 큰 충격을 안겨주었다. 사람과 비슷한 수준으로 문화예술의 기능적 역할을 수행할 수 있는 AI가 탄생했기 때문이다. 이는 AI가 조금만 더 발전하면 예술가들이 모두 일자리를 잃게 될지도 모른다는 불안감을 안겨주었고, 이러한 불안감을 안겨줄 만큼 놀라운 기술 발전이 일어난 것이다. 물론 AI가 사람을 대체하게 될 것이라는 이야기가 어제오늘의 이야기는 아니지만, AI와 자동화 기술이 아무리 발달해도 사람이 할 수 있는 영역을 기계가 완벽히 대체해내지는 못했기에 큰 걱정을 하지 않고 있었는데, 챗GPT는 이러한 걱정이 현실로 다가왔음을 느끼게 해주었다고 생각한다. 물론 챗GPT가 완벽한 수준의 시를 짓거나 그림을 그리거나 코드를 작성하는 것은 아니며, 실시간 데이터를 통한 정보 업데이트가 되지 않아 부정확한 정보를 제공하는 사례도 빈번히 나타나고 있다. 하지만 '지금 속도로 AI가 발달한다면 AI가 예술가를 대체하지 않을까?' 하는 것은 현실적인 걱정이라 생각된다.

AI가 발전하며 많은 사람의 관심사는 AI가 새로 만들어내는 직업에는 어떤 것들이 있는지에 대한 점이라 생각된다. 한국고용정보원에서는 최근 기술 발전을 고려했을 때 새로 만들어질 수 있을 것으로 예상되는 직업에는 어떤 것들이 있을지 조사·분석한 다음 다섯 가지 분야를 제시했는데, 그 결과는 다음과 같다.

① 문화콘텐츠에 AR, VR, 홀로그램 등 정보통신기술이 결합한 융복합 직업: 맞춤형게임프로그래머, 융복합콘텐츠창작자, 공연미디어전문가 등
② 온라인공연 유료화 등 비대면 산업 활성화 등에 따른 직업: 온라인튜터, 이러닝테크니션(학교), 공연방송기술자 등
③ 웹 영상 모바일 활용 콘텐츠 기획 개발 직업: 웹소설기획자, 각색작가, A&R, 오디오북내레이터기획자, 방송프로그램포맷개발자 등
④ 콘텐츠 운영 유통 지원 관련 직업: 콘텐츠IP운영관리자, 콘텐츠

가치평가사, 수출저작권에이전트, 문화예술후원코디네이터 등

⑤ 데이터기반 서비스 직업: 데이터마케팅전문가, 디지털미디어데이터분석가를 비롯하여 데이터분석 이후 시각화하는 데이터시각화디자이너 등

이 중에서 인공지능 기술이 활용되는 분야는 ① 문화콘텐츠에 AR, VR, 홀로그램 등 정보통신기술이 결합한 융복합 직업, ⑤ 데이터기반 서비스 직업으로 판단된다. ③ 웹 영상 모바일 활용 콘텐츠 기획 개발 직업은 어쩌면 AI에게 직업을 내주어야 할 분야일 수도 있고, 새로운 직업이 생길지도 모르는 분야로 생각되며, ②, ④의 경우 인공지능 관련 직업이 포함되겠지만, 상대적으로 그 비중이 크지는 않을 것으로 예상된다.

한국고용정보원이 제시한 세부 직업 중에 AI와 연관된 분야를 정리한 내용이 〈표 7.1〉의 내용이다. 먼저 맞춤형게임프로그래머가 소개되어 있는데, 게이머의 역량, 선호도 등에 따라 차별화된 게임 콘텐츠를 제공할 수 있는 프로그래머가 여기에 해당한다. 물론 현재까지 개발된 맞춤형 게임 콘텐츠들은 초보 수준이지만, MMORPG 게임이나 핵앤슬래시 게임에서 맞춤형 경로에 따라 다양한 콘텐츠를 유저에게 제공할 수 있는 AI 기술은 유망성이 높아 보인다.

다음으로 조명프로그래머가 소개되어 있는데, 공연의 특성, 환경, 시간대마다 최적의 조명이 다를 것이므로 이를 AI를 통해 찾아줄 수 있는 조명 프로그램을 개발하는 것은 의미가 있을 것으로 보인다. 그리고 데이터마케팅전문가는 빅데이터와 인공지능 기술 결합 초기부터 존재했던 직업이지만, 아직 맞춤형 광고가 완벽한 수준은 아니기에 문화예술 분야에서 맞춤형 광고를 제시해주는 직업은 여전히

표 7.1 AI 관련 신직업

분야	직업명	직무 개요	AI 적용 분야
게임	맞춤형게임 프로그래머	게이머의 선호도, 역량 등에 따라 완전히 다른 게임을 즐길 수 있는 개인화된 게임 제작	AI 분석 능력을 기반으로 개인 맞춤형 게임 콘텐츠 생성
공연	조명 프로그래머	조명디자이너의 지시하에 콘솔 등에 조명기기의 작동 시간이나 방법 등을 입력	시간대, 환경 등에 맞춰 적절한 조명의 밝기를 찾아주는 조명 개발
광고	데이터마케팅 전문가	개인별 차별화된 광고를 제공할 수 있도록 빅데이터 분석을 통해 개인 맞춤형 광고 제안	AI를 통한 개인 맞춤형 성향 분석
문화예술 기술	디지털 헤리티지 전문가	3D 디지털 기술을 활용하여 기존 문화재 또는 소실된 문화재의 디지털 정보를 복원·구축하며 디지털 기반 전시를 기획·제작	AI 기반 3D 문화재 복원 기술 적용
영화	CFX 아티스트	여러 유형의 프로젝트에서 옷감, 머리카락, 털, 깃털뿐만 아니라 근육 및 피부 변형을 시뮬레이션하고 스토리의 목적에 맞는지 확인하여 캐릭터와 주변 환경 연결	캐릭터의 특성에 맞게 자동화된 시뮬레이션이 가능하도록 AI 기술 적용
콘텐츠 창작, 기획, 운영, 관리	융복합콘텐츠 창작자	VR/AR/MR 등 첨단 기술을 연계한 실감 융복합 콘텐츠 제작	영상에 맞게 스토리를 창작하거나 스토리에 맞게 영상을 제작하는 AI 개발
통·번역	문화콘텐츠 번역가	웹툰, 드라마, 영화, 동영상 등 국내 문화콘텐츠를 언어, 문화, 상황 등의 맥락에 맞게 전문적으로 번역	상황에 적절한 표현이 가능하도록 대화형 AI를 통·번역에 적용

출처: 김중진 외 4인(2020).[89]

인기가 있을 것으로 판단된다.

이어서 소개하는 직업은 디지털헤리티지전문가로 3D 기술로 보존 및 관리가 어려운 문화재, 기존 문화재 중 사람들이 많이 찾는 문화재, 소실된 문화재 등을 디지털로 복원하는 기술은 전통문화 분야에서 각광받는 직업 중 하나다. 예를 들어 팔만대장경판의 경우 기후변화로 보존에 어려움을 겪고 있어 일반 시민에게 공개되지 않고 있는데, 이를 디지털로 복원한다면 관람 수요가 클 것으로 예상된다. 문제는 팔만대장경판의 경우 글자가 500만 자가 넘고 경판 수는 8만 1,258매로 이를 디지털로 복원하는 작업이 쉽지 않아 AI를 통한 외형 복원, 글자 복원 기술이 반드시 필요할 것으로 예상된다. 이 외에도 AI 기술 적용이 필요한 문화재는 다양할 것으로 예상되어 해당 직업도 유망할 것으로 판단된다.

또한 CFX아티스트의 경우 피부 외형을 캐릭터 특성과 상황에 맞게 변화시켜야 하는데, 여기에 AI 기술이 적용될 수 있을 것으로 보인다. 또한 융복합콘텐츠제작자는 융복합 과정에서 AI 기술을 적용할 수 있을 것이고, 콘텐츠번역가의 경우 상황별로 여러 언어의 적합한 표현을 찾는 데 대화형 AI가 사용될 수 있을 것으로 판단된다.

다시 처음으로 돌아가면, 이 같은 AI의 발전이 예술가들에게 새로운 일자리를 만들어줄 것인지, 예술가들의 일자리를 빼앗아갈 것인지가 중요한 문제다. 챗GPT의 가장 놀라운 기능은 대화형 인공지능이 그림에도 놀라운 수준으로 적용된다는 것이다. 카카오톡 대화형 인공지능인 AskUp에 포함된 이미지 생성 AI 프로그램 업스케치는 콘셉트나 상황을 설명하며 인공지능에게 그림을 그려달라고 요청하면 상당히 높은 퀄리티의 그림을 그려주는데, 꽤 어려운 요구에도 상당히 사실적인 그림을 그려준다.[80]

AI로 그림을 그리는 방법은 비교적 간단하다. 본인이 상상하는 그림의 형태를 설명해주면 해당 설명을 토대로 인공지능이 그림을 그려준다. 위에서 언급한 AskUp 외에도 다양한 인공지능 그림을 그려주는 사이트가 존재하며, 적용되는 인공지능 알고리즘도 다양하다. 2014년 원시적인 인공지능을 통한 저퀄리티의 그림에서 현재는 웬만한 디자이너의 그림을 뛰어넘은 퀄리티의 그림을 그릴 수 있는 수준까지 기술이 발전했다.

인공지능을 통한 그림의 장점은 초보자나 그림을 거의 그려보지 않은 사람도 쉽게 고퀄리티의 그림을 그릴 수 있다는 것이다. 그림은 작품 내에서 작가가 표현하고자 하는 이야기가 작가의 그리는 능력을 통해 만들어진다. 그림을 그리는 능력은 전문적인 영역이기에 보통 사람들은 이야기를 구성해 이를 작가에게 요청하여 그림을 그린다. 이제 그 역할을 AI가 수행할 수 있게 된 것이다. 따라서 미술을 전혀 모르는 문외한이라 하더라도 본인이 생각하는 풍경, 스토리, 인물, 사물 등을 AI에게 상세히 설명하면 AI는 최대한 나의 요구에 맞게 그림을 그려줄 수 있게 되며, 이는 그림 그리는 기술이 직업인 기존 예술가들에게는 위협이 될 수 있다.

'AI 화가 시대'가 본격화되면 잡지 삽화나 게임 원화 등을 그리는 상업미술계가 직격탄을 맞을 것이라고 업계는 전망한다. 목적에 맞는 그림을 적은 비용으로 제작해야 하는 상업미술계에서는 누가 그리거나 얼마나 창의적이냐와 무관하게 쓸 만한 그림이면 그만이기 때문이다. 특히 게임업계가 AI 화가를 적극 활용할 것으로 보인다. 수백억 원대의 개발비가 드는 대작 게임의 경우, 이미지를 담당하는 콘셉트 작가가 보통 20명 안팎, 많게는 50명까지 투입되고 있는데, 기업으로서는 제작 비용을 낮추기 위해 상업적으로 화풍을 인정받는 소수의 창의적인 작가들만 남기고 단순 반복 작업을 하는 작가들은 AI로 대체할 가능성이 크다. 양산형 게임은 이미지에 크게 신경 쓰지 않아 AI 활용 가치는 더욱 높을 것으로 예상된다.[81]

반면 색감 등 기술적 소양이 부족한 사람도 창의력을 발휘하면 상업미술계에서 일자리를 찾을 수 있고, 어려운 환경에서 게임을 개발하는 1인 개발자도 AI를 전속 작가처럼 이용할 수 있기에 AI가 기회가 되는 예술인들도 존재한다. 또한 웹툰과 같이 작화보다는 줄거리나 아이디어가 중요한 문화콘텐츠의 경우도 AI의 활용 가치가 높을 것으로 보인다.

하지만 순수예술의 경우는 영향이 적을 것으로 판단된다. 아직 AI가 만들어내는 그림은 그림을 그리는 기술적 영역에 불과하기 때문이다. 한 미술평론가는 "AI는 선, 면, 색, 질감, 형태 등 조형적 요소에서 인간보다 탁월하다. 하지만 거기에는 예술적 가치관도 없고 철학도 없다. 미술계에서는 조형뿐만 아니라 미술사적 의미 등 20개 가까이 되는 지표들을 기준으로 그림을 평가하는데, AI 그림은 결국 복제일 뿐"이라고 이야기하기도 했다. 즉, AI가 예술의 영역을 만들어내는 것은 어려운 일이라는 것이다.

미국의 한 대학교수는 "과거에도 사진기, 복사기 등이 예술가라는 직업을 죽일 것이라고 우려했지만 오히려 더 강하게 만들었다"고 말했다. 또한 미국의 콘셉트아티스트 이안 맥케이그는 "나의 창작적 원천은 다른 예술가들의 그림이 아니라 오히려 문학가들의 문장이었다는 것, 그림에 대해 본인이 떠들지 말고 대중이 선택하도록 열어두어야 한다는 것, 그리고 무엇보다 창작자에게 가장 필요한 것은 다양한 사람과 소통할 줄 아는 '좋은 사람'이 되는 것"이라고 이야기했다.[82] 이를 인공지능과 연결하여 생각해보면, 인공지능 이미지는 문장으로부터 시작하고, 충분한 설명이 있어야 좋은 이미지가 추출된다. 그런데 생성되는 여러 이미지 중에서 선별하고 선택하는 것은 어차피 인간인데, 그러한 모든 과정이 인격적이고 윤리적일 때, 활용

가능한 좋은 이미지를 얻을 수 있다는 것이다.

결과적으로 AI는 단순반복적 예술을 대체할 수 있을 것으로 예상된다. 이 과정에서 일자리를 잃는 예술가는 분명히 나타날 것이다. 하지만 창작의 영역을 AI가 대체하는 것은 아직 무리라는 것 또한 예술계의 보편화된 상식이라 생각된다. AI가 창작 영역을 대체했을 때, AI는 어쩌면 사람과 동일한 감성과 지능을 갖게 될지도 모른다. 하지만 적어도 현재의 AI 기술은 문화예술 분야에 위협보다 기회가 더 클 것으로 예상된다.

메타버스의 현주소

코로나19 이후 메타버스는 현실 공간을 대체할 수 있는 공간으로 이목이 집중되었고, 거의 모든 거대 IT 기업들이 앞다투어 메타버스 플랫폼을 개발하고 서비스를 제공 중이다. 사실 메타버스의 개념이 무엇인지 명확히 정의하기는 어려운 일이다. 메타버스는 가상·초월을 뜻하는 메타(meta)와 세계·우주를 의미하는 유니버스(universe)의 합성어다. 굳이 명확한 정의를 하기보다는 가상 세계를 의미하는데, 과거 플랫폼보다 좀 더 현실을 잘 구현할 수 있고 나를 잘 표현할 수 있는 가상 세계 플랫폼이라 이해하면 될 것으로 보인다.

메타버스가 이슈화되었을 때, 열광하는 사람이 많았던 만큼 회의적인 시각 또한 적지 않았다. 우리는 이미 과거 2000년대 싸이월드의 흥망성쇄를 지켜보며 아바타를 이용해 꾸미는 가상현실의 한계를 보았기 때문일지도 모른다. 하지만 현실은 상당수의 명품 브랜드들이 메타버스 플랫폼에 입점했고, 메타버스에 대한 사람들의 관심도와 이용도는 쉽게 꺾이지 않고 있다. 과거와는 다른 새로운 플랫폼이 탄생했다고 봐도 무방한 상황이다. 물론 이러한 유행이 또 수년

뒤 사그라들고 메타버스도 사람들의 추억 속으로 사라져갈 수 있다. 하지만 현재 메타버스의 파급력은 무시할 수 있는 수준이 아니며, 과거보다 지금은 훨씬 더 발전한 네트워크 수준과 ICT 기술 수준을 보유하고 있다. 어쩌면 메타버스가 SF 문학이나 영화에서 보던 가상현실에 근접한 콘텐츠를 제시해줄 수도 있다는 기대감마저 드는 상황이다.

중요한 건 미래를 섣불리 예측하는 것보다 현재 일어나고 있는 현상의 원인을 살펴보는 것이 중요할 것이라 생각된다. 최근 구찌, 루이비통, 돌체앤가바나, 발렌시아가(Balenciaga), 버버리, 휴고보스, 랄프로렌(Ralph Lauren), 자라, 지미추, 나이키, 아디다스 등 다수의 패션 브랜드에서 가상 제품을 위해 특별히 설계된 캡슐 라인과 컬렉션을 만들어 메타버스 플랫폼으로 진출하고 있다. 미국의 투자은행인 모건스탠리는 "명품 NFT시장 규모가 2030년 560억 달러에 이를 것"이라고 전망할 정도로 메타버스 내 명품시장이 확대되고 있다. 루이비통, 까르띠에, 프라다는 블록체인 플랫폼인 '아우라(Aura)' 컨소시엄을 구성하여 본격 NFT시장에 진입했고, 발렌시아가는 메타버스 부서를 발족시켰으며, 나이키는 가상의 운동화 디자이너를 영입했다고 발표했다. 이처럼 최근 명품 브랜드의 메타버스 진출이 계속 확대되는 추세를 보이고 있다.[83]

명품 브랜드의 메타버스 진출 원인을 단순하게 설명하면 사람들의 메타버스 내 명품 수요가 존재하기 때문이다. 즉, 현실이 아닌 메타버스 내 아바타에게도 사람들이 명품을 입히기 시작한 것이다. 이는 이른바 MZ세대라고 불리는 젊은 세대들이 메타버스를 자신을 표현할 수 있는 공간으로 인식하고 있다는 것을 의미한다. 메타버스 공간이 2000년대 아바타 공간과 다른 점은 메타버스에서는 게임, 경제 활동 등 일상생활과 비슷한 활동을 할 수 있다는 점이다. 기존 아바타 공간은 아바타를 치장하고 한 장의 화면에 꾸민 결과를 보여주는 것이 전부였으나, 현재 메타버스는 SNS의 축소판에 가깝게 구현된다. 메타버스 내에서는 가상의 개념이기는 하지만 공간이라는 개념이 생겼고, 그 공간을 유저가 원하는 대로 꾸미고 그렇게 만든 공간을 NFT라는 기술을 이용해 내가 만든 공간이라는 표식을 남길 수 있고 판매할 수도 있다는 장점이 과거와 달리 젊은 세대들이 폭넓게 메타버스를 이용할 수 있도록 만든 이유로 판단된다.

물론 메타버스 공간도 한계가 존재한다. 가장 큰 한계는 물리적 공간과의 연동이 아직 완벽하지 않다는 점이다. 메타버스의 가장 큰 성공 요인인 현실성이 아직 완전하지 못하다는 것이다. 메타버스가 기존 기술들과 가장 차별화되는 점은 기존 기술들보다 더 가상공간을 현실처럼 만들어 이용자가 현실에서 생활과 유사한 경험을 할 수 있도록 만들어준다는 것이다. 그러나 아직 이러한 기술이 완벽히 구현되지 않았다는 점은 한계로 지적될 수 있다.

하지만 이러한 단점은 메타버스에 인공지능이 완벽히 결합되면 극복될 수 있을 것으로 판단된다. 만약 AI 이미지 생성기가 그림을 그려내는 수준으로 AI가 메타버스 공간을 만들어낼 수 있다면, SF 문학이나 영화에서 그리던 가상 세계가 메타버스 공간에서 실제로 구현될 수도 있을 것이다. 특히 VR, XR과 같이 가상현실을 피부로 느끼게 만들 수 있는 기술력과 완벽한 결합이 가능하다면, 그 파급력은 어마어마할 것으로 예측된다. 다만, 아직 AI가 현실 공간을 학습하는 능력이 그리 높은 편은 아니며, 공간 재현 능력은 단순한 형태를 제시해주는 것이 아니라 물리법칙, 자연현상까지 똑같이 창조해낼 수 있는 기술이 필요한 것이므로 아바타가 해당 공간 내에서 현실과 똑

같은 경험을 하며 활동할 수 있을 정도로 기술력으로 발전하고 상용화되기까지 얼마의 시간이 걸릴지 예상하긴 어렵다. 하지만 현재 AI 기술의 발전 속도를 보면 그런 날이 머지 않았음을 직감하게 된다.

메타버스가 각광받는 대표적인 분야는 공연예술 분야다. 문화예술 영역 중 코로나19 팬데믹으로 인해 가장 큰 타격을 입은 영역 중 하나는 공연예술 분야이며, 이는 국내는 물론 국외도 타격이 적지 않았다고 알려져 있다. 이러한 때에 가상과 현실의 융합을 앞세운 글로벌 메타버스 플랫폼들은 재빠른 태세 전환을 통해 공연에 목말라하는 아티스트들과 팬덤을 위한 공간을 온라인상에 구축했다. 메타버스 공연에서 가장 성공했다고 꼽히는 사례는 바로 트레비스 스캇(Travis Scott)의 콘서트다.[84] 전 세계적으로 많은 팬층을 거느린 힙합 가수인 트레비스 스캇은 2020년 4월 메타버스 플랫폼 포트나이트(Fortnite) — 에픽게임즈가 운영하는 배틀로얄 게임 형식의 메타버스 — 에서 새로운 형식의 콘서트와 이벤트를 선보여 화제를 모았다. 포트나이트에 등장한 스캇은 자유자재로 몸을 변신하며 순간이동을 하는 등 노래별로 번뜩이는 아이디어가 돋보이는 다양한 상황을 연출했다. 콘서트를 즐기는 팬덤의 아바타들 역시 사이보그적이면서도 키치적인 외관으로 우주를 날아다니는 등 기존 오프라인 공연장에서는 느낄 수 없었던 획기적인 경험을 하게 되었고, 이에 스캇의 메타버스 콘서트에는 대략 1,230만 명이 참여하는 기염을 토했다.[85]

한편, 전 세계에 흩어져 있는 팬덤들이 이렇게 일순간 온라인 공간에 모여 콘서트를 즐기는 이런 절호의 기회를 전 세계 기업들은 놓치지 않았다. 포트나이트는 스포츠 브랜드 나이키(Nike)와 협력하여 오프라인 매장에서 판매하는 제품들을 발 빠르게 선보였다. 트레비스 스캇의 메타버스 콘서트 장면에서도 나이키를 신은 아바타가 전면에 등장함으로써 상당한 광고 효과를 얻을 수 있었다. 이처럼 메타버스에서의 공연은 단순히 즐기는 것으로만 끝나는 것이 아니라 제품의 특징에 착안한 상상력 가득한 상황들을 의도적으로 연출함으로써 현실에서는 보기 어려운 극적 재미는 물론, 광고 효과를 극대화할 수 있다는 이점이 존재한다. 충성도 높은 전 세계 팬들이 동시다발적으로 조우할 수 있다는 것도 메타버스 공연만의 매력이라 할 수 있다.

최근에는 메타버스 플랫폼 내에서 이루어지는 걸 넘어서 버추얼 휴먼인 아바타가 오프라인 공간에 덧입혀지는, 말 그대로 가상과 현실의 융합이 눈앞에 펼쳐지는 메타버스 공연이 잇달아 선보여 화제를 낳았다. 2021년 폭스(Fox)사가 선보인 〈얼터 에고(Alter Ego)〉, 2022년 국내 방송사 MBN이 선보인 〈아바타 싱어〉는 모두 메타버스 실감형 기술과 아바타 IP를 결합하여 오프라인 예능 프로그램으로 발전시킨 사례라 할 수 있다[86]. 이처럼 메타버스 공연은 다양한 환경과 맥락 내에서 모션캡처·인공지능을 비롯한 AR·VR·XR 등 첨단 실감 미디어 테크놀로지의 발달과 더불어 매 순간 발전을 거듭하고 있다. 다음번에 선보일 메타버스 공연은 또 어떻게 우리를 놀라게 할지 기대된다.

메타버스가 각광받는 또 다른 분야는 미술 분야 중 전시예술 분야다. 메타버스 플랫폼이 발전하면서 디지털 형태의 미술작품 전시가 가능해졌기 때문에 메타버스를 이용한 전시관, 박물관이 확대되고 있다. 일례로 국립중앙박물관이 제페토에 가상 박물관을 여는 등 기존의 미술관들이 메타버스 공간에 새로운 전시장을 마련하고, 소더비 등 대규모 글로벌 경매회사들도 발 빠르게 메타버스 플랫폼에 가상 갤러리를 마련하는 등의 변화가 실제로 나타나고 있다. 또한 미술 분야 내 NFT 작품 수집가와 작가들이 메타버스 플랫폼을 통해 가상 세계에 전시 공간을 구축하면서 메타버스 기반 전시장이 생겨났다. 메타버스 전시장에 관람객 아바타들이 들어가 NFT 작품을 관람하며, 관람 중에 마음에 드는 작품이 있으면 연결된 NFT 작품 경매 사이트를 통해 실시간으로 작품을 구입한다.

우리나라의 경우, 2021년 3월 크립토복셀 내 누 갤러리(Nu Gallery)에서 70여 명의 NFT 작가가 참여하는 우리나라 최초의 메타버스 그룹전이 열렸으며, 2021년 9월에는 NFT 수집가 커뮤니티인 도지사운드클럽(Dodge Sound Club)이 크립토복셀에 전용관을 열어 작품 판매와 전시를 진행했다. 이처럼 국내에서도 가상 세계에서의 미술 활동이 늘어나고 있는 추세다. 특히 주목할 만한 점은 우리나라 1세대 NFT 작가로 불리며 글로벌 NFT 거래 플랫폼에서 고가의 작품 판매 기록을 세우고 있는 미스터 미상은 그래픽아티스트로 활동했으나 '정통' 미술계에서의 전시나 작품 판매 경력이 없다는 점이다. 최근 크립토복셀에서 열린 대규모 전시[세컨드 라이프(Second Life)]에서는 크리스티(Christy's) 경매에서 NFT 작품으로 800억 원이라는 작품 경매가를 기록해 화제를 모았던 NFT 작가 비플(Beeple)을 포함, 기존 미술계 경력 없이 새롭게 작품 활동을 시작한 작가들이 다수 참여했다. 이처럼 메타버스와 NFT의 결합으로 인한 새로운 기술 인프라가 작가-소비자 간 직접 소통과 교류, 기존 미술계보다 저렴한 수수료, 소비자별 특화된 마케팅 등으로 누구나 언제 어디서든 작품 전시와 관람, 구입이 가능한 차별화된 미술의 경험 방식이 탄생했고, 전통적인 미술계 문법과는 다른 생태계가 제시되었다는 점에서 기존 생태계와 차별화된다. 이는 현대 미술이 미술-기술 융합생태계로 확장할 가능성을 보여줄 수 있는 장면이라 예상된다.[87]

메타버스의 미래를 쉽게 예측하긴 어려울 것이다. 그러나 현재의 파급력을 본다면 메타버스는 우리가 꿈꾸던 가상 세계를 열어줄 첫 번째 관문으로 보인다. 물론 메타버스가 일시적 현상으로 그치고 기존의 많은 가상 세계 플랫폼이 그러했듯이 사라지게 될지도 모른다. 하지만 한 가지 확실한 점은 '메타버스'라고 명명한 플랫폼은 사라지더라도 가상 세계에 대한 사람들의 관심도와 욕구는 사라지지 않는다는 것이다. 현실과는 다른 세계에서 나를 만들고, 꾸미고, 표현하려는 욕구와 현실에서 '나를 표현하려는 욕구'는 동일한 것이기 때문이다. 최근 한 논문에서는 메타버스 내에서 자기표현 동기가 자기애적(나르시시즘적) 성향에 의해 강화된다는 점을 설문조사 기반 데이터를 통해 분석했다.[88] 이는 메타버스 내에서 추구하는 감성이 현실에서 자신을 표현하려는 욕구와 동일하게 발현된다는 점을 시사한다고 봐도 무방할 것이다. 인터넷의 발달 이후 사람들은 끊임없이 가상공간을 만들어 자신을 표현하고 소통하려 해왔고, 앞으로도 이러한 욕구는 더 크게 발현되리라 생각된다. 이러한 인간의 기본적 욕구가 메타버스 관련 기술을 더욱더 발전시키리라 생각하고, 메타버스는 더 성장할 여력이 높은 기술로 보인다.

8

미술품 투자

김종헌

미술품의 가치 판단

미술작품과 세금

좋은 작품을 고르려면

미술품의 가치 판단

무엇인가 갖고 싶은 것이 있을 때 왜 갖고 싶은지 이유는 여러 가지가 있겠지만, 구매 결정을 할 때 가장 중요한 요인 중의 하나는 가격이다. 너무 비싸면 소비자가 구매를 주저할 것이고, 너무 싸면 판매자 입장에서 수익이 감소하니 적정한 가격을 정하는 것은 매우 중요한 일이다. 여러분이 여행을 가서 기념품을 산다고 생각해보자. 가격이 1만 원이라고 생각하면 어렵지 않게 구매할 수 있을 것이다. (물론 같은 기념품을 더 싸게 파는 곳이 있으니 발품을 파는 것도 나쁜 선택지는 아니다.)

자동차를 구입할 때도 자동차에 대해 잘 알고 구입하는 사람은 별로 없을 것이다. 마력, 토크, 엔진 구동 원리, 각종 옵션 등 복잡한 자동차의 성능보다는 차량 회사 브랜드와 디자인 그리고 예산에 맞춰 차량을 선택하는 경우가 많을 것이다. 차에 대해 잘 몰라도 차를 사서 타고 다니는 데 큰 문제는 없을 것이다. 이처럼 우리가 물건을 구매할 때 모든 것을 다 알고 구매하는 경우는 생각보다 적다. 미술작품 구매에도 가격이 중요한 부분을 차지할 것이다. 그렇다면 미술

작품의 가격은 무엇에 의해 결정되는지 알아보자.

희소성과 가치상승

대부분의 미술작품은 이 세상에 하나밖에 없다. 에르○○, 샤○, 루이○○ 같은 명품이 비싼 이유는 수십 가지가 있다. 그 비싼 명품 중에서도 더 비싼 제품 라인들이 있다. '리미티드 에디션(Limited Editio)', 즉 한정판. 몇 개만 제작된 명품들은 일반 명품보다 훨씬 더 비싸다. 이유는 '희소성' 때문이다. 소량만 생산되는 것도 아닌 한 점(Unique)만 제작되는 작품은 가치가 더 높다. 이러한 '희소성'을 가지고 있는 작품의 가치(가격)는 정해져 있지 않다. 이 세상에 하나밖에 없는 작품을 소유하고 싶은 사람이 많아지면 그 가치는 천정부지로 올라갈 것이다.

프랑스 루브르박물관에 있는 레오나르도 다빈치의 〈모나리자〉와 한국의 국립중앙박물관에 있는 고려청자는 자본주의 사회에서 돈으로 살 수 없는 것들이다. 〈모나리자〉와 고려청자의 역사적 가치는 현재의 금액으로 환산하기 어렵기 때문이다. 즉, 돈으로 사고파는 것보다 더 큰 역사적 가치가 있다. 간혹 뉴스 기사에서 소더비(Sothebys.com), 크리스티(Christies.com) 경매에서 피카소, 모네, 렘브란트의 작품이 1천억 원이 넘는 가격에 팔렸다는 소식을 들은 기억이 있을 것이다. 작품 한 점에 1천억 원이 넘다니 말도 안 되는 소리 같지만, 실제로 이 가격에 거래되고 있다. 그 이유는 전 세계적으로 아주 유명한 작가의 작품이고, 미술사적 가치가 있는 작품이기 때문이다. 물론 미술사적 가치뿐만 아니라, 여러 이유가 더 있으나 가장 중요한 이유는 앞으로 더 생산되지 않을 전 세계에서 하나밖에 없는 유명하고 가치 있는 작품을 소장하고 싶은 사람들이 그런 천문학적인 비용을 지불하고 작품을 산다는 것이다.

미술시장에서 인정받는 작가의 작품은 시간이 지나면 점차 가격이 상승할 가능성이 크다. 연예인을 예로 생각하면 된다. 한 연예인이 데뷔 전인 연습생 시절과 데뷔 후에 대중에게 인기를 얻고 나서의 가치는 엄청나게 차이가 날 것이다. 그 연예인이 가수라면 히트곡 때문이거나 배우라면 출연했던 작품에서 인기가 많아지게 되면, 이들은 많은 대중으로부터 인지도가 상승하게 되고 당연히 가치가 상승한다. 따라서 다른 프로그램이나 CF 등에서 수많은 러브콜과 고액의 출연료를 받게 될 것이다. 작가도 연예인과 비슷하다. 작가의 전시 경력이 많아지면 작품을 접할 기회가 늘어나고 홍보가 되면서 작품 거래도 자연스럽게 늘어날 것이다. 작품이 팔리지 않는데 전시가 지속적으로 늘어나기는 어렵기 때문이다. 작품이 잘 팔린다면, 여기저기서 전시하자는 제안들이 늘어날 것이고, 더 좋은 전시장에서 더 많은 사람에게 알려지게 된다. 그러면 작품을 소장하고 싶어 하는 사람들이 더 늘어날 테니 작품 가격과 작가의 명성은 비례해서 올라가게 될 것이다. 그 명성이 한 나라를 거쳐 다른 나라에까지 도달한다면 세계적으로 유명한 작가가 될 것이다. 세계적인 작가의 작품 가격은 하늘로 더 높이 올라가게 될 것이다. 모든 작가의 작품들이 이러한 과정으로 유명해지면 좋겠지만, 이렇게 되는 작가는 대중의 선택에 의해 한정적일 수밖에 없다.

그렇다면 '희소성', '가치측정의 어려움', '지속적인 가치상승'으로 비싸진 작가의 작품 가격, 신인 작가 그리고 중견 작가의 작품 가격은 어떻게 책정하면 되는지 알아보자. 만약 내가 커다란 캔버스에 마음대로 색을 칠한 후 10억 원이라고 하면 아마 많은 사람이 무슨 말도 안 되는 소리를 하느냐고 할 것이다. 말이 안 되는 가장 큰 이유는 10억 원의 가격에 내 작품을 살 사람이 없기 때문이다. 그렇듯이 작품의 가격을 책정하는 데 가장 고려해야 할 사항은 “이 작품이 팔릴 적정한 가격은 얼마일까?”를 정하는 것이다.

작품 가격은 어떻게 결정되는가?

작품 가격을 책정하기에 앞서 한국 미술시장의 독특한 가격 방식이 있다. 전 세계에서 주로 한국과 일본에서만 사용하고 있는 방식이다.

‘호당 가격제’로 1호, 10호, 100호 등 ‘호’라는 그림 크기를 기준으로 작품의 가격을 산정하는 방식이다. 한 작가의 호당 가격이 10만 원이라고 하면, 1호[F(Figure, 인물) 22.7×15.8cm, P(Paysage, 풍경) 22.7×14cm, M(Marine, 해경) 22.7×12cm] 작품은 10만 원, 10호[F(Figure, 인물) 53.0×45.5cm, P(Paysage, 풍경) 53.0×40.9cm, M(Marine, 해경) 53.0×33.9cm] 작품은 100만 원, 100호[F(Figure, 인물) 162.2×130.3cm, P(Paysage, 풍경) 162.2×112.1cm, M(Marine, 해경) 162.2×97.0cm] 작품은 1천만 원이다.

호당 가격이 정해진 것은 아니지만, 통상적으로 신인 작가는 호당 3~5만 원을 책정하는 경우가 많고, 중견 작가는 보통 10만 원 이상으로 책정되는 경우가 많다. 물론 신진 작가와 중견 작가의 정의가 모호하지만 말이다. 그리고 유명한 작가(블루칩)의 호당 가격은 천차만별이다. 중견 혹은 유명한 작가의 경우에는 작품이 팔린 가격에 대한 데이터가 많아서 그 판매된 가격을 기준으로 호당 가격이 정해지는 경우가 많다.

아파트 가격을 책정할 때, 혹은 건물을 지을 때나 인테리어를 할 때 주로 사용하는 가격 책정 방식인 평당 가격이 있다. 그렇듯이 그림에는 호당 가격제가 있다. 그런데 캔버스의 크기가 커진 만큼에 비례하여 작가가 작품을 그리는 시간도 똑같이 비례해서 늘어나지는 않을 것이다. 그래서 최근에는 호당 가격제를 사용하지 않는 작가들도 늘고 있다. 같은 작가의 같은 크기의 작품이라도 어떤 작품은 더 인기가 많고, 그렇지 않은 작품들도 있다. '물방울' 작가로 유명한 김창열 작가의 경우에는 대부분 물방울을 그린 작품들이다. 예를 들어 100호[P(Paysage, 풍경) 162.2×112.1cm]의 물방울 작품 두 점이 있다. 한 작품은 1980년도에 제작된 작품이고, 다른 한 작품은 2010년도에 제작된 작품이다. 같은 작가가 같은 주제로 같은 크기의 작품을 창작했으니, 작품 가격은 같아야 할 것이다. 그러나 실제 거래되는 가격은 1980년도에 제작된 작품이 몇 배 더 비싸게 거래된다. 그 이유는 앞에서 설명한 희소성과 관련이 있다. 김창열 작가가 상대적으로 유명하지 않았던 1980년도에는 전시도 많이 없고 판매가 잘되지 않던 시기이기 때문에 많은 작품을 제작하지 않았을 것이다. 그런데 김창열 작가가 유명해진 2010년에는 상황이 달라졌다. 대형 미술관 전시를 비롯하여 여기저기서 엄청난 전시 제안을 받았을 것이다. 그러면 당연히 작품 제작도 많이 이루어졌을 것이다. 그래서 1980년도에 제작된 작품 수가 2010년대보다 훨씬 적고 희소성이 높아서 가격이 몇 배 더 비싸지는 것이다. 그리고 같은 작가의 작품이라도 작품에 따라 인기도가 다르다. 인기가 많은 작품은 더 비싸게 팔릴 것이고, 그렇지 않은 작품은 상대적으로 저렴한 가격에 판매될 것이다.

작품 가격을 결정하는 가장 큰 요인 중의 하나는 실제로 판매된 가격이다. 작품에 책정된 가격과 실제 판매되는 가격이 같으면 좋지만, 미술작품이 거래되는 곳에서도 할인율이라는 것이 존재한다. 할인율을 줄이는 것이 작품의 다음 가격을 결정하는 데 중요한 일 중의 하나다. 그래서 신인 작가일 때 가격을 책정하는 일이 사실 더 어렵다. 왜냐하면 판매된 가격에 대한 정보가 많이 없기 때문이다. 그러나 전시를 거듭하고 책정된 가격에서 실제 판매가 일어나면, 그 가격을 바탕으로 다음 작품 판매 가격을 결정하기가 점점 쉬워진다. 한 작품이 판매되고 판매되었던 작품이 다시 판매되는 과정을 '2차 시장'이라고 한다. 대표적인 2차 시장이 옥션(Auction)이다. 옥션은 누군가 소장했던 작품을 경매 방식(높은 가격을 부르는 사람에게 낙찰되는)을 통해 사고자 하는 사람들 간의 경쟁을 통해 작품을 판매하는 곳이다. 이렇게 옥션에 출품되어 낙찰(입찰자가 제시한 금액으로 판매)된 작품 가격으로 같은 작가의 비슷한 작품에 영향을 주기도 한다.

예를 들어 한 소장자가 작가 A의 50×70cm의 유화 작품을 5년 전에 갤러리에서 100만 원에 구매했다. 그러면 5년이 지난 이 작가의 작품은 현재 얼마에 거래되는지는 이 작가가 활동하는 갤러리에 문의하거나 아니면 옥션에 작가 A의 작품 중 출품되어 낙찰된 작품이 있는지를 찾아보면 된다. 그러면 5년 동안 작가 A의 활동과 작품 가격의 변동이 있었는지, 아니면 작가가 작가 활동을 접었는지, 열심히 작품 활동을 했으나 작품 가격이 변하지 않았는지 등을 알 수 있다. 그러나 바쁜 현대에 살다 보면 5년 전에 구매한 작품을 잊고 있을 수도 있다. 그런데 어느 날 옥션 사이트에서 작가 A의 같은 연도에 제작된 50×70cm의 작품이 출품되어 500만 원에 낙찰되었다면, 같은 크기의 작품을 소장하고 있는 여러분은 그 작품의 가치가 "나는 100만 원에 구입했으니 중고나라, 당근마켓, 다른 중고 제품 기준으로 50~60만 원만 받아도 되겠다"고 말하는 사람은 없을 것이다. 대부분 "내가 소장한 작품이 500만 원이 되었네"라며 기뻐할 것이다.

이렇게 옥션에서 낙찰된 가격, 혹은 갤러리에서 판매하는 가격 정보를 작품의 소장자(컬렉터)가 알게 된다면, 재판매되는 작품 가격에 지대한 영향을 미치게 될 것이다. 판매된 작품의 가격을 기준으로 판매자와 구매자 사이에 간극은 존재하겠지만, 실제 판매된 가격의 데이터가 많아질수록 재판매되는 시장에서의 가격이 형성되기 쉽기 때문이다. 그리고 실제로 그 작가 A의 판매된 작품 가격이 시간이 지나면서 지속적으로 상승하고, 또 판매되는 작품 수도 증가하고 있다면, 내가 소장하고 있는 작품을 특별한 이유 없이는 팔지 않을 것이다. 앞으로 가격이 더 상승한다는 기대심리가 있으면, 수익을 더 얻고 싶기 때문이다.

시장에서 수요와 공급의 법칙은 다들 알고 있을 것이다. 작품 가격이 오른다는 이야기는 그 작가의 명성이 높아지고, 작가의 작품을 소장하고 싶어 하는 사람이 늘어난다는 이야기다. 미술작품은 공산품이 아니기에 대량 생산하기가 굉장히 어렵다. 그래서 유명 작가의 경우 '웨이팅 리스트(Waiting Lists)'라는 것이 존재한다. 예약을 받지 않는 유명한 맛집 앞에 가서 대기자 명단을 작성하는 것과 같이, 작품을 사고 싶어서 기다리는 것이다. 짧게는 몇 달부터 몇 년을 기다려야 하는 경우도 있다. 이렇게 웨이팅 리스트가 있는 작가의 작품은 구하기 어려워지면서 기존에 시장에 나와 있는 작품 가격은 수요의 증가 때문에 더 올라갈 가능성이 크다.

작품 선택 방법

그렇다면 아직 작품을 많이 접해보지 못한 경우에는 어떻게 선택해야 할까? 내 마음에 드는 작품을 찾는 하나의 방법은 인터넷에서 '아트페어(Art Fair)'를 검색해보는 방법이다. 그러면 한국에서 열리는 아트페어들에 대한 정보가 많이 있을 것이다. 서울에서는 상반기에 열리는 '화랑미술제', 후반기에 열리는 'KIAF Art Seoul(Korea International Art Fair)' 외에 2022년부터 KIAF와 같은 기간에 삼성동 코엑스에서 열리는 'Frieze Seoul' 등이 있고, 부산은 '아트부산', 'BAMA(부산국제화랑미술제)' 등이 있으며, 대구는 '대구아트페어' 등의 아트페어들이 매년 수십 개 열리고 있다. 일단 발이 편한 신발을 신고 핸드폰을 들고 아트페어로 출발하면 된다. 적게는 몇백 점에서 많게는 수천 점의 작품 가운데 내 눈에 띄는 작품 이미지를 촬영한다. 그런 다음 작품의 캡션(caption)인 작가 이름, 작품명, 제작연도, 재료, 크기 등이 적혀 있는 정보와 출품 갤러리 이름을 촬영한 후에 작품 이미지를 한 번 더 촬영한다. 그리고 마지막으로 촬영한 작품 이미지 위에 작품 가격을 물어봐서 적으면 된다. 물론 중간에 갤러리 관계자에게 작가의 경력이나 기타 내용도 물어보고 받아서 기록하면 더 좋다. 그 작가가 마음에 들면 갤러리에 이메일 주소, 연락처를 남겨놓으면 추후 갤러리가 진행하는 전시나 행사에 관련된 안내장을 받아볼 수 있을 것이다. 이런 방법으로 아트페어를 천천히 돌면서 마음에 드는 작품에 대한 정보를 내 휴대폰에 저장한다. 그리고 작품 폴더를 따로 만들어서 관리하면 더 편리하다.

이렇게 매년 아트페어를 찾아가서 마음에 드는 작가의 작품 정보를 담다 보면 내 마음에 드는 작품에 대한 정보가 차곡차곡 쌓이게 될 것이다. 작가와 작품이랑 친해지다 보면 그 작품을 소장하고 싶은 마음이 들게 되고, 이때부터 구매를 심각하게 고민하게 될 것이다. “아는 만큼 보인다”는 말처럼 작가와 작품에 대해 알게 되면, 내가 알고 있는 적정한 가격으로 내가 좋아하는 작가의 작품을 소장하는 컬렉터의 길에 한발 성큼 다가서게 되는 것이라고 생각한다.

미술작품과 세금

우리 일상에 아주 가까이 있는 것이 '세금'이다. 분식집에서 라면과 김밥을 먹을 때는 계산서에 세금이 포함되어 있고, 부동산이나 자동차 등 등기가 필요한 고가의 재원을 살 때는 따로 취득세를 내게 된다. 이렇듯이 살아가면서 무언가를 살 때, 혹은 팔 때 부가가치세, 취득세, 개별소비세, 증권거래세 등의 세금을 알게 모르게 내면서 살아가고 있다. 뻔한 말이지만, "죽음과 세금은 피해갈 수 없다"는 이야기처럼 세금은 우리 일상 곳곳에 밀접한 관련이 있다. 실제로 체감하면서 세금을 내는 경우는 많지 않으나, 사업자의 경우 증여나 상속할 때 직접 체감한다. 또 급여 생활자들은 급여명세서에서 세전과 세후의 급여 차이를 보면서 세금을 체감할 것이라 생각된다.

감상재 혹은 투자재

미술작품은 감상재(인테리어용이나 좋아서 소장하는 용도) 혹은 투자재(재화적 가치가 높아서 향후 가치가 상승하는 용도) 중에 어떤 재화일까? 미술작품을 감상재로 생각하는 사람들은 나중에 판매에 대한 마음이 적을 것이다. 그러나 대부분 감상재로도 좋고 나중에 가치가 상승하면 더욱 좋겠다고 생각하는 사람이 많을 것이다.

이렇게 미술작품은 감상재로서의 역할을 하지만, 일부 작품의 경우에는 시간이 경과되면서 작품 가치가 상승할 수도 있다. 내가 소장했던 작품 가격이 상승한다면 기분이 좋을 것이다. 물론 작품 가격이 올랐다고 해서 그 가치가 바로 나에게 돌아오는 것은 아니다. 즉, 가치가 상승한 작품을 판매해서 판매 금액이 나의 계좌에 입금되어야 수익이 창출되는 것이다. 이렇게 수익이 창출될 때 세금이 발생한다. 위에서 언급했던 세제 혜택은 미술품을 창작·유통하지 않는 사람들이 미술작품을 거래할 때 해당하는 내용이다.

미술품 구입 시 내는 세금

미술작품을 구입할 때는 어떤 세금이 포함되어 있는지 알아보자. 재원을 취득한 것이니 자동차나 부동산처럼 '취득세', 아니면 고가의 작품들이 많으니 '개별소비세', 아니면 일상적인 제품을 살 때 부가되는 '부가가치세', 증권은 아니니 '증권거래세'는 아닐 것이다. 무언가 구입하는 것이니 따로 내지는 않지만 포함되어 있다는 생각이 들 수 있다. 왜냐하면 일상에서 물건을 구입할 때, 세금이 가격에 포함되어 나오는 경우가 대부분이기 때문에 세금을 납부한다고 느껴지지 않을 때가 많다. 그러나 실제로 세금을 내고 있기 때문에 고가의 작품이 많은 미술품을 거래할 때 세금이 몇 퍼센트 포함되어 있는지,

그림 8.1 미술작품 거래 시 발생되는 세금

혹은 가격에 따라 세율이 어떻게 달라지는지 등에 대한 내용을 알아보도록 하자.

그런데 국내에서 미술작품을 구매할 때는 세금을 따로 내지 않는다. 즉, 미술작품 가격이 100만 원이면 100만 원만 내면 된다. 원래 물건을 살 때도 100만 원이면 100만 원만 지불한다고 생각할 수도 있다. 대부분의 물건이나 음식값에는 고객의 편의를 위해 가격에 세금이 포함되어 있다. 그러나 사업하는 분들은 거래처에 입금할 거래대금이 100만 원이고 세금계산서 발행을 요청해야 할 때 100만 원+부가가치세 10만 원(10%) 해서 110만 원을 입금할 것이다.

그렇다고 사업하는 분이 100만 원짜리 미술작품을 구입하면, 갤러리에 100+10(부가가치세)=110만 원을 보내야 하는 것은 아니다. 100만 원만 보내면 된다. 카드로 결제할 때도 100만 원, 즉 미술작품에 표시된 가격대로만 지불하면 된다. 그래서 사업자가 있는 회사(개인사업자, 법인사업자 포함)가 미술작품을 구입할 때는 세금계산서(부가가치세가 포함된 계산서) 발행이 아니라 계산서를 발행해달라고 하면 된다. 즉 사업자는 계산서를, 사업자가 아닌 일반인은 현금영수증을 발행해달라고 하면 된다. 현금영수증도 과세(부가가치세 포함), 면세로 나눠서 발행할 수 있다.

즉, 미술작품은 구입할 때 세금이 없는 면세품이라고 생각하면 편할 것 같다. 구입 세금이 없으면 너무 좋은 게 아닌가 하고 생각할 수도 있다. 면세품처럼 세금이 없는 이유는 국내 미술시장을 활성화하기 위해서라고 한다. 나중에 미술시장이 더욱 활성화되면 미국이나 유럽처럼 세금이 부과될지도 모르지만, 아직은 아니다.

미술품 관세

파리나 밀라노에서 명품 백을 사서 인천공항에 도착하면 떨리는 순간이 온다. 세관에 신고하는 순간이다. 관세를 내기 위해서다. 해외에서 수입되는 제품에 대해 국내에 적용된 세율에 맞춰서 관세가 부과되기 때문이다. 그렇다면 해외에서 미술품을 사서 인천공항에 도착해도 똑같이 세관에 수입목록신고서를 작성해서 신고하면 된다.

그러면 관세를 내야 할까? 아니다. 해외에서 미술작품을 구매하여 국내에 들어올 때 관세는 면제된다. 꼭 비행기에 직접 싣고 오는 경우가 아닌 해외에서 구매하여 화물로 들어올 때도 관세는 면제된다. 물론 미술품 전문 운송사나 FedEX, DHL 등을 이용하여 들여오는 경우가 대부분일 것이다. 이럴 때는 관세사무소의 도움을 받아 세관에서 요청하는 화물통관 관련 서류를 준비해서 제출해야 한다. 작가 정보, 작품 정보, 작품의 종류가 관세 면제에 중요한 요소다. 예외적으로 기계 설비에 의해 대량 생산된 포스터 같은 제품은 미술품으로 분류되지 않아서 부가가치세(10%)를 납부해야 한다. 근래에는 판화도 부가가치세를 납부하는 경우가 있다. 실크스크린처럼 손으로 제작되는 공정이 아닌 디지털 프린트로 제작되는 판화가 많아지면서 위에 언급했던 기계 설비에 의해 제작된다고 세관에서 판단하면 부가가치세를 납부해야 한다.

정리하면 예외 조항을 제외하고 미술작품을 구매할 때나 해외에서 구매한 미술작품을 국내로 들여올 때는 세금이 부과되지 않는다.

미술품 판매 시 세금

부동산을 판매할 때 가장 고려하는 세금이 양도소득세일 것이다. '양도소득세'란 개인이 토지, 건물 등 부동산이나 주식 등과 파생상품의 양도 또는 분양권 같은 부동산에 관한 권리를 양도함으로써 발생하는 이익(소득)을 과세대상으로 하여 부과하는 세금이다.

그렇다면 미술작품을 판매할 때는 어떤 세금이 있는지 알아보자. 미술작품을 구입할 때처럼 아무런 세금이 없으면 좋겠지만, 미술품을 판매할 때는 양도소득세를 내는 경우가 있다. 당연히 구입한 가격보다 저렴하게 판매하면 세금을 낼 필요는 없다.

세금이라는 것은 수익이 발생했을 때 내는 것이기 때문에 손실이 발생할 때는 세금이 부과되지 않는다. 그러나 수익이 발생한 작품 판매에 대해서는 양도소득세가 부과될 수 있다. 세율은 양도소득세 20%+지방세 2%로 총 22%다. 위에 언급한 양도소득세에 따라 미술

작품을 구입한 후에 판매할 경우, 구입가와 판매가 사이의 차액에 대해 22%가 부과된다고 생각할 것이다. 그러나 모든 미술작품을 판매할 때 양도소득세를 내는 것은 아니니, 어떠한 경우에 양도소득세가 부과되는지 알아보자.

우선 작품을 판매할 당시에 생존해 있는 국내 작가(한국 국적)는 양도소득세가 면제된다. 즉, 살아있는 한국 국적의 작가는 살 때도 팔 때도 세금이 없다. 작고한 국내 작가 및 해외 작가의 경우 판매할 때 6천만 원 이상의 작품에 대해서만 양도소득세가 발생한다. 예를 들어서 설명해보겠다.

5천만 원에 작품을 구입해서 8천만 원에 팔았다면 양도 차액은 3천만 원이 된다. 그러면 세율을 한번 계산해보자. 위 예에서 3천만 원의 양도 차액으로 인한 수입이 생겼으니 3천만 원의 22%인 660만 원의 양도세가 나오는 것이 맞으나, 여기에 필요경비율이 적용된다. 필요경비란 총수입금액을 얻기 위해 지출한 비용을 의미한다.

양도가액이 1억 원 미만이거나 보유기간이 10년 이상이면 필요경비 90%, 양도가액이 1억 원 이상이면 필요경비 80%인데, 양도가액이 8천만 원이니 1억 원 미만이므로 필요경비 90%가 적용된다. 즉 8천만 원에서 7,200만 원을 필요경비로 제하고 남은 800만 원에 22%가 적용된다. 그래서 800×0.22=176, 즉 양도소득세 176만 원이 나오게 된다.

미술작품을 팔아서 3천만 원의 양도 차액이 생겼는데 원래 660만 원을 내야 하는 세금이 미술품에 대한 세제 혜택으로 필요경비를 제하고 남은 차액(800만 원)이 원래 양도 차액(3천만 원)보다 적으니 이 내용을 적용해서 800만 원×0.22=176만 원의 양도세를 납부하면 된다.

위 예에서 보유기간 10년 미만의 국내 생존 작가가 아닐 경우다. 만약 국내 생존 작가일 경우에는 양도소득세가 없다.

다른 예를 한 번 더 살펴보자(보유기간 10년 미만, 국내 생존 작가가 아닐 경우). 1억 원에 작품을 취득해서 2억 원에 작품을 판매했다. 그렇다면 양도 차액은 1억 원이다. 이 경우에는 양도가액이 1억 원이 넘기 때문에 필요경비 80%가 적용된다. 양도가액 2억 원×0.8(필요경비율)=1억 6천만 원이다. 2억 원에서 필요경비 1억 6천만 원을 제하면 4천만 원에 22%가 적용된다. 즉, 4,000×0.22=880으로 양도소득세는 880만 원이 나오게 된다.

위 내용을 표로 구성해보겠다(보유기간 10년 미만, 국내 생존 작가의 작품이 아닌 국내 작고 작가 및 해외 작가의 경우).

표 8.1 일반 양도소득세와 미술품 양도소득세의 차이

5천만 원	취득가	1억 원
8천만 원	양도가액	2억 원
3천만 원	양도차액	1억 원
90%(8,000×0.9) 7,200만 원	필요경비	80%(2억 원×0.8) 1억 6천만 원
800×0.22 = 176만 원	양도소득세	4,000×0.22 = 880만 원

다른 재화에 비해 미술작품에 많은 세제 혜택을 주는 이유는 미술시장 활성화를 위해서라고 한다. 위 내용을 한 번 더 정리하면 다음과 같다.

① 국내 생존 작가(한국 국적)의 작품일 경우 양도소득세가 발생하지 않는다.

② 작고한 국내 작가 혹은 해외 작가의 작품일 경우 판매 가격 6천

만 원 이상일 때는 양도소득세가 발생한다.

③ 양도가액이 1억 원 이하, 보유기간이 10년 이상(양도가액이 1억 원을 초과해도 적용된다)이면 필요경비 90%, 그렇지 않은 경우에는 필요경비 80%를 제한 후 세율 22%를 적용한다.

좀 더 간단히 설명하면, 생존 국내 작가의 작품과 6천만 원 미만의 작품은 살 때도 팔 때도 세금이 없다고 생각하면 된다. 그러면 기준을 6천만 원으로 생각하고 생존 국내 작가냐 아니냐로 나누면 좀 더 이해하기 쉬울 것이다.

기타 과세

세제 혜택 한 가지가 더 있다. 소득세법에 의하면 "서화 골동품의 양도로 인한 소득은 기타 소득으로 과세한다"고 규정하고 있다.

서화 골동품이란 서양화, 동양화, 판화 및 고미술을 표현하는 것이다.

1. 회화, 데생, 파스텔(손으로 그린 것으로 한정하며, 도안과 장식한 가공품은 제외) 및 콜라주와 이와 유사한 장식판
2. 오리지널 판화, 인쇄화 및 석판화, 골동품(제작 후 100년이 넘은 것에 한정)
3. 위의 서화, 골동품 외에 역사적·예술적 가치가 있는 서화, 골동품으로 규정

예를 들어 근로 혹은 사업 소득으로 1년에 1억 원의 소득이 있

고, 보유 작품을 판매하여 1억 원의 수입이 있다면 총 2억 원의 수입에 대해 과세하는 것이 아니라 작품을 판매하여 얻은 1억 원에 대해서는 위에서 언급한 양도소득세에 해당하는 부분만 따로 과세한다고 생각하면 된다. 즉, 근로 소득 및 사업 소득과 미술품 판매 수입은 따로 분리된다고 생각하면 된다. 작품을 살 때도 팔 때도 세제 혜택이 많은데, 작품 판매 양도 소득세금까지 소득에 합산하지 않고 따로 분리해서 세금을 내게 해준다는 것 또한 엄청난 혜택이 아닐 수 없다. 따로 분리되어 세금이 나오는 기타 소득은 총소득 금액에 따라 세금의 비율이 높아진다. 즉, 내가 1억 원을 벌었을 때 내야 하는 세금의 비율보다 2억 원을 벌었을 때 내는 세금의 비율이 올라간다는 이야기다. 그렇기 때문에 합산하지 않고 따로 분리되는 것에서도 큰 세금 감면 혜택이 있다. 아직 인구 대비 미술작품을 사고파는 사람의 숫자가 적고, 미술시장이 활성화되어 있지 않아서 활성화 차원에서 많은 세제 혜택이 있는 것이라고 하니 이 혜택이 언제까지 지속될지는 아무도 모른다. 세금에 대한 사항은 언제 어떻게 변화될지 모르기 때문이다.

그러나 미술작품에 관심이 없는 사람들은 미술작품에 대한 세제 혜택이 있는지조차 모를 것이다. 왜냐하면 미술작품을 감상하고 좋아하다가 관심이 생겨서 작품을 사고, 나중에 팔 때가 되어서야 세금이 있나 하고 관심을 가질 확률이 높기 때문에 작품을 사거나 팔기 전에 알아보는 사람은 많지 않을 것이다. 그러나 어떤 재화를 사고팔 때 미리 세금 관련 부분을 알아놓는 것이 좋다.

자동차를 사거나 부동산을 사고팔 때는 어떤 세금이 있고 얼마의 세금이 나올지에 대해 알아보고 거래하는 사람들이 많을 것이다. 세금이 거래금액에서 차지하는 비율이 상당히 높고, 많은 사람이 자동차나 부동산에 대해 관심이 많기 때문이다. 특히 부동산의 경우 세금이 복잡해서 전문가의 도움을 받는 사람들도 많을 것이다. 자동차는 보통 구입할 때 자동차 딜러가 세금에 대해 자세히 설명해주니 편리하게 계산하고 납부까지 해결할 수 있다. 미술작품도 작품을 어디서 구입하는지에 따라 다르겠지만, 갤러리(화랑)나 옥션(경매회사)을 통해 구입할 때는 관계자에게 자세히 물어보면 도움이 될 것이다. 구입할 때 납부할 세금은 없으나, 작품을 구입했다는 지출 증빙은 해야 하기 때문이다.

미술품 관련 사업자의 세금

그렇다면 미술작품을 창작하여 판매하는 작가, 혹은 미술품 유통 사업을 하는 갤러리, 옥션 등과 같은 곳은 어떻게 세금을 낼까?

미술작품을 창작하는 작가는 작품이 창작품인 동시에 사업의 재화가 된다고 봐서 작품을 판매해서 얻는 수익은 사업 소득이 된다. 물론 여기서 구분 짓기 어려운 점이 하나 생길 수 있다. 작품을 제작하는 모든 작가를 직업으로 볼 수 있느냐의 문제다. 예를 들어 회사에 다니면서 주말에만 작업하는 작가가 있다. 이 작가는 예술품을 사업의 재화로 생산하는 전업 작가일까? 이분이 창작한 작품을 판매하면 이는 사업 소득일까?

물론 다른 직업을 가지고 있지 않고 전업으로 작업을 제작하는 작가의 작품 판매 소득은 사업 소득일까? 소득의 규모에 따라 달라질 수도 있고 다양한 예가 존재할 수밖에 없다. 그래서 사업 소득인지 아닌지를 구분하기 쉽지 않은 부분이다. 좀 더 쉽게 구분할 수 있는 것이 사업자 등록증이다. 그러나 사업자 등록증 없이 활동하는 프리랜서도 많다. 이렇게 되면 거래하는 회사에서 '원천징수'라는 명목으로 사업자가 없는 프리랜서가 낼 세금을 미리 공제하고 이에 대한 대가를 지불할 것이다. 회사에서 공제한 원천징수는 나중에 대가를 지불한 회사가 일한 프리랜서를 대신해서 나라에 세금으로 납부하게 된다. 좀 복잡해 보이긴 하지만 수입이 발생해서 세금을 내야 하는데, 그 주체인 사업자가 세금을 납부하게 된다고 보면 된다. 일을 시키고 돈을 지불하는 회사 입장에서 세무적인 처리까지 해야 하는 부담이 생기다 보니 프리랜서로 활동하던 사람들도 거래처가 많아지고 회사들을 상대하다 보면 사업자 등록을 하는 경우가 많이 생긴다. 그렇게 작가들도 미술작품 거래가 많아지거나 필요에 따라 사업자 등록증을 내게 되면, 그때부터는 작품 판매가 사업 소득이 되는 것이다. 작품을 유통·판매하는 갤러리(화랑) 및 옥션(경매회사)도 사업자 등록증을 내고 사업하는 곳이면 유통·판매에 따른 소득은 사업 소득으로 일반 소득과 같이 세금이 부과된다.

법인의 경우, 장식 또는 환경 미화 등의 목적으로 로비, 복도 그리고 사무실처럼 많은 사람이 볼 수 있는 공간에 전시하는 미술품의 취득 가액이 거래 단위별로 1천만 원 이하의 것은 취득한 날이 속하는 사업연도의 손금으로 인정받는다.

갤러리 혹은 옥션에서 구입했다면 계산서를, 개인에게서 구입했다면 계좌이체 증명과 매매계약서를 증빙으로 가지고 있어야 한다.

즉, 법인사업자의 경우 공공공간에 많은 사람이 같이 볼 수 있는 점당 가격이 1천만 원 미만의 작품을 설치하면, 그 작품 비용은 법인에서 비용처리가 가능하다는 이야기다. 그렇다고 해서 10평 규모의 사무실에 직원은 대표 혼자인 1인 법인의 연 매출이 1억 원인데 비용처리를 위해 800만 원짜리 작품 5점을 총 4천만 원에 구입해서 비용처리를 한다면 이해되지 않는 경우일 것이다. 너무 극단적인 예시를 들었지만, 법인의 매출 규모, 직원 수, 공간의 크기 등에 맞춰서 상식적인 범위 내에서는 1천만 원 미만의 작품들을 많은 사람이 보는 공간에 설치해서 감상한다면 회사 공간에 대한 느낌이 달라지고, 근무 환경과 회사가 좋아지고 법인 회사 입장에서는 비용처리도 가능하니 일석이조일 것이다. 그러나 아직 개인사업자는 규정이 마련되어 있지 않아서 법인사업자와 같이 비용처리가 가능하지는 않다.

미술품 증여, 상속

미술작품을 증여·상속할 때는 어떤 세율이 적용될까?

미술작품을 구입·양도할 때와 달리 증여·상속할 때는 다른 재산과 마찬가지로 증여·상속 세율이 적용된다. 그래서 다른 재산과 동일하게 증여 또는 상속세를 신고 및 납부해야 한다. 그렇다면 미술작품의 가치는 어떻게 평가할까? 그것은 미술작품의 증여·상속

표 8.2 증여·상속 세율표

과세표준	세율(%)	누진공제액
1억 원 이하	10	없음
5억 원 이하	20	1천만 원
10억 원 이하	30	6천만 원
30억 원 이하	40	1억 6천만 원
30억 원 초과	50	4억 6천만 원

일 당일의 '시가'로 평가한다. 미술작품의 시가를 찾는 일은 쉽지 않은 일이다. 그래서 2인 이상 전문가의 감정 평균 금액과 국세청 위촉 3인에 의한 감정평가심의회 감정 가액 중 높은 금액으로 미술작품의 시가를 결정한다. 그러나 미술작품의 특성상 같은 작가의 작품이라도 시기 및 작품의 인기도에 따라 가격이 다르고, 전문가라도 가격의 비교 대상을 찾는 일이 쉽지는 않다. 그래서 미술작품을 증여·상속할 일이 있는 사람들은 작품의 구매 계약서(인보이스), 동일 작가의 최근 옥션 기록 및 가격 동향을 참고할 만한 자료 등을 수집해서 가지고 있으면 '시가' 산정에 참고가 될 수 있다. 미술작품을 거래할 때와 같은 세제 혜택 없이 일반 자산과 동일하게 적용되는 증여·상속에 대해 현금이 아닌 작품으로 대신하는 물납 법제화에 대한 이야기가 나오고는 있으나, 아직 확정된 내용은 없다.

세금 정책은 조금씩 변화가 있을 수 있다. 그래서 재화적 가치를 가지고 있는 미술작품에 대해서도 세금에 대한 내용이 추후에 변화될 수 있음을 생각하고, 세금이 어떻게 변하는지에 대해 관심을 가지고 있으면, 앞으로 미술작품 구입 및 판매 그리고 증여·상속 시에 많은 도움이 될 듯하다.

좋은 작품을 고르려면

많은 사람이 선호하는 명품 가방은 해당 브랜드에서 생산하고 플래그십 매장, 백화점, 편집숍, 온라인숍, 중고거래 마켓 등 다양한 유통 과정을 통해 소비자에게 다다르듯이, 우리가 일상에서 쉽게 접하고 구매하는 다양한 상품은 기본적으로 '생산자-유통자-소비자'의 유통과정을 거친다고 할 수 있다. 미술작품의 경우에도 작가에 의해 창작(제작)되고, 갤러리를 통해 판매되는 것을 통해 컬렉터가 작품을 구매한다는 점에서 앞서 말한 일반 시장과 유사한 유통 구조를 갖고 있다고 할 수 있다. 그러나 그것은 단편적인 이해일 뿐이다. 작가, 갤러리, 컬렉터 말고도 아트페어, 옥션, 미술관, 큐레이터, 도슨트 등과 같이 미술시장에서 활동하는 각각의 플레이어들은 동일한 상품이 대량 생산 및 유통되는 일반 시장의 그것과는 분명히 구분되는 고유한 특성으로 미술시장에 영향을 미치고 있다. 이러한 각각의 플레이어의 특성은 여러분이 미술작품을 소장하는 일련의 과정에서 직접 경험하게 될 것이다.

어떤 작가가 좋은 작가일까?

그러면 어떤 작가가 좋은 작가일까? 좋은 작품을 창작하는 작가가 좋은 작가라고 생각한다. 누구나 아는 당연한 사실이라고 할 수 있지만, 좋은 작품을 창작하는 것은 결코 쉬운 일이 아니다. 좋은 작품이란 시각적으로 매력적인 동시에 작품을 통해 전하고자 하는 이야기가 탄탄하여 관람객에게 공감을 불러일으킬 수 있는 두 마리 토끼를 다 잡을 수 있는 작품이라고 생각한다. "그게 뭐가 어려워?"라고 얘기할 수 있겠지만, 실제로 많은 작품을 감상하러 다녀보면 위 두 가지가 모두 견실한 작품을 발견하는 것이 쉽지 않다는 것을 알게 될 것이다.

작품이 한 번에 많이 전시되는 아트페어 예를 한번 들어보자. 커다란 컨벤션홀에 100개가 넘는 갤러리들이 몇천 점의 작품을 각각의 갤러리 부스 공간에 걸어놓는다. 편안한 운동화를 신고 열심히 걸어 다니면서 몇 시간을 봐야 하는 정도의 크기다.

그 몇천 점의 작품 중 나의 눈에 확 들어오는 작품은 몇 점밖에 되지 않을 것이다. 수천 대 1의 경쟁률(물론 한 작품이 아니라 여러 작품이 마음에 들 수도 있다)을 뚫은 작품이 마음에 드는 여러 이유가 있을 것이다. 작품의 크기, 색상, 형태 등의 이유 중에서 시각적으로 마음에 드는 작품을 유심히 감상한 후에 작품의 제목, 그리고 작가가 어떠한 의도를 가지고 작품을 제작했는지를 써놓은 작가노트 등을 보면서 작가의 의도와 내가 감상한 부분이 일치하는지, 일치하지 않더라도 작가의 의도에 공감되는지 등에 대해 생각해보면 된다. 언변이 좋은 사람과 그렇지 않은 사람에 대한 차이는 있지만, 생각한 것을 말로 표현하는 것도 결코 쉬운 일은 아니다. 그런데 전하고 싶은 이야기나 생각을 그림으로 표현하는 것은 더욱더 쉬운 일이 아닐 것이다. 내가 전하고 싶은 메시지를 생각하고 종이에 한번 그려보자. 그러면 생각을 그림으로 표현하는 일이 생각보다 쉽지 않다는 것을 알게 될 것이다. 이처럼 수많은 시간을 들여 작품을 창작하는 작가의 노력이 결코 쉽지 않다는 것을 알게 된다.

갤러리, 아트페어, 미술관에서 좋은 작품 찾기

두 마리 토끼를 잡는 것이 생각보다 쉽지 않다고 하는 이유에 공감이 된다면, 이와 같이 두 마리 토끼를 다 잡은 좋은 작가의 작품을 컬렉터에게 소개하려고 노력하는 곳이 갤러리의 역할이다. 보통 갤러리를 '1차 시장'이라고 하는데, 작가가 창작한 작품을 소비자에게 직접 거래하는 시장이라는 의미다. 또한, 갤러리는 단순히 작가의 작품을 전시하고 판매하는 역할만 하는 것이 아니라, 많은 갤러리가 작가를 프로모션하기도 한다. 이는 엔터테인먼트 회사에서 인재를 발굴하여 유명 연예인으로 키우기 위해 다양한 지원을 제공하는 것과 유사하다고 보면 된다. 작가와 몇 년 동안 전속 계약을 맺기도 하고 단기 프로젝트만 같이하는 등 다양한 방법이 있지만, 갤러리의 기본적인 방향성은 좋은 작가를 발굴하여 홍보해서 많은 컬렉터들에게 소개해서 널리 알려 많은 작품을 판매하는 것이 주된 목적이기 때문이다.

이렇게 작품을 판매하기 위해 갤러리들이 모여서 하나의 행사를 기획하는 것이 아트페어라고 생각하면 된다. 한국에만 수백 개가 넘는 갤러리가 존재한다. 이렇게 수많은 갤러리 가운데 특정 작가나 전시 정보를 찾기 어렵다 보니 컬렉터(소비자)를 위해 일정 기간(보통 4~5일)에 컨벤션홀 등에서 아트페어를 열어 소비자와 판매자가 많이 만날 기회의 장이라고 생각하면 된다. 쉽게 말해 일정 기간에 걸쳐 열리는 미술작품의 대형 편집숍이라고 생각하면 될 것 같다. 다양한 갤러리들이 홍보 및 판매하고 싶은 작가의 미술작품을 선별해 아트페어에 참가하는 것을 통해 다양한 컬렉터를 한자리에서 만나 미술작품의 많은 거래를 하게 하는 것이 목적이다.

한국에서 가장 오래되고 유명한 아트페어는 KIAF(Korea International Art Fair) 'Art Seoul'로 한국화랑협회(국내 갤러리들의 협회)에서 진행한다. 일반적으로 9~10월에 삼성동 코엑스(Coex)에서 한국 및 해외 갤러리들이 참여해 5일 정도에 걸쳐 행사가 진행되고, 180여 개의 갤러리가 참여하며, 통상 수만 점의 작품이 출품된다. 운동화를 착용하고 속도감 있게 둘러보더라도 몇 시간이 걸리는 규모 있는 행사다. 이러한 KIAF Art Seoul 같은 갤러리가 참여하는 아트페어나 작가들이 직접 참여하는 아트페어들이 매년 국내에서만 몇십 개가 개최되고 있으니 직접 방문해 마음에 드는 작품을 찾아보고 기록해두는 것도 좋은 경험이 될 것이다.

작품을 전시 판매하는 갤러리 및 옥션 말고 미술관에서 전시 관람을 경험했거나 미술관에 대해서는 알고 있을 것이다. 갤러리는 작품을 전시하고 판매하지만, 미술관은 관람객에게 작품을 보여주기만 할 뿐 판매는 하지 않는다. 박물관에서 역사적인 가치가 있는 유물을 보고 "이거 얼마예요?"라고 물어보는 사람은 없을 것이다. 역사적인 유물처럼 미술작품 중에도 희소가치가 있는 작품들을 모아 많은 사람에게 보여주고, 미술사적 의미를 알려주는 곳이 미술관의 역할이다. 그래서 미술관에는 미술작품을 학문적으로 연구하는 직

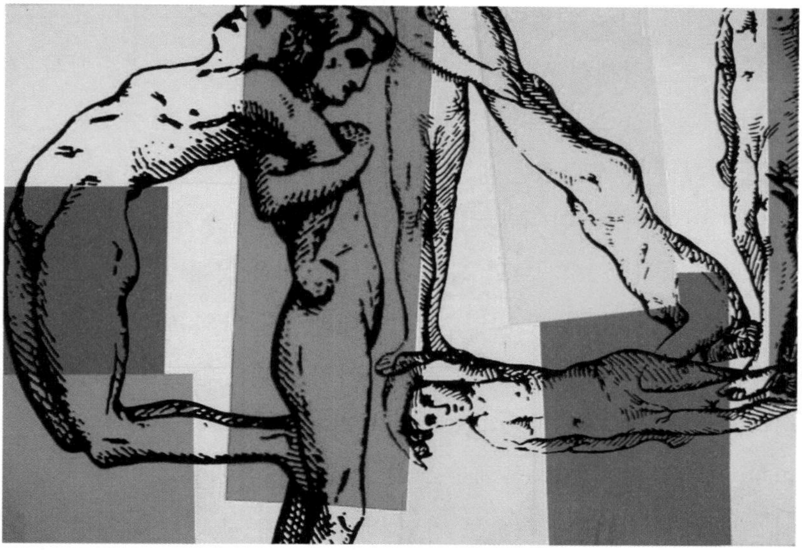

그림 8.2 장마리 해슬리(Jean-Marie Haessle, 프랑스 b.1939), 〈LargeFigures〉, 1992, 102×144inch, 캔버스에 아크릴.

업인 학예사가 있다. 반면에 갤러리에는 전시를 기획하고 작품을 판매하는 아트딜러를 병행하는 갤러리스트(gallerist)가 있다. 학예사와 갤러리스트는 전시를 기획하고 진행한다는 점에서 공통점이 있지만, 학예사는 작품의 학문적 가치를 더 중요하게 생각하는 반면, 갤러리스트는 작품의 판매성 및 성장성에 더 중점을 둔다는 점에서 차이가 있다.

개인이 좋은 작품을 구매하는 방법

먼저 나의 작품 취향을 파악해야 하는데, 이게 쉬운 일은 아니다. 내가 좋아하는 스타일이 어떤 작품인지 아직 정립되어 있지 않기 때문이다. 그래도 너무 어렵게 생각하기보다는 어떠한 작품이 마음에 드는지 안 드는지에서 시작해보면 될 것 같다. 작품은 큰 범주에서 구상 작품(작품을 보면 무엇을 그렸는지 바로 알 수 있는 것), 추상 작품(도대체 무엇을 그렸는지 알 수 없는 것)과 반구상 작품(무엇을 그렸는지 아리송하지만 추측이 가능한 것)으로 나눌 수 있다. 작품의 형태를 파악하고 보다 보면 색감이 눈에 들어올 것이다. 색감이 강한 작품, 무채색의 작품 등 다양한 색에 대해서도 나의 호불호를 알 수 있게 될 것이다. 그 외에도 작품에 다가가는 다양한 방식이 있을 것이나, 형태, 구성, 색감 등이 모두 어우러져 하나의 작품을 이루는 것이고, 시각적으로 내 마음에 드는지 그렇지 않은지를 파악하는 것에서 시작하면 된다. 내 눈으로 봐서 마음에 드는지 안 드는지를 결정하는 일은 그리 어렵지 않다.

내가 좋아하고 마음에 드는 작품이 꼭 좋은 작품이고 시장 가치가 높은 작품일까? 내가 좋아하는 것은 나의 취향이고 대중이 좋아해야 작가와 작품의 인기가 올라가고, 그래야 미술시장에서 가격이 상승할 것이다. 그렇다면 대중이 좋아하는 작품, 즉 작품에 대한 안목은 어떻게 기를 수 있을까?

미술작품에 관심을 가지다 보면, 점점 미술시장에서 다양한 경험을 하면서 수많은 작품을 접하게 될 것이다. 작품만 접하는 게 아니라 작가들, 미술계 관계자들과 다양한 관계가 형성된다. 이렇게 쌓인 경험에서 나의 대중적인 안목이 길러질 것이다.

우선 많은 전시를 다니면서 다양한 작품과 미술시장에서 일하는 다양한 플레이어들이 어떤 작품을 취급하고 어떤 작가에 대해 언급하는지 눈여겨봐야 한다. 작품을 창작하는 작가, 작품을 유통시키는 갤러리스트, 옥셔니어, 아트딜러 그리고 작품을 구입하는 컬렉터

(소비자) 등 이런 모든 사람과의 소통에서 수많은 정보가 오간다. 이러한 정보들이 대중의 안목 형성에 많은 도움이 될 것이다. 미술시장의 플레이어들, 특히 갤러리나 옥션에서 일하는 플레이어들은 미술작품 홍보와 판매가 목적이다. 유명 작품을 비싸게 파는 것은 소비자가 적어서 쉽지 않다. 그렇기 때문에 대중이 좋아할 만한 소지가 있는 작가의 작품들을 홍보해서 판매가 잘되도록 역할을 하는 사람들이 어떤 작가의 어떤 작품에 관심이 있어서 전시를 진행하는지 눈여겨보고, 그 전시 결과가 어떤지를 보면 대중의 관심도를 알아갈 수 있다.

미술작품에 대한 투자는 비용과 시간 둘 다 필요하다. 장기전이라고 생각하고 천천히 내가 좋아해서 하는 취미활동이라고 생각하면서 천천히 즐기는 것이 필요하다. 갤러리에서는 주로 개인전과 단체전으로 전시를 진행하는데, 개인전의 경우에는 한 작가의 여러 작품을 볼 수 있고, 단체전의 경우에는 다수 작가의 작품을 볼 수 있다는 점이 다르다. 아트페어는 규모마다 다르겠지만, 적게는 수백 점에서 많으면 수천 점의 작품을 한 공간에서 보게 된다. 옥션에서는 미술시장에서 작품이 팔렸던 작가들의 작품 몇십 점에서 몇백 점을 보고 경매의 경쟁 방식으로 구매하는 특성을 가지고 있다. 각 구매처의 특성에 따라 작품을 구매하는 방식도 달라진다. 처음에는 복잡하고 어렵다는 생각이 들 수도 있으나, 하나하나씩 마음의 여유를 가지고 직접 경험해보면 갤러리, 아트페어, 옥션의 특성과 장단점에 대해 알게 될 것이다.

첫술에 배부를 수 없고, 직업이 아닌 이상 여유를 가지고 평생할 수 있는 취미라고 생각하고 천천히 알아가면 좋을 것 같다. 그리고 이러한 작품들을 그냥 보고 "이 작품 좋네", "이 작품은 내 스타일이 아니네" 등의 의사 표현을 하는 것도 좋으나 작품을 접할 때 '이 작품을 사서 우리 집 벽에 걸어야지'라는 마음으로 작품을 선택하는 것도 좋은 방법이다. 우선 작품을 걸고 싶은 곳의 크기를 측정하고, 그 벽면에 어느 정도 크기의 작품이 어울릴지를 생각하면 된다. 예를 들어, 거실 벽이 가로 4m×세로 2.4m라면 그보다 작은 크기의 작품을 선택하면 된다. 종이에 가로와 세로의 비율을 적은 후 작품이 걸릴 위치가 소파 위인지, 아니면 가구가 없는 빈 벽면인지 등도 표시해두면 작품을 보러 다닐 때 적정한 크기 여부를 판단하는 데 도움이 된다.

대략 구매할 작품의 스타일과 크기 등에 대한 구상이 머릿속에 그려지고 나면, 다음으로 고려해야 할 중요한 요소는 작품 구입비다. 이 부분이 가장 고민될 것이다. 예산에 따라 작품의 특성이 나누어지는 것은 아니지만, 인테리어를 위한 장식의 목적이냐, 아니면 투자의 가치가 크게 고려되느냐에 따라 작품 구매의 성향도 많이 달라진다. 물론 인테리어 목적이면서 투자 가치도 있으면 좋겠지만, 이런 작품은 가격이 비싸다는 게 문제다. 그래서 작품을 보러 갈 때는 미리 예산을 생각하고, 나의 공간에 어울리는 작품을 찾고 나서 가격을 물어본 후 그 가격에 정말 내가 살 수 있는지 아닌지를 판단해보면, 그냥 감상만 하러 다닐 때보다 훨씬 더 많은 정보와 경험을 가지게 될 것이다.

이제는 어떤 작품을 소장해야 하는지에 대해 고민할 차례다. 선택지가 너무 광범위해서 사실 쉽지 않은 일이다. 그래서 많은 사람이 하는 방법 중 하나가 주변에 작품을 컬렉팅하는 사람에게 어떤 작품을 사야 하는지 물어보는 것이다. 돌아오는 답변의 대부분은 그분들이 사셨던 작품을 사라는 것이다. 특히 작품을 소장했다가 수익을 많이 올린 분들의 경우에는 그 소장 작품에 신뢰가 간다는 이야기를 많이 들었다. 틀린 이야기는 아니다. 그러나 이렇게 작품을 소장했다가 수익을 올렸다는 이야기는 그 작품이 유명 작가의 인기 작품으로 이미 가격이 비쌀 확률이 높다.

"1천만 원에 작품을 사서 500만 원의 수익을 내고 싶으신가요?" 아니면 "1억 원에 작품을 사서 1천만 원의 수익을 내고 싶으신가요?"

수익은 1천만 원이 높지만, 원가 대비 수익률은 큰 차이가 난다.

저자가 한국 아트 잡지의 미국 뉴욕 특파원으로 기사를 쓸 때의 일이다. 2012년 루이비통에서 호박 작가로 알려진 쿠사마 야요이(Yayoi Kusama)랑 대대적인 협업(collaboration)을 하면서 휘트니 미술관(Whitney Museum of American Art)에서 대형 전시까지 동시에 열렸다. 이 전시는 엄청난 흥행을 해서 전시가 연장되고, 전 세계 다른 여러 나라의 미술관 전시로 이어지는 결과까지 나왔다. 이러한 과정을 취재해서 글을 쓰고 나서 2013년 한국에서 열린 한 아트페어에서 쿠사마 야요이의 4~6호 정도의 원화를 보았다. 그 당시 판매가격은 6천만 원이 좀 넘었던 것으로 기억한다. 호당 1천만 원에서 1,500만 원 정도(한국과 일본에서 사용하는 캔버스의 크기에 비례해서 작품의 가격을 결정하는 방법)였다.

2012년 미국에서 선풍적인 인기를 끌었던 작가였고 세계적으로 유명한 미술관 전시가 줄줄이 예정된 것을 보고 이 작가의 가치는 오를 것이라고 판단해 그 작품을 사고 싶었다. 그러나 가장 현실적인 문제는 그때나 지금이나 항상 자금이다. 지금도 큰돈이지만, 그 당시에는 훨씬 더 크게 다가왔다.

지금까지 한 이야기만으로 6천만 원이 넘는 금액을 지불하고 쿠

그림 8.3 장마리 해슬리, 〈바빌론에서의 칵테일 타임〉, 2010, 101×84inch, 캔버스에 아크릴.

사마의 작품을 구매할 수 있는 사람은 많지 않을 것이다. 그래도 이 작품을 사고 싶었다. 그래서 집 안에 돈을 가지고 계신 분께 신이 나서 열심히 전화로 설명했다. 한참을 들으시더니 한마디 하셨다.

"쓸데없는 소리 하지 말고 공부나 열심히 해!"

10여 년이 지난 요즘 쿠사마 야요이의 호박 원화의 가격은 작품마다 차이는 있지만, 호당 4~6억 원에 거래되고 있다. 위의 내용을 보고, '와, 작품은 사면 몇십 배가 오르는구나'라고 생각하면 절대 안 된다. 반대로, 작품을 구입했는데 거래가 안 되거나 가격이 떨어지는 경우도 많다. 그래서 다양한 작품을 두루두루 소장하면 올라가는 작품, 떨어지는 작품, 정체되어 있는 작품이 있다. 따라서 포트폴리오 구성을 다양하게 하는 것이 투자 리스크를 줄이는 하나의 방법이다.

그리고 소장하고 싶은 작품의 투자적인 요소를 생각하는 사람들은 마음에 드는 작품을 골라서 소장할 때보다 몇 배 더 신중하게 판단해야 한다. 그러기 위해서는 여러분이 직접 경험하고 판단할 수 있는 안목이 필요하다. 그런데 내가 좋아해서, 내가 판단해서 결정하는 것이 아닌 타인의 결정을 따르는 일이 과연 나에게 좋은 선택지일지 한 번쯤 생각해볼 필요가 있다.

어떤 작품을 사야 돈이 될까?

미술시장에서 인정한 유명한 작가의 작품을 사면 된다. 대답은 단순하지만, 쉽게 구매를 결정할 수 없는 이유가 있다. 유명한 작가 작품의 최대 단점이라고 할 수 있는 것은 높은 가격이다.

간단한 예로 여러분이 좋아하는 연예인이 있고, 그 연예인을 여러분이 기획한 행사에 초청하려고 한다. 연예인의 일정 조율이 필요하겠지만, 가장 중요한 요소는 출연료일 것이다. 유명할수록 출연료가 비쌀 것이고, 그 대신에 행사에 오는 관객은 유명한 연예인일수록 호응도나 행사 만족도가 올라갈 것이다.

미술시장에서도 유명한 작가(블루칩 작가)의 작품일 경우에는 가격이 잘 떨어지지 않는다. "파블로 피카소(Pablo Picasso, Spain, 1981~1973)의 작품 가격은 떨어질 것 같으세요?"라는 질문에 대부분의 사람이 "아니요, 계속 올라갈 거 같습니다"라고 대답한다. "그렇다면 왜 피카소의 작품을 안 사세요?"라고 질문하면 이유는 "가격이 너무 비싸서입니다"라고 말한다. 미술작가도 많은 사람이 좋아하고, 그가 그린 작품들이 미술시장에서 거래가 잘된다면 가격이 비싸다. 물론 '비싸다'는 개념은 사람마다 다를 것이다. 그런 비싼 작품은 그 가격에 부합되는 작가의 경력과 명성이 있는지를 살펴보고, 과거부터의 작품 가격 변화에 대해서도 알아보고 구매하는 것이 좋다. 그러나 처음 미술작품을 구매하는 사람이 고가의 작품을 바로 구매하는 것은 추천하지 않는다.

내가 추천하는 방법 중 하나는 처음에 내가 좋아하는 작가, 작품의 특성들을 파악해야 한다. 우선 유명한 작가 중에서 내가 좋아하는 작가의 작품을 찾아보고 마음에 드는 작가의 비싸지 않은 포스터를 먼저 구입해서 내 공간에 걸어보고 시간이 지나도 계속 좋은지를 확인하면 좋다. 시간이 지나면서 더 좋아지는 작품이 있고, 처음에는 눈에 확 들어와서 좋았다가도 그렇지 않은 작품이 있기 때문이다. 이렇게 어떤 형태, 어떤 색상 등의 특징을 파악하면 나의 취향을 찾기가 좀 더 쉬워진다.

그다음 단계는 리미티드 에디션 판화(Limited Edition Prints)다. 유명 작가의 에디션 판화는 몇백만 원에서 수억 원이 넘는 경우도 있다. (리미티드 에디션 판화 작업부터는 재화적 가치가 들어갈 수 있다.) 유명한 작가의 원화는 몇억에서 몇백억까지 하는 경우가 많다. 원화가 너무 비싸서 그 작가의 작품을 소장할 수 있는 사람이 소수이다 보니 이렇게 유명해진 작가의 원화를 작가가 정해놓은 일정 수량에 맞춰 판화로 제작하고 작가가 직접 판화에 사인해서 탄생하는 것이 리미티드 에디션 판화다. 이렇게 제작된 리미티드 에디션 판화는 원화에 비해 상대적으로 가격이 높지 않기 때문에 좀 더 많은 사람이 소장할 수 있다. 이러한 과정을 거쳐 내가 어떤 스타일의 작가를 좋아하고, 어떤 작가들이 미술시장에서 인기가 있는지, 그 이유는 무엇인지 등에 대해 알아가고, 미술작품을 유통하는 갤러리나 아트딜러 등과의 관계도 생기게 될 것이다. 즉, 미술작품에 대해 알아가게 되는 것이다.

그 후에는 다양한 전시 등을 보러 다니면서 신인·중견 작가의 원화를 소장하는 단계로 진입하면 된다. 처음부터 비싸고 유명한 작품이 아닌 낮은 가격대부터 순차적으로 작가와 작품 그리고 나의 취향을 알아가면서 올라가는 방법이다. 감상만이 목적이 아닌 재화적인 가치가 있는 미술작품에 투자할 때는 안정적으로 투자금액을 올리는 방법이 좋다고 생각해서 추천하는 방법이다.

두 번째 방법은 작품을 많이 사면 된다. 저자가 몇 년 전에 30년 가까이 작품을 수집하던 컬렉터와 이야기할 기회가 있었다. 이분은 본인이 수십 년 동안 컬렉팅한 작품 수가 대략 500점 정도라고 했다. 이렇게 이야기하면서 450점은 버릴 수도 없는 애물단지라고 표현했다. 나머지 50점만 시장 가치가 있다고 하면서 그중에서 2점을 매도해서 회사 사옥을 지을 수 있는 부동산을 구입했다고 했다. 그리고 나머지 50점의 현재 가치가 450점을 구매한 가격보다 훨씬 높다고 이야기하면서 살짝 웃으셨던 기억이 난다. 물론 각 작품의 구매 가격은 제각각일 것이고, 매도해서 부동산을 구입할 수 있었던 작품의 구입 시기와 구입 가격 등이 얼마인지는 정확히 알 수 없다. 그래서 이 컬렉터의 예는 조금 극단적일 수 있다고 생각된다. 그러나 그가 처음부터 유명 작가의 비싼 작품을 구입했던 것은 아니다. 처음에는 신인 작가의 작품들을 위주로 소장하다 보니 작품 가격이 상대적으로 적어서 많이 소장할 수 있게 되었고, 작품이 좋아서 자연스럽게 많이 소장하게 되었다고 한다. 그러던 중에 어떤 작가의 작품은 가격이 올라가고, 어떤 작가는 정체기 혹은 미술시장에서 사라진 작가도 있었다고 한다. 미술작품은 주식처럼 하루에 얼마 올랐다가 내려가는 것이 아니다. 그래서 내가 좋아하고 마음에 드는 작품을 구매해서 감상하다가 시간이 흘러서 가치가 올라가면 좋겠다는 마음으로 작품을 소장해야 한다. 이렇게 한 점 두 점 소장하다 보면 그중에서 숨은 보물을 발견할 수도 있다. 확률 게임일 수도 있지만, 확률을 높이는 가장 좋은 방법 중 하나는 많이 확보하는 것이다. 물론 많이 확보하는 데는 시간과 비용이 들어가겠지만, 비용이 한 번에 많이 생기는 일은 흔치 않으니 시간 여유를 가지고 천천히 즐기면서 작품을 구입하는 것도 좋은 방법이라고 생각한다.

미술관, 갤러리, 아트페어 그리고 옥션 등에 어떤 작가의 작품들이 나오는지 많이 보러 다니는 게 제일 좋은 방법이다. 그러나 바쁜 현실은 많은 시간적 여유를 주지 않는다. 그래서 직접 다니지 않아도 전시를 소개해주는 전시 애플리케이션, 유튜브 채널, 인스타그램 계정과 해시태그 #아트 #아티스트 #작가 #미술 전시 등으로 온라인에서 많은 전시와 정보를 찾아볼 수 있다. 이렇게 전시에 관심을 가지고 보다 보면 내가 좋아하는 작품 스타일을 찾게 되고 작가, 갤러리 등의 SNS(Social Network System) 계정도 팔로잉하면서 온라인의 드넓은 세계에서 많은 정보를 얻은 후에 실제로 작품을 보러 가는 것은 많은 시간을 절약해주면서 내 취향을 찾는 좋은 방법이다. 그러면 이제 당장 실천에 옮기면 된다. 나의 작품 취향을 찾기 위해 직접 미술관도 가고 다양한 갤러리, 아트페어도 찾아 방문해보는 것으로 시작해보자.

미주 및 참고문헌

문화예술의 정의

1 Williams R., *Keywords: A Vocabulary of Culture and Society*, New York: Oxford University Press, 1983.

2 위키백과, https://ko.wikipedia.org/wiki/미술

3 위의 사이트.

4 고정민, 《문화콘텐츠 산업의 이해》, 이다출판사, 2019.

5 위의 책.

6 글로벌 세계대백과사전.

7 한국개발연구원, 〈문화 · 관광부문 사업의 예비타당성조사 표준지침 연구〉, 2015.

8 한국문화관광연구원, 〈문화사업 사회적 가치 및 타당성 검토〉, 2022.

문화예술정책

9 한국문화예술위원회, www.arko.or.kr

10 네이버 국어사전.

11 Lasswell, H. D., The Policy Orientation, Lasswell, H. D. & Lerner, D.(eds.), *Ploicy Siences*, Stanford, California: Stanford University Press, 1951, pp. 3-15; Easton, D., A *Systems Analysis of Political Life*, New York: Alfred A. Knopf, 1965; Boulding, K. E., *Conflict and Defense*, New York: Wiley, 1969; Dror, Y., *Public Policymaking Re-examined*, New York: Transaction, Inc., 1968.

12 문화체육관광부 · 한국문화관광연구원, 〈2021 문화예술정책백서〉, 2022.

13 문화체육관광부, www.mcst.go.kr

14 문화체육관광부 · 한국문화관광연구원, 위의 보고서, 2022.

15 대법원 2007.9.20. 선고 2007두6946 판결.

16 법제처 국가법령정보센터, www.law.go.kr

17 한국예술인복지재단, www.kawf.kr

18 문화체육관광부 보도자료, "'사람이 있는 문화' 문화비전 2030 발표", 2018.05.16. https://www.mcst.go.kr/kor/s_notice/press/pressView.jsp?pSeq=16696

19 대한민국 정책브리핑, "'K-컬처의 새로운 5년' 담은 제2차 문화진흥기본계획", 2023.04.13. https://www.korea.kr/multi/visualNewsView.do?newsId=148913772

20 한국은행 경제통계시스템, "2022년 상반기 중 지식재산권 무역수지", 2023.03.24. https://www.bok.or.kr/portal/bbs/P0000559/view.do?nttId=10076228&menuNo=200690

21 장지영, 〈문화예술 부문 저작권 분쟁 사례〉, 《Korean Culture & Art Journal》 3, 2006, 50-60쪽. https://www.arko.or.kr/zine/artspaper2006_03/050.pdf

22 김수민, "천경자 '미인도' 기묘한 논란… 검사가 '진품하면 어때요' 회유", 중앙일보, 2022.06.27. https://www.joongang.co.kr/article/25082231#home

23 변희원, "내 그림 배우더니 똑같이 그렸네… AI에 뺏긴 저작권 논란", 조선일보, 2022.10.28. https://www.chosun.com/economy/tech_it/2022/10/28/AZSDHIBGJJBK3DRKPIXCZ3CCLA/

24 문화체육관광위원회, 〈미술진흥법안(2111510) 검토보고서〉. https://likms.assembly.go.kr/bill/billDetail.do?billId=PRC_M2Z1L0J7J0J5Y1R2Q4Q6Q1Z7D9W1C4

25 손영옥, "나는 추급권에 찬성한다", 국민일보, 2023.07.20. https://news.kmib.co.kr/article/view.asp?arcid=0924312539&code=11171435&sid1=col

문화예술과 교육

26 이정화, 《문화예술교육의 이해》, 커뮤니케이션북스, 2014.

27 곽삼근, 《현대인의 삶과 문화예술교육》, 집문당, 2016.

28 앤 뱀포드, 《예술이 교육에 미치는 놀라운 효과》, 백령 옮김, 한길아트, 2007.

29 존 소렐 · 폴 로버츠 · 대런 헨리, 《문화예술교육은 왜 중요한가》, 오수원 옮김, 열린책들, 2016.

30 이정화, 앞의 책.

31 문화연대 토론회 자료집, 〈문화예술교육지원법 발의와 문화교육의 과제〉, 2005.

32 한국문화예술교육진흥원, 〈2010문화예술교육 핵심용어 정립연구〉, 한국문화예술교육진흥원, 2010.

33 방은영, 《문화예술교육개론》, 공동체, 2018.

34 김지안 외, 《문화예술교육사를 위한 개론서 문화예술교육》, DH미디어, 2022.

35 위의 책.

36 방은영, 위의 책, 2018.

37 한국문화예술교육진흥원, https://www.arte.or.kr

38 Deway, J., *Art as experience*, NY: Minton, Bal h, and Co., 1934.

39 임연철 · 박정배, 《예술경영》, 커뮤니케이션북스, 2013.

40 정의식, "2022 국민문화예술교육조사 결과 발표", 〈이치저널〉, 2022.12.30. https://www.eachj.co.kr/news/articleView.html?idxno=8471

41 오은지, "문화예술교육 관심은 많은데 참여 경험 적어… 확대 방안은?", 〈한라일보〉, 2023.04.10. https://www.ihalla.com/print.php?aid=1681114115740802036

42 정지은 · 박정배, 〈장애인 문화예술교육의 운영 방안에 관한 사례연구: 일본 하나아트센터와 수원 에이블아트센터를 중심으로〉, 《상품학연구》 37(6), 2019.
43 '현대미술', 〈두산백과〉 네이버 지식백과.
44 '키아로스쿠로(chiaroscuro)', 〈미술대사전(용어편)〉, 네이버 지식백과.

문화예술의 소비

45 '트롱프뢰유(trompe-l'œil)', 〈미술대사전(용어편)〉, 네이버 지식백과.
46 '박수야 도와줘', 〈클래식입문ABC, 류태형〉, 네이버 지식백과.
47 피에르 부르디외, 《구별짓기》, 최종철 옮김, 새물결, 2005.
48 조현우, "'팝업 성지'로 MZ 잡은 더현대 서울… 335개 팝업스토어로 트렌드 선도", 〈뉴데일리경제〉, 2023.03.31. https://biz.newdaily.co.kr/site/data/html/2023/03/31/2023033100050.html
49 연미선, "'팝업스토어'는 왜 'MZ세대'를 겨냥했나", 〈시사위크〉, 2023.01.11. https://www.sisaweek.com/news/articleView.html?idxno=201991
50 '플렉스(Flex)', 〈한경 경제용어사전〉, 네이버 지식백과.
51 정송, "미술계를 움직이는 아트테이너들", 〈노블레스〉, 2022.03.15. https://www.noblesse.com/home/news/magazine/detail.php?no=11685
52 한세화, "국내 MZ세대 미술품으로 재테크한다… 48.2% '딜렉터(Deallector)' 지향", 〈중도일보〉 2023.01.08. https://www.joongdo.co.kr/web/view.php?key=20230108010001902
53 이영란, "미술 생태계를 위한 '발전적 담론'이 필요하다, 아트테이너를 보는 시선", 〈서울문화재단〉, 2022.02.16. https://blog.naver.com/i_sfac/222648966648
54 문화체육관광부, 〈『예술인실태조사』 통계정보보고서〉, 2020. 12.
55 한국고용정보원, 〈2020 국내외 직업 비교 분석을 통한 신직업 연구〉, 2020.
56 고현경, "감각과 끼, 열정이 만나는 인터넷·미디어·문화예술 분야 신직업 [미래형 신직업]", 〈에듀진〉, 2022.07.08. http://www.edujin.co.kr/news/articleView.html?idxno=39250

문화예술과 직업

57 정윤주, "가수 '상위 1%' 77명, 평균연봉 46억원… 전체의 69%", 〈연합뉴스〉, 2023.09.30. https://www.yna.co.kr/view/AKR20230927145100001
58 김지현, 〈국내 음악 산업에서 음악출판사(Music Publisher)의 역할에 관한 연구〉, 상명대학교 대학원 석사학위논문, 2018.
59 Berklee Music Merchandiser, https://www.berklee.edu/careers/roles/music-merchandiser

60 콘텐츠진흥원, 〈2022년 대한민국 게임백서〉.
61 한상형, "e스포츠 롤 국가대표팀, 대만 2-0 꺾고 금메달… 전승 우승", 〈한국강사신문〉, 2023.09.29. https://www.lecturernews.com/news/articleView.html?idxno=136872
62 비바샘 중고등, 직업 정보: 프로 게이머, https://v.vivasam.com/contents/create/job/job_175.html
63 A. Becker and D. Görlich, "What is Game Balancing? - An Examination of Concepts", *paradigmplus*, 1(1), pp. 22-41, Apr. 2020.
64 현기호, "AI 활약에 해고되는 전문직 종사자들 '없애고 싶다'", 〈이코리아〉, 2023.04.13. https://www.ekoreanews.co.kr/news/articleView.html?idxno=66409
65 강정미, "6개월간 회사서 받은 돈만 400억… 국내 음악저작권료 1위는, 누구?", 〈중앙일보〉, 2022.03.23. https://jobsn.chosun.com/site/data/html_dir/2022/03/21/2022032101762.html?utm_source=naver&utm_medium=referral&utm_campaign=misaeng
66 경기문화재단, 〈한눈에 보는 경기도 예술인·예술단체〉, 2022. 12.
67 박효령. "우수 아티스트에 월 10만원이라니… 문화예술노동연대 "서울교통공사, 정당한 공연비 지급해야"", 〈투데이신문〉, 2022.04.15. https://www.ntoday.co.kr/news/articleView.html?idxno=91571

K-컬처

68 박낙희, "LA다운타운 K팝 열기 후끈", 〈중앙일보〉, 2023.08.21. https://news.koreadaily.com/2023/08/20/society/generalsociety/20230820190441378.html
69 [한국관광공사] "글로벌 소셜 데이터를 활용한 인기 K-컬처 테마와 한국여행 간 관계 분석", https://knto.or.kr/pressRelease/547804
70 미국, CNN, 2023.01.17.
71 홍안지, "내년 해외서 한국어능력시험 8회 실시… 2배 확대", 〈한국문화홍보서비스〉, 2023.10.12. https://www.kocis.go.kr/koreanet/view.do?seq=1046378
72 고대영, "남인도 지역에 등장한 한류 트렌드: K-Food와 K-dance", 〈kotra 해외시장뉴스〉, 2023.03.31. https://dream.kotra.or.kr/kotranews/cms/news/actionKotraBoardDetail.do?SITE_NO=3&MENU_ID=180&CONTENTS_NO=1&bbsGbn=243&bbsSn=243&pNttSn=200099
73 장주영, "외국에서 인기라는 'K푸드 4' 이유 들어보니…", 〈매일경제〉, 2022.05.26. https://www.mk.co.kr/news/culture/10331479

74 정시행, ""10점 만점에 10점" 한국 김밥에 홀린 미국인들", 〈조선일보〉, 2023.09.21. https://www.chosun.com/national/weekend/2023/09/16/3CKMMVJCJFBIDMJ33JDSVGC4HA/
75 정상희, "일본에서 훨훨 나는 K-뷰티, 큐텐재팬 뷰티 카테고리 상위권 독식", 〈파이낸셜뉴스〉, 2023.08.17. https://www.fnnews.com/news/202308171411434506
76 신윤애, "포브스 선정 '최고의 세계관을 가진 아이돌'은?", Forbes Korea, 2022.07.23. https://jmagazine.joins.com/forbes/view/336424
77 이은호, "확장하는 아이돌 세계관", 쿠키뉴스, 2020.10.31. https://www.kukinews.com/newsView/kuk202010310002
78 곽현수, "K-POP 아이돌 세계관, 꼼수인가 新 먹거리인가", YTN, 2022.08.17. https://star.ytn.co.kr/_sn/0117_202208171346463537
79 정진영, "강풀 작가 '무빙' 애정하는 작품, 끝까지 책임지고 싶어 각본 집필", 일간스포츠, 2023.07.20. https://isplus.com/article/view/isp202307200103
80 회사원B, "그림 그려주는 AI 아숙업 '업스케츠' 사용 방법", 회사생활연구소, 2023.04.05. https://companylifelab.tistory.com/entry/그림-그려주는-AI-아숙업-업스케치-사용--방법
81 김민호, "문외한도 5분이면 그림 뚝딱… AI가 미술계 일자리 흔들까?", 〈한국일보〉, 2022.10.14. https://www.hankookilbo.com/News/Read/A2022101310260004835
82 송주영, "인공지능 시대, 그림 그리는 직업은 없어질까?", 〈한국일보〉, 2023.06.13. https://www.hankookilbo.com/News/Read/A2023061208400003981
83 류숙희, "경계 없는 NFT 도대체 뭐길래? 메타버스에 올라탄 글로벌 패션 10", 〈패션엔〉, 2022.01.03. https://post.naver.com/viewer/postView.naver?volumeNo=33055368
84 Travis Scott, Travis Scott and Fortnite Present: Astronomical (Full Event Video), https://www.youtube.com/watch?v=wYeFAlVC8qU
85 Mash UP, "가상 세계에 광고하는 기업들: 트래비스 스캇 메타버스 콘서트에 등장하는 나이키", 〈PR 매쉬업〉, 2021.11.12. https://blog.theprconsulting.com/664
86 〈메타버스 서울 내 콘텐츠 제작놀이터 중장기 계획수립 연구〉, 서울경제진흥원, 2022.
87 이민하, 〈메타버스와 미술: 영역 확장과 새로운 관계 형성〉, 《한국예술연구》 37, 2022, 5-26쪽.
88 하흔 · 유희승, 〈메타버스 플랫폼 이용자의 아바타를 통한 자기표현 동기가 JOMO에 미치는 영향: FOMO, 사용피로, 단절욕구의 직렬다중매개효과와

나르시시즘의 조절효과를 중심으로〉, 《광고연구》 136, 2023, 5-45쪽.

문화예술과 기술

89 김중진 · 이랑 · 이은수 · 조인성 · 최영순(2021), "국내외 직업비교 분석을 통한 신직업 연구: 문화예술분야를 중심으로", 연구보고서, 2021-035, 한국고용정보원.